新时代外国语言文学
新发展研究丛书

总主编 罗选民 庄智象

语义学新发展研究

Semantics: New Perspectives and Development

文 旭 唐瑞梁 / 著

清华大学出版社
北 京

内 容 简 介

语义学是语言学的重要组成部分,也是语言学研究的核心内容,研究语言就是研究意义。古今中外,不同的学科都对意义问题给予了关注,但是只有语言学内的语义学研究将语义作为直接的研究对象,并展开了全面系统的探究。进入 21 世纪后,随着语言学研究的地位在人文学科中的日益提升,语言意义问题也受到越来越多不同学科的关注。本书基于近十年来我国语义学的研究成果,围绕词汇语义学、句义学、话语语义学、形式语义学、认知语义学、语义演变研究和语义学的应用研究等内容,回顾、总结、梳理并提炼语义学研究在我国的创新与发展,为从事语言学,尤其是语义学研究的学者和研究生提供参考。

版权所有,侵权必究。举报: 010-62782989,beiqinquan@tup.tsinghua.edu.cn。

图书在版编目(CIP)数据

语义学新发展研究 / 文旭,唐瑞梁著. —北京:清华大学出版社,2021.10(2023.3 重印)

(新时代外国语言文学新发展研究丛书)
ISBN 978-7-302-57274-9

Ⅰ.①语… Ⅱ.①文… ②唐… Ⅲ.①语义学—研究 Ⅳ.① H030

中国版本图书馆 CIP 数据核字(2021)第 004998 号

策划编辑:郝建华
责任编辑:郝建华 倪雅莉
封面设计:黄华斌
责任校对:王凤芝
责任印制:朱雨萌

出版发行:清华大学出版社
网 址:http://www.tup.com.cn, http://www.wqbook.com
地 址:北京清华大学学研大厦 A 座 邮 编:100084
社 总 机:010-83470000 邮 购:010-62786544
投稿与读者服务:010-62776969, c-service@tup.tsinghua.edu.cn
质量反馈:010-62772015, zhiliang@tup.tsinghua.edu.cn

印 装 者:大厂回族自治县彩虹印刷有限公司
经 销:全国新华书店
开 本:155mm×230mm 印 张:15.75 字 数:237 千字
版 次:2021 年 10 月第 1 版 印 次:2023 年 3 月第 2 次印刷
定 价:108.00 元

产品编号:088056-01

中国英汉语比较研究会
"新时代外国语言文学新发展研究丛书"
编委会名单

总主编

罗选民　庄智象

编委

（按姓氏拼音排序）

蔡基刚	陈　桦	陈　琳	邓联健	董洪川
董燕萍	顾曰国	韩子满	何　伟	胡开宝
黄国文	黄忠廉	李清平	李正栓	梁茂成
林克难	刘建达	刘正光	卢卫中	穆　雷
牛保义	彭宣维	冉永平	尚　新	沈　园
束定芳	司显柱	孙有中	屠国元	王东风
王俊菊	王克非	王　蔷	王文斌	王　寅
文秋芳	文卫平	文　旭	辛　斌	严辰松
杨连瑞	杨文地	杨晓荣	俞理明	袁传有
查明建	张春柏	张　旭	张跃军	周领顺

总　　序

外国语言文学是我国人文社会科学的一个重要组成部分。自1862年同文馆始建，我国的外国语言文学学科已历经一百五十余年。一百多年来，外国语言文学学科一直伴随着国家的发展、社会的变迁而发展壮大，推动了社会的进步，促进了政治、经济、文化、教育、科技、外交等各项事业的发展，增强了与国际社会的交流、沟通与合作，每个发展阶段无不体现出时代的要求和特征。

20世纪之前，中国语言研究的关注点主要在语文学和训诂学层面，由于"字"研究是核心，缺乏区分词类的语法标准，语法分析经常是拿孤立词的意义作为基本标准。1898年诞生了中国第一部语法著作《马氏文通》，尽管"字"研究仍然占据主导地位，但该书宣告了语法作为独立学科的存在，预示着语言学这块待开垦的土地即将迎来生机盎然的新纪元。1919年，反帝反封建的"五四运动"掀起了中国新文化运动的浪潮，语言文学研究（包括外国语言文学研究）得到蓬勃发展。中华人民共和国成立后，尤其是改革开放以来，外国语言文学学科的发展势头持续迅猛。至20世纪末，学术体系日臻完善，研究理念、方法、手段等日趋科学、先进，几乎达到与国际研究领先水平同频共振的程度，取得了令人瞩目的成绩，有力地推动和促进了人文社会科学的建设，并支持和服务于改革开放和各项事业的发展。

无独有偶，在处于转型时期的"五四运动"前后，翻译成为显学，成为了解外国文化、思想、教育、科技、政治和社会的重要途径和窗口，成为改造旧中国的利器。在那个时期，翻译家由边缘走向中国的学术中心，一批著名思想家、翻译家，通过对外国语言文学的文献和作品的译介塑造了中国现代性，其学术贡献彪炳史册，为中国学术培育做出了重大贡献。许多西方学术理论、学科都是经过翻译才得以为中国高校所熟悉和接受，如王国维翻译教育学和农学的基础读本、吴宓翻译哈佛大学白璧德的新人文主义美学作品等。这些翻译文本从一个侧面促成了中国高等教育学科体系的发展和完善，社会学、人类学、民俗学、美学、教育学等，几乎都是在这一时期得以创建和发展的。翻译服务对于文化交流交融和促进文明互鉴，功不可没，而翻译学也在经历了语文学、语言学、文化学等转向之后，日趋成熟，如今在让中国了解世界、让世界了解中国，尤其是"一带一路"建设、人类命运共同体构建，讲好中国故事、传递好中国声音等方面承担着重要使命与责任，任重而道远。

20世纪初，外国文学深刻地影响了中国现代文学的形成，犹如鲁迅所言，要学普罗米修斯，为中国的旧文学窃来"天国之火"，发出中国文学革命的呐喊，在直面人生、救治心灵、改造社会方面起到不可替代的作用。大量的外国先进文化也因此传入中国，为塑造中国现代性发挥了重大作用。从清末开始特别是"五四运动"以来，外国文学的引进和译介蔚然成风。经过几代翻译家和学者的持续努力，在翻译、评论、研究、教学等诸多方面成果累累。改革开放之后，外国文学研究更是进入繁荣时代，对外国作家及其作品的研究逐渐深化，在外国文学史的研究和著述方面越来越成熟，在文学理论与文学批评的译介和研究方面、在不断创新国外文学思想潮流中，基本上与欧美学术界同步进展。

外国文学翻译与研究的重大意义，在于展示了世界各国文学的优秀传统，在文学主题深化、表现形式多样化、题材类型丰富化、批评方法论的借鉴等方面显示出生机与活力，显著地启发了中国文学界不断形成新的文学观，使中国现当代文学创作获得了丰富的艺术资源，同时也有力地推动了高校相关领域学术研究的开展。

进入21世纪，中国的外国语言学研究得到了空前的发展，不仅及时引进了西方语言学研究的最新成果，还将这些理论运用到汉语研究的实践；不仅有介绍、评价，也有批评，更有审辨性的借鉴和吸收。英语、汉语比较研究得到空前重视，成绩卓著，"两张皮"现象得到很大改善。此外，在心理语言学、神经语言学和认知语言学等与当代科学技术联系紧密的学科领域，外国语言学学者充当了排头兵，与世界分享语言学研究的新成果和新发现。一些外语教学的先进理念和语言政策的研究成果为国家制定外语教育政策和发展战略也做出了积极的贡献。

习近平总书记指出："要着力推进国际传播能力建设，创新对外宣传方式，加强话语体系建设，着力打造融通中外的新概念新范畴新表述，讲好中国故事，传播好中国声音，增强在国际上的话语权。"为贯彻这一要求，教育部近期提出要全面推进新工科、新医科、新农科、新文科等建设。新文科概念正式得到国家教育部门的认可，并被赋予新的内涵和定位，即以全球新技术革命、新经济发展、中国特色社会主义新时代为背景，突破传统的文科思维模式与文科建构体系，创建与新时代、新思想、新科技、新文化相呼应的新文科理论框架和研究范式。新文科具备传统文科和跨学科的特点，注重科学技术、战略创新和融合发展，立足中国，面向世界。

新文科建设理念对外国语言文学学科建设提出了新目标、新任务、新要求、新格局。具体而言，新文科旗帜下的外国语言文学学科的发展目标是：服务国家教育发展战略的知识体系框架，兼备迎接新科技革命的挑战能力，彰显人文学科与交叉学科的深度交融特点，夯实中外政治、文化、社会、历史等通识课程的建设，打通跨专业、跨领域的学习机制，确立多维立体互动教学模式。这些新文科要素将助推新文科精神、内涵、理念得以彻底贯彻落实到教育实践中，为国家培养出更多具有融合创新的专业能力，具有国际化视野，理解和通晓对象国人文、历史、地理、语言的人文社科领域外语人才。

进入新时代，我国外国语言文学的教育、教学和研究发生了巨大变化，无论是理论的探索和创新，方法的探讨和应用，还是具体的实验和实践，都成绩斐然。回顾、总结、梳理和提炼一个年代的学术发展，尤其是从理论、方法和实践等几个层面展开研究，更有其学科和学术价值及现实和深远意义。

鉴于上述理念和思考，我们策划、组织、编写了这套"新时代外国语言文学新发展研究丛书"，旨在分析和归纳近十年来我国外国语言文学学科重大理论的构建、研究领域的探索、核心议题的研讨、研究方法的探讨，以及各领域成果在我国的应用与实践，发现目前研究中存在的主要不足，为外国语言文学学科发展提出可资借鉴的建议。我们希望本丛书的出版，能够帮助该领域的研究者、学习者和爱好者了解和掌握学科前沿的最新发展成果，熟悉并了解现状，知晓存在的问题，探索发展趋势和路径，从而助力中国学者构建融通中外的话语体系，用学术成果来阐述中国故事，最终产生能屹立于世界学术之林的中国学派！

本丛书由中国英汉语比较研究会联合上海时代教育出版研究中心组织研发，由研究会下属29个二级分支机构协同创新、共同打造而成。罗选民和庄智象审阅了全部书稿提纲；研究会秘书处聘请了二十余位专家对书稿提纲逐一复审和批改；黄国文终审并批改了大部分书稿提纲。

本丛书的作者大都是知名学者或中青年骨干，接受过严格的学术训练，有很好的学术造诣，并在各自的研究领域有丰硕的科研成果，他们所承担的著作也分别都是迄今该领域动员资源最多的科研项目之一。本丛书主要包括"外国语言学""外国文学""翻译学""比较文学与跨文化研究"和"国别和区域研究"五个领域，集中反映和展示各自领域的最新理论、方法和实践的研究成果，每部著作内容涵盖理论界定、研究范畴、研究视角、研究方法、研究范式，同时也提出存在的问题，指明发展的前景。总之，本丛书基于外国语言文学学科的五个主要方向，借助基础研究与应用研究的有机契合、共时研究与历时研究的相辅相成、定量研究与定性研究的有效融合，科学系统地概括、总结、梳理、提炼近十年外国语言文学学科的发展历程、研究现状以及未来的发展趋势，为我国外国语言文学学科高质量建设与发展呈现可视性极强的研究成果，以期在提升国家软实力、构建人类命运共同体过程中承担起更重要的使命和责任。

感谢清华大学出版社和上海时代教育出版研究中心的大力支持。我们希望在研究会与出版社及研究中心的共同努力下，打造一套外国语言文学研究学术精品，向伟大的中国共产党建党一百周年献上一份诚挚的厚礼！

罗选民　庄智象

2021 年 6 月

前　　言

　　语义学是语言学的重要组成部分，也是语言学研究的核心内容，研究语言就是研究意义。人类对语言意义的思考由来已久。从古代开始，无论是东方还是西方，人们对语言意义的本质就产生了浓厚的兴趣。例如，古希腊的哲学家赫拉克利特、德谟克利特、苏格拉底、柏拉图、亚里士多德等就曾著述探讨语言的意义问题，试图对名称本质的理解以及事物与其名称间相互关系等问题进行解释，并出现了"本质"与"约定"之争。语义研究在我国古代也有着漫长的历史和突出的地位，如公元前 2 世纪就有了专门解释词义的专著《尔雅》。先秦时期，哲学家荀子、墨子等对于"名""实"关系的讨论，就详细论证了名称与实际事物间的关系。到了东汉时期，许慎的《说文解字》是我国第一部系统分析汉字字形和源流的工具书，也是当时世界上为数不多的字典之一。此外，中国古代涉及语义的学科主要是训诂学和名辩学。

　　语义学发展至今已经成为语言研究的核心领域和前沿学科，与语音学和句法学一并成为现代语言学的三大学科。进入 21 世纪后，随着语言学研究地位的不断提高，语言意义问题也受到越来越多其他学科的关注。现代语义学研究已经成为逻辑学、语言学、哲学、符号学等多门学科研究的热点和难点，其研究也进入了多维度、多元化发展阶段。语义学研究的多维度体现在跨学科交叉研究的增多。例如，在认知语言学中，语义问题的探讨往往结合了哲学、心理学、人类学、神经科学等不同学科的理论与研究方法。此外，基于语料库和语言统计方法的广泛运用，带来了语义研究的实证转向，如构式搭配分析、分布语义分析、基于统计分析模型的多因素分析等。语义学研究与现代统计方法的结合实现了对前人内省式发现的检验，同时也为进一步挖掘语义现象背后的深层次规律创造了可能。今后语义学研究亟需引入更多的研究方法和其他学科的理论视角，使其在理论层面和方法论层面不断发展。此外，随着语言教学、机器翻译、人机对话、语言信息处理、人工智能的不断发展，语义问题将得到更多关注。语义学研究的多元化体现在研究领域的不断扩大以及亚领域的快速发展，从传统的词义学、句义学、篇章语义学，进而到言语行为、含义理论等，研究更加精细，甚至可以说，现代语义学已经涵盖了传统语用学的研究领域。

我国进入新时代以来，各行各业、各个领域都发生了巨大变化，外国语言文学的教育、教学和研究也不例外。近十年国内语义学研究无论是理论的探索和创新、方法的探讨和应用，还是具体的实验和实践都取得了很多优秀成果。回顾、总结、梳理、研究和提炼语义学研究在国内的发展，既具有学科和学术价值，也具有现实意义。本书基于近十年来我国语义学的研究成果，围绕词义学、句义学、话语语义学、形式语义学、认知语义学、语义演变、语义学的应用等研究内容，梳理语义学在我国的创新与发展，同时提出语义学未来研究的发展趋势。研究和展示近十年语义学研究在国内的新发展可帮助该领域的研究者了解和掌握学科和学术的最新发展成果，熟悉并了解现状，知晓存在的问题，探究未来语义学的发展趋势和路径。同时，本书的撰写也能为语言学研究生以及语言学爱好者学习和研究提供参考。此外，2021年将是中国共产党诞生一百周年，本书的出版亦是一项有价值和意义的献礼成果。

本书是集体努力的结果。第1章"绪论"由文旭撰写，第2章"词汇语义学研究"由吴淑琼撰写，第3章"句义学研究"由司联合撰写，第4章"话语语义学研究"由曹笃鑫撰写，第5章"形式语义学研究"由马军军撰写，第6章"认知语义学研究"由成军、陈熙怡撰写，第7章"语义演变研究"由唐瑞梁撰写，第8章"语义学的应用研究"由王惠静撰写。由于编写时间仓促，编者水平有限，书中如有疏漏，恳请读者见谅并指正。

文　旭
2020年12月

目　　录

第1章　绪论 ……………………………………… 1
  1.1　引言 ………………………………………… 1
  1.2　各章节内容简介 …………………………… 4

第2章　词汇语义学研究 ……………………… 9
  2.1　引言 ………………………………………… 9
  2.2　词汇语义学、词汇学和语义学的关系 …… 9
  2.3　近十年来词汇语义学研究概览 …………… 10
      2.3.1　词汇语义学研究的总体趋势 ………… 10
      2.3.2　词汇语义学研究的核心理论：认知语义学 … 12
      2.3.3　词汇语义学研究的主要议题 ………… 14
      2.3.4　词汇语义学研究的主要方法 ………… 22
  2.4　词汇语义学研究的未来走向 ……………… 26
      2.4.1　词汇语义研究的跨学科转向 ………… 26
      2.4.2　词汇语义研究的社会转向 …………… 27
      2.4.3　词汇语义研究的实证量化转向 ……… 29
  2.5　结语 ………………………………………… 30

第3章　句义学研究 …………………………… 33
  3.1　引言 ………………………………………… 33
  3.2　句义学国内外研究现状 …………………… 34

3.3 近十年来句义学研究概览 ································· 35
   3.3.1 句义学的核心理论 ······························ 35
   3.3.2 研究议题 ··· 38
   3.3.3 研究方法 ··· 60
   3.3.4 研究不足 ··· 68

3.4 句义学研究的未来走向 ································· 69
   3.4.1 句义学的跨学科交叉研究 ····················· 69
   3.4.2 句义学的实证量化研究 ························ 78
   3.4.3 句义学的应用研究 ······························ 79
   3.4.4 句义学的汉外对比研究 ························ 81

3.5 结语 ·· 81

第 4 章 话语语义学研究 ·································· 83

4.1 引言 ·· 83

4.2 所言的界定 ·· 85

4.3 一般会话含义的处理 ······································· 87

4.4 语用过程的解释 ·· 88

4.5 理论争鸣的启示与展望 ··································· 90
   4.5.1 理论争鸣的启示 ································· 90
   4.5.2 话语意义研究的展望 ··························· 92

4.6 结语 ·· 94

第 5 章 形式语义学研究 ·································· 97

5.1 引言 ·· 97

5.2 形式语义学理论与方法探究 ··························· 100
   5.2.1 语境依赖性 ······································· 100

		5.2.2 语义实验法与语义诊断法 ············ 101
	5.3	**汉语典型话题研究** ······················· **102**
		5.3.1 量化词研究 ······························ 103
		5.3.2 复句研究 ································· 109
	5.4	**形式语义学研究展望** ····················· **115**
	5.5	**结语** ·· **117**

第6章 认知语义学研究 ············ 119

6.1	**引言** ·· **119**
6.2	**认知语义学基本理论主张** ················ **120**
	6.2.1 认知语义学的指导原则 ·············· 120
	6.2.2 "基于使用"的语言观 ················ 124
	6.2.3 概念隐喻与概念转喻 ··················· 125
	6.2.4 原型理论和典型效应 ··················· 128
6.3	**近十年国内认知语义学研究状况** ······· **129**
	6.3.1 传统研究话题 ····························· 129
	6.3.2 其他研究话题 ····························· 135
	6.3.3 汉语认知语义学研究 ··················· 137
6.4	**认知语义研究发展趋势** ···················· **140**
	6.4.1 数据驱动的认知语义学研究 ········ 140
	6.4.2 基于语言类型的认知语义学研究 ·· 141
6.5	**结语** ·· **143**

第7章 语义演变研究 ············ 145

7.1	**引言** ·· **145**
7.2	**语义演变研究学科地位的改变** ········· **146**

7.3 近十年国内语义演变研究概述 ······ 148
- 7.3.1 发文数量及研究语种 ······ 148
- 7.3.2 实词语义演变研究 ······ 150
- 7.3.3 构式语法视域下的语义演变研究 ······ 155
- 7.3.4 语义演变规律与路径研究 ······ 157
- 7.3.5 语义演变动因和机制研究 ······ 160
- 7.3.6 语义演变研究方法 ······ 162
- 7.3.7 小结 ······ 164

7.4 语义演变研究发展趋势 ······ 165
- 7.4.1 更新语义演变研究方法 ······ 165
- 7.4.2 拓宽语义演变研究视角 ······ 167
- 7.4.3 加强汉外语义演变对比研究 ······ 168

7.5 结语 ······ 169

第8章 语义学的应用研究 ······ 171

8.1 引言 ······ 171

8.2 语义学与翻译研究 ······ 172
- 8.2.1 框架语义学视角下的翻译研究 ······ 172
- 8.2.2 概念隐喻、转喻理论视角下的翻译研究 ······ 173
- 8.2.3 其他语义学理论视角下的翻译研究 ······ 175

8.3 语义学与外语教学研究 ······ 176
- 8.3.1 认知语义学视角下的翻译教学研究 ······ 176
- 8.3.2 认知语义学视角下的词汇教学研究 ······ 177

8.4 语义学与词典编纂、词典学研究 ······ 180
- 8.4.1 认知语义学视角下的词典编纂 ······ 180
- 8.4.2 认知语义学视角下的词典学研究 ······ 184

8.5 未来研究趋势展望 ·················· 185
　　8.5.1 基于语义学的翻译研究未来趋势 ············ 185
　　8.5.2 基于语义学的外语教学研究未来趋势 ·········· 187
　　8.5.3 基于语义学的词典编纂研究未来趋势 ·········· 188
8.6 结语 ························· 189

参考文献 ···························· 191
术语表 ····························· 227

第1章
绪　论

1.1　引言

　　语义学（semantics）是语言学的一个重要组成部分，是研究语言意义（语义）的一门学科。同语音、词汇、句法一样，语义是语言的组成部分，是语言的一个层次，也是人类社会中一个非常重要的现象。例如，法国著名学者格雷马斯（A. J. Greimas）就说："人类世界从本质上来说大概就是意义的世界。一个没有意义的世界，绝不会被称为'人'的世界。"

　　人类对语言意义的关注可谓由来已久，所涉及的学科也相当多。古希腊哲学家在研究哲学问题时，就涉及语言的意义问题。例如，苏格拉底、柏拉图、亚里士多德等的哲学著作，都曾探讨过语言的意义。欧洲古代的逻辑学、雄辩术、修辞学、宗教哲学等学科，也从不同的角度触及语言的意义问题。中国古代涉及语义的学科主要是训诂学和名辩学。此外，中国古代的哲学、逻辑学、佛学、理学、文学理论等学科，也对语言的意义问题表现出了极大的兴趣。欧洲近代的许多学科，如哲学、逻辑学、符号学、心理学、人类学等，都从不同侧面探讨了语义，并推动了语义研究的发展。但是，所有上述学科都没有把语义作为自己的主要研究对象，也未对语义问题进行系统的探究。只有语义学才把语义提到议事日程上来，作为自己直接的、基本的研究对象，并对其进行全面的系统研究。

一般认为,语义学于19世纪初成为一门独立的学科。1838年,德国学者莱西希(K. Reisig)就主张把词义的研究建成一门独立的学科,他称这门学科为Semasiologie(semasio"意义"+logie"学")。但他的主张当时并没有引起人们的注意。1893年,法国语言学家布雷阿尔(Michel Bréal)首先使用了sémantique(语义学)这个术语,并于1897年出版了著作《语义学探索》(*Essai de Sémantique*)。从此,语义学逐渐从词汇学中分离出来成为语言学的一个新的分支学科。

在语义学的发展史上,语义学曾表现出两个重要的方面:一方面,作为语言学的一部分,语义学关心的是词义及其演变;另一方面,作为哲学的一个分支,语义学关心的是符号的指称问题。这两个方面实际上形成了语义学发展的三个重要阶段:历史语义学(historical semantics)、结构主义语义学(structuralist semantics)和形式语义学(formal semantics)。历史语义学主要研究词义及其演变规律,结构主义语义学主要关注语义之间的关系,而形式语义学则把焦点放在语义的逻辑和数理问题上。但从研究的角度和范畴来看,语义学又可以分为三大类:语言学的语义学(linguistic semantics)、逻辑语义学(logical semantics)和哲学语义学(philosophical semantics)。语言学的语义学主要是研究词的意义及其演变,特别是着重从社会和历史的角度研究词义变化的原因和规律,例如词义的扩大、缩小和转移等问题。逻辑语义学研究形式化语言中的指示、真值和满足条件等问题。哲学语义学或称语义哲学,主张语言是哲学分析的唯一对象,至少是最主要的对象。新实证论即逻辑实证论,则是语义哲学中的一个代表、一个流派,它认为哲学是一种分析活动,是对科学的语词和语句的逻辑分析。新实证主义认为,把哲学看作对语言的逻辑分析是一种新的哲学,是哲学上的转折点。

20世纪30年代,在新实证主义运动和语言学的发展中,哲学语义学成了逻辑学中的一部分,专门研究符号与命题所指之间的关系,而不考虑词源、文化和心理因素。尽管语义学在形式逻辑中获得了较大成功,但却付出了放弃认知方面研究的代价。可以说,20世纪30年代以后相当长的时期内,语义学的一个重要发展趋势就是把语言与认知割裂开来,其结果就是把语义的认知理论简化为语义的逻辑或纯语言理论,

第 1 章 绪 论

这一现象在当代哲学尤其是分析哲学中可以找到许多证据。直到 20 世纪五六十年代以前,由于结构主义在语言学中处于统治地位,语言学家的注意力主要集中在语言的形式结构上,而语义的研究却未引起重视。例如,美国结构语言学派——描写语言学(descriptive linguistics)一直回避语义的研究,从布龙菲尔德(L. Bloomfield)开始到霍凯特(C. Hockett)再到乔姆斯基(N. Chomsky),语义的研究都相当薄弱。因此,那时的语义学被戏称为语言学中的"困难户""可怜的小兄弟""句法学的垃圾箱"。但是 20 世纪 60 年代中期以后,语言学界对语义研究的兴趣达到了高潮,语义学由此成了语言学中的"灰姑娘"。正如英国著名语言学家利奇(G. Leech)在其《语义学》(*Semantics*)(1983)一书的序言中所说:"语义学在语言研究中的地位越来越重要,成了研究的焦点,多数人现在同意这种看法。"当然,现代语言学对语义研究的重视,一方面是语言学发展内部规律的合乎逻辑的表现:对语言研究越深入,就越会发现语义问题的重要性。另一方面,对语义的重视也是社会实践不断向语言学提出新课题、新挑战所带来的必然结果。许多学科(如哲学、逻辑学、符号学、心理学、人类学、计算机科学、人工智能、音位学等)都为语义学的发展提供了丰富的营养,而语义学则博采众长、兼收并蓄,使自身的理论体系日臻完善。语义学中的许多理论,如指称论(referential theory)、意念论(idea theory)、用法论(use theory)、行为论(behavioral theory)等,无一不是出自哲学家和逻辑学家之手;语义学中的义素分析理论(componential analysis theory)则是来源于人类学的分析词义的方法,而其中义素双分法的二元对立思想又来自音位学。正是由于语义学具有这种开放性和兼容性,20 世纪中叶以后,其发展非常迅猛,并诞生了许多流派,如解释语义学(interpretative semantics)、生成语义学(generative semantics)、蒙塔古语义学(Montague semantics)、概念语义学(conceptual semantics)、情景语义学(situation semantics)、心理语义学(psychosemantics)、文化语义学(cultural semantics)以及认知语义学(cognitive semantics)等。

20 世纪末,认知科学(cognitive science)对语言学、逻辑学以及人工智能(artificial intelligence)的研究产生了很大的影响。所有这些研究不但需要微积分方面的知识，而且需要知道"人类心智的工作模型"，即人类的心智（mind）到底是怎样工作的。因此，学者们又提出了这样的问题：在语言分析中为什么心智是必要的？尤其是语言学和人工智能对言语行为、推理等问题的研究，促成了各种形式语义学之间的比较，并使得学者们对语义的认知方面的研究产生了浓厚的兴趣。这样，认知语义学顺应时代的需要和发展，登上了历史舞台，成了语义学研究中的热点、一门显学。

1.2　各章节内容简介

本书基于近十年来我国语义学的研究成果，围绕词汇语义学、句义学、话语语义学、形式语义学、认知语义学、语义演变和语义学的应用研究等内容，梳理语义学在我国的创新与发展，同时提出语义学未来研究的发展趋势。本书共由 8 章构成。第 1 章"绪论"由文旭撰写，第 2 章"词汇语义学研究"由吴淑琼撰写，第 3 章"句义学研究"由司联合撰写，第 4 章"话语语义学研究"由曹笃鑫撰写，第 5 章"形式语义学研究"由马军军撰写，第 6 章"认知语义学研究"由成军、陈熙怡撰写，第 7 章"语义演变研究"由唐瑞梁撰写，第 8 章"语义学的应用研究"由王惠静撰写。

第 2 章"词汇语义学研究"通过梳理近十年国内学术著作和期刊中的代表性研究成果，对词汇语义学的总体研究情况进行概括，总结了词汇语义学的核心理论、主要研究议题和研究方法，并对该领域的研究趋势进行展望。该章首先对词汇语义学、词汇学和语义学三者之间的关系作出说明，指出词汇语义学主要以词义为探讨对象，从学科分类系统来说，词汇语义学是语义学的分支，而非传统词汇学分支。作者采用可视化计量软件 CiteSpace，基于中国知网发文数据，对近十年来国内词汇语义学的学科地位、研究内容和研究方法进行了梳理和总结。通过文献计量分析，作者发现词义、词义演变、词义区分、多义词、比较词义、语义表征等是近十年词汇语义学研究的热点。作者主要从词汇语义和句法语义的界面研究、词义关系研究（包括反义关系、同义关系和多义关系等)、词汇的语义加工研究以及词汇语义的跨语言对比研究四大方面,对近十年词汇语义学研究的主要议题所取得的研究成果进行了概述与分析。该章节还对近十年词汇语义学研究的主要方法进行了概述,主要包括语料库研究法、实验法等。最后作者对词汇语义学研究的未来走向进行了预测,认为在跨学科视野下,随着认知类型学研究的不断深入与拓展,认知类型学和词汇语义学的交叉研究还有长足的发展空间。此外,词汇语义学研究的社会转向以及实证量化转向也特别值得关注。

第3章"句义学研究"通过详尽归纳近十年来国内句子语义研究领域的主要成果,指出国内句义学研究成果丰硕,几乎在前人所有相关的研究领域都有所发展,研究较为深入。同时,作者认为国内学者在应用西方句子语义理论来解决具体问题时,亦能做到有所批判、有所创新,并提出了一些有很强解释力的理论,如事格语法、含意本体论等。在肯定句义学已有研究成果的基础之上,作者也指出未来句子语义研究呈现出如下发展趋势:句子的语义分析不断向微观化、细致化方向发展,比如对句子语义结构的分析越来越具体,题元的分类越来越细致;对句子的交际层面将给予越来越多的关注,由孤立地研究静态的句子意义发展为研究动态的话语意义;由研究单一的句子意义转向研究篇章中的意义,研究范围不断拓展;今后将越来越多地借助认知语言学的理论来研究句子的意义,具有强大解释力的认知理论与句子意义研究的结合趋势越来越明显。

第4章"话语语义学研究"主要聚焦于"所言"的界定、一般会话含义的处理和语用过程的解释三个主要议题。鉴于国内相关研究目前较少,作者首先围绕国外针对以上三个方面的最新研究展开介绍和评述,并在此基础上针对今后国内相关研究的发展趋势展开重点讨论,以期厘清话语意义研究中各个主要流派的思想脉络和理论差异,并为研究者提供可行的观察视角和分析思路。关于未来研究的发展趋势,作者首先针对后格赖斯语用学时期语境论和语义最简论之间交锋所带来的重要启示展开探讨。这些启示主要体现在以下五个方面:"所言"的界定与重构、"语用充实"路径的新解、语境论对真值语义观的背弃与语义最简论对真值语义观的反省、从单调逻辑到非单调逻辑的跨越、从语言模块论(modularity hypothesis of language)到整体论的飞跃。作者进而提出未来国内话语意义研究应注重以下几个主要发展趋势：（1）由非语言系统触发的未言说成分，其复取的语用机制、如何限制其过度生成等存在诸多争议或谜团；（2）一般会话含义的本体论地位和语用过程亟需公正客观的理论阐释；（3）意义表征研究还需整合认知及心理学等相关成果，探索一种表征-推理相互契合的理论模式；（4）基于汉语的"语用丰富"特征，通过不断挖掘新的语料事实，从类型学研究视角推动意义界面研究。

第5章"形式语义学研究"首先对形式语义学理论与方法探究进行回顾，主要包括语境依赖性、语义实验法与语义诊断法两个方面，进而主要从语言学偏向的形式语义学研究入手，通过选取期刊论文和学位论文等代表性文献，以汉语典型话题研究为主线，回顾近十年形式语义学取得的成绩。通过文献梳理，作者发现国内研究主要聚焦于以下三个方面：（1）形式语义学的发展历史、基本理论与基本内容的引介、译介、阐释；（2）从描写、分析、对比、实验等层面研究汉语语篇的句法和语义，主要涉及汉语量化词的句法语义、汉语"都"字等静态形式语义学范畴；（3）话语表征理论、分段式话语表征理论在汉语中的应用，如汉语话语结构的修辞格式、汉语复句、汉语句群、对话关系研究，汉语驴子句、条件句等动态形式语义学范畴。通过对近十年国内形式语义学研究的回顾，作者指出语言学研究与逻辑学研究之间的学科壁垒、学科界限依然存在，且语言学偏向的形式语义学研究还有更广阔的疆土等待着我们去开辟、去探索，形式化研究在我国的发展整体落后于语言学其他研究范式或路径的发展。对于国内形式语义学研究的未来发展趋势，作者指出在关注典型议题的同时要向更广的话题延展，关注静态语义学研究的同时要兼顾动态语义学研究，关注形式语义学学理探究的同时开展实验语义学研究，兼顾形式语义学研究与形式语用学研究。

第6章"认知语义学研究"首先指出认知语义学是近十年来国内语言学界的研究热点，过去十年间涌现了一大批优秀学者，在语义学理论、语言现象以及汉语本体等各方面进行了深入、细致的研究，取得了一系列的成果。本章首先对认知语义学的基本理论主张进行简要介绍，主要涉及认知语义学的指导原则、"基于使用"的语言观、概念隐喻与概念转喻、原型理论和典型效应等认知语言学理论主张。本章也对近十年来与认知语义学相关的热门话题进行了梳理,并总结了十年间认知语义学在国内所取得的重要成果,具体可分为传统研究话题、非传统话题以及汉语认知语义学研究三大领域。国内学者对认知语义学传统话题的研究主要涵盖概念隐喻、概念转喻、范畴理论、心理空间与概念整合等。非传统话题主要是指对提喻的认知探讨、基于体认语言学的语义学研究、多模态隐喻与意义建构等。另外,作者针对近十年来国内汉语认知语义的句法和词汇研究进行了专门探讨,主要涉及词汇和句法的认知语义研究两大板块。汉语词汇的认知语义研究主要涉及汉语词汇的语义演变和认知机制,汉语与其他语言的词义及其认知机制对比,以及汉语量词的研究等。汉语句法的认知语义研究近年来也取得了一些突破,其中新"被"字式的研究热度最高。最后,作者也指出国内认知语义学研究虽已取得不少理论性成果,但缺乏实证研究对各种假设的合理性加以验证。并从基于数据驱动的认知语义学研究(如语料库驱动的语义韵研究、基于语料库的隐喻和转喻研究等)和基于语言类型视角的认知语义学研究(如语系内的认知语义研究、跨语系的认知语义研究等)两个方向,对未来国内认知语义学的发展趋势进行了展望。

第 7 章"语义演变研究"以历史语言学研究重要话题——语义演变为对象,在初步回顾了语义演变研究学科地位的百年变迁后,通过文献计量研究法对近十年国内语言演变研究文献进行归纳。通过 CNKI 检索,作者发现近十年国内语义演变研究发文数排名前三的作者分别是吴福祥(13 篇)、金小栋(6 篇)、陈曼君(4 篇)、周红(4 篇)。从研究所涉语种来看,主要涵盖汉语、英语、日语、维吾尔语、满语、俄语、突厥语这七种语言,其中以汉语语义演变为主要研究对象的占绝大多数(占比 88.48%)。在研究话题上,作者认为近十年国内语言演变研究的新成果、新动态主要体现在以下五个方面:实词语义演变研究、构式语法视域下的语义演变研究、语义演变规律与路径研究、语义演变动因和机制研究以及语义演变研究方法。实词语义演变研究主要聚焦于实词虚化(包括动词虚化、形容词虚化、名词虚化等)和实词非虚化两大议题。近十年国内构式语法视域下的语义演变研究也在构式语法理论的大潮下逐渐成长,为解决传统语义演变研究禁锢于词汇学或训诂学的局限作出了重要贡献。此外,国内大量关于语义演变规律和路径的探究为语义演变的规律性这一颇具争议的话题提供了充分的历史证据，同时众多研究成果也清楚地证明语言演变的规律不应是绝对的，而是具有梯度性和灵活性。近十年国内学者在语义演变研究上，也不断接受并尝试各类基于语料库的新研究方法或范式，主要体现在历时构式搭配分析和语义地图等。作者提出，虽然国内语义演变研究有较为悠久的历史和优良的传统，且近十年来已经积累了很多重要的研究成果和经验，研究的不足与缺陷依然明显，还有很大的拓展空间，具体可以概括为研究范围过窄、研究框架失当、理论探讨不足、跨语言视角欠缺、研究方法简单、汉外语对比研究不足等。作者进而提出未来语义演变研究的发展趋势应主要从更新语义演变研究方法、拓宽研究视角和加强汉外语语义演变对比研究等三个方面加以关注和思考。此外，研究者应注意在借鉴国外相关理论、方法的同时，结合汉语自身文化、语言类型特点等，突破国外学术藩篱，发展有中国特色的语义演变研究。

第8章"语义学的应用研究"指出，近十年来国内针对语义学的应用研究主要呈现出多角度、多层面、多学科交叉的发展态势，尤其在翻译研究、外语教学、词典编纂等方面取得了较为丰硕的成果。作者主要回顾了近十年来国内语义学理论，尤其是认知语义学理论在以上三大领域应用所取得的主要成就。语义学在翻译研究中的应用主要集中于框架语义学、概念隐喻、概念转喻等理论，认知语义学的理论主张与翻译研究发展趋势相契合，为翻译策略、翻译过程、中国典籍外译等提供了新的视角，从而推动翻译理论的发展。在外语教学领域，认知语义学理论的应用主要体现在翻译教学和词汇教学中，不仅优化了教学方式和策略，而且推动了教学研究向纵深发展，产生了新的研究焦点。此外，认知语义学与词典编纂和词典学表现出紧密的结合，从理论层面来看，认知语义学的"象征意义观"对理论词典学产生了较大影响。从词典编纂具体工作来看，认知语义学的诸多理论思想（如框架语义学、范畴化理论、隐喻理论）被证明能够较好地解决多义词词项划分、排列、释义等关键问题。在回顾既有研究的基础上，作者也指出目前国内语义学应用研究依然存在不足与缺陷，尤其在翻译研究、外语教学、词典编纂等应用领域仍有巨大的发展空间。

第 2 章
词汇语义学研究

2.1 引言

语言是"词的语言",词决定其他语言单位(Saussure,1916)。词的核心是词义,因此词义一直是词汇语义学研究的重要话题。"词汇语义学是传统语义学的发展,是现代语义学的分支"(张志毅、张庆云,2012:9),词汇语义学是在词汇层面上研究与词语相关的语义问题。

近年来词汇语义学研究取得了丰硕成果。本章主要通过梳理近十年来国内学术著作和期刊中的代表性研究成果,概括词汇语义学的总体研究情况,总结词汇语义学的核心理论、主要研究议题和研究方法,把握词汇语义学研究的最新发展方向,并对该领域的研究趋势进行展望,以期为词汇语义学及相关研究提供一些参考。

2.2 词汇语义学、词汇学和语义学的关系

词汇学、语义学、词汇语义学是密切相关的三个概念。词汇学是对语言中词汇的全方位研究,包括词源学、形态学和词语的社会、宗教和方言等方面(Geeraerts,2010;Hanks,2007)。语义学是关注意义的一门学科。而词汇语义学主要以"词义"(word meaning)为研究对象(Paradis,2012;Taylor,2017),关注词的意义是什么、为什么有这样的意义,以及意义在说话人头脑中的表征方式。因此,就学

科分类系统而言，词汇语义学不是传统词汇学的分支，而是语义学的分支。

词汇语义学作为一门学科诞生于 19 世纪早期（Geeraerts，2010）。Cruse 的《词汇语义学》(Lexical Semantics)（1986）是第一本以"词汇语义学"命名的专著，该书采用语境范式对词汇语义进行了系统研究，为词汇语义学的后续发展奠定了基础。自此以后，国外出现了一系列有关词汇语义的专著和论文集，其中比利时鲁汶大学 Dirk Geeraerts 的《词汇语义学理论》(Theories of Lexical Semantics)（2010）是一部具有里程碑式意义的词汇语义学专著。该书对 19 世纪以来词汇语义学研究的传统、沿革和现状进行了全面系统的梳理，从历时视角呈现了词汇语义学研究的五个理论框架：历史语文语义学（historical-philological semantics）、结构主义语义学（structuralist semantics）、生成语义学（generative semantics）、新结构主义语义学（neostructuralist semantic）和认知语义学（cognitive semantics）。国内有关词汇语义学研究的论著也非常多，最早的是符淮青（1996）的《词义的分析和描写》，之后涌现出了不少力作，如苏新春（1992）的《汉语词义学》、曹炜（2001）的《现代汉语词汇语义学》、张志毅和张庆云（2001）的《词汇语义学》、王文斌（2001）的《英语词汇语义学》、陈淑梅（2006）的《词汇语义学论集》等。其中，张志毅、张庆云的《词汇语义学》（2001）是国内第一本以"词汇语义学"命名的专著。该书对汉语词义之间的关系进行了系统的描写，建构了现代语言学中词汇语义学的理论框架，极大地推动了国内词汇语义学研究的发展。

2.3　近十年来词汇语义学研究概览

2.3.1　词汇语义学研究的总体趋势

本章采用引文可视化计量软件 CiteSpace，全样本分析并绘制文献总体历时分布和关键词共现分布图谱。该图谱的数据来源于全球信息量最大、最具价值的中文网站 CNKI（中国知网），笔者以"词义"和"词

第 2 章　词汇语义学研究

汇语义"作为篇名关键词进行检索,时间设定为 2010 年 1 月至 2019 年 12 月,文献来源类别选择核心期刊和 CSSCI 期刊,初始检索后得到 352 篇文献,经人工检查筛选后,剔除内容不相关文献 14 篇,最终得到 338 篇文献。该分布图谱(图 2-1)客观展现了近十年来词义研究的总体发展状况,可帮助我们把握研究热点,探清发展前沿,为未来词汇语义的相关研究提供参考和借鉴。

图 2-1　词汇语义相关的论文年发文量分布

由图 2-1 显示的每年论文发布数量来看,2010 年和 2011 年发文量达到高峰,2011—2013 年发文量呈缓慢下降趋势,到 2014 年发文量开始回升,2014—2016 年发文量比较稳定。2017—2018 年发文量达到了十年来的最低点(年发文量仅有 18 篇),2018—2019 年发文量大幅回升。总体来看,这十年来有关词汇语义的文章发文量上下波动较大,但每年的核心期刊和 CSSCI 期刊的发文量均保持在 18 篇以上,这说明该研究议题一直受到了学者们的关注。

关键词是对文章内容的高度浓缩和概括,高频次的关键词代表现阶段学者们的研究焦点,体现了这一领域的研究热点。图 2-2 中节点代表关键词,关键词出现的频次由节点大小所体现,二者呈正相关关系。关键词共现的频次越高,节点越大,即关键词之间关联度越高,越能代表热点话题。各节点间的连线象征各研究主题间的相互联系。由图 2-2 可以看出,在词汇语义研究中,"词义"作为关键词的频率最高,紧随其后的是"词义演变"和"词义区分"。"词义演变"与"认知""转喻""隐喻"联系紧密，说明从认知视角研究词义的成果丰富；"词义区分"研究数量较多，跟语料库和同义标注等研究关联紧密。另外，"比较词义"也是一个研究热点，"语义表征""二语水平"和"多义词"也是高频关键词。由此可以看出，"词义""词义演变""词义区分""多义词""比较词义""语义表征"等关键词在图中较为明显，形成了近十年来词汇语义学研究的热点。

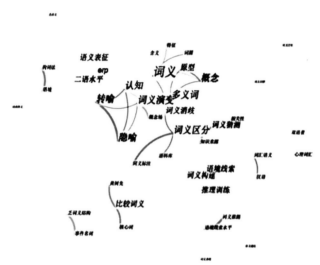

图 2-2　词汇语义关键词节点分布

2.3.2　词汇语义学研究的核心理论：认知语义学

词汇语义学是现代语义学的分支。认知语义学是 20 世纪 80 年代发展起来的一种理论，其基本观点是：概念结构是体验的；语义结构就是概念结构；意义的表征是百科全书式的；意义就是概念化（Evans & Green，2006）。在认知语义学中，词汇通常是认知语言学研究的最佳起点，比如原型范畴理论始于对词汇范畴的观察，之后再扩大到语法范畴（邵斌，2014）。认知语义学秉持体验观、百科观和语境观，对词汇

第 2 章　词汇语义学研究

语义学的发展起到了重要的推动作用。认知词汇语义学是认知语义学的分支，它遵循认知语义学的基本原则，采用认知语义学的基本理论和方法。具体而言，认知词汇语义学通过运用认知语义学当中的认知方式，描写词汇范畴的内部结构，分析词义关系，解析词义变化的理据，从而揭示人类认知活动的本质。根据 Geeraerts（2010）的观点，认知词汇语义学与传统词汇语义学的区别主要体现在以下几个方面：（1）通过关注范畴成员之间突显度的差异，提出了分析词语内部语义结构的新方法；（2）对词义关系的研究兴趣，促使了对转喻（metonymy）、隐喻以及二者互动关系的重新思考；（3）强调超出单个词项概念化现象的重要性，促进了对多义模式和语义变化方面的研究。

随着认知语义学的蓬勃发展，认知词汇语义学的研究成果也层出不穷。结构主义语义学将一形多义（semasiology）和一义多形（onomasiology）作为语言组织的两个基本原则。一形多义从形式入手，聚焦于一个语言形式所表达的各种意义；一义多形以概念作为起点，聚焦于一个概念用哪些语言形式来呈现。认知词汇语义学主要从这两方面着手，发展了结构主义语义学（Geeraerts，2015）。就一形多义而言，认知词汇语义学主要关注词的内部语义结构及词义表征方式，研究重点体现在词汇语义结构的典型模式：一是单义语境（monosemic context）中的典型性研究，主要分析词的原型结构；二是多义语境（polysemantic context）中的典型性研究，主要分析多义词的放射状网络模式。而就一义多形来说，认知词汇语义学主要关注词的语义结构和词义关系，一方面基于概念转喻、概念隐喻和框架语义理论探讨词的内部结构和词义演化的认知机制；另一方面分析称名结构的凸显性（onomasiological salience），即范畴的典型模式。

认知词汇语义学的主要研究议题可概括为以下几个方面：（1）词汇范畴的内部结构；（2）词的多义结构及义项之间的关系；（3）词义生成、演变和延伸的认知机制；（4）词义的动态识解；（5）超越词汇层面的词义变化机制；（6）词的词汇化和语法化模式。用来描写和解释这些议题的认知语言学理论主要包括：原型范畴理论、概念隐喻和转喻理论、概念整合理论、意象图式理论、框架理论、理想化认知模型、主观化、构式语法理论等（束定芳、唐树华，2008；周启强、谢晓明，2009）。

近十年来，认知语义学与词汇语义相结合的研究也逐渐成为国内词汇语义研究的主流。其中，大部分的研究侧重于用认知语言学的理论来解释词义衍生的路径和词义演变的规律，而施春宏的研究则独树一帜。他将词汇语义学的词义分析模式和基于概念认知的分析模式结合起来，将认知视角用于词义生成、衍化和释义等各个层面。他于 2012 年发表在《中国语文》上的《词义结构的认知基础及释义原则》一文，分析了词义形成和衍生的认知基础和过程，用实例论证了词义的生成是认知结构化的结果，词义结构关系的衍生过程具有拓扑性特征。他将认知语义学与结构语义学和词汇语义学的分析理念和操作原则相结合，这一分析模式让人耳目一新，有力地推动了词汇语义研究的发展。

2.3.3 词汇语义学研究的主要议题

1. 词汇语义和句法语义的界面研究

传统的语言学理论认为词汇与句法相互自治，将词汇和句法看作完全分立的两个部分（Chomsky, 1957）。词既是词汇学中的基本单位，也是句法学中的基本单位。作为语法单位当中的主要研究对象，词汇研究与句法研究存在交叉结合的现象。

对于词汇与句法的界面研究，国内外学者主要集中于研究词汇的哪些意义影响句子结构，以及词汇意义对句子结构影响的实现方式（刘宇红，2010）。在词汇对句法影响研究中，学者们重点分析了动词的论元结构与句法的题元结构之间的关系，以 Fillmore 提出的格语法为代表。在格语法的基础上，他提出了框架语义学，即以事件参与者之间的关系为基础，认为句子通过动词和它所管辖的特定句法形式来激活场景中相关语义角色（Ungerer & Schmid, 1996）。他发现，当不规则的结构单位或者惯用词组对应单一框架时，这样的框架被称为句法构式，句法构式中的结构组块被称为构式要素（刘宇红，2010）。在此观点基础上，Fillmore 以习语为研究对象，延伸出构式语法理论。构式语法认为，语法是形义配对体或象征单位，融合了词汇、语义、句法、语音和语用等知识（Evans，2019）。Goldberg（1995）以动词的参与者角色与论元角色的互动关系为基础，提出词汇与构式的互动观和构式的普遍观。她认为构式是一种语法现象，语言都会发生语法现象，即认为从词到抽象的词法、句法规则都可表征为构式。据此，Diessel（2019）认为，词类与构式之间是一种互动关系，封闭词类作为构式重要组成部分，与构式紧密相关，而实义词和构式之间的关系具有可变性；他还提出，在基于构式的研究中，学者通常假定构式包括特定实义词的"空位"（open slots），这些空位一般通过概率的方式计算构式与特定实义词的关联强度。

词汇和句法的语义界面研究主要探讨词汇语义与句法结构之间的关系。在国内，这方面的研究成果很丰富。孙道功（2011）的《词汇-句法语义的衔接研究》是词汇-句法界面研究的首部专著。作者从汉语词汇语义对句法语义的制约作用、词汇语义与句法语义的衔接机制角度进行了深入研究，解释了词汇单位进入句法语义层面的变化规律，实现了词汇语义与句法语义的贯通，为词汇和语法的界面研究提供了一种新模式。该书强调词汇语义和句法语义的一体化研究，消除了二者之间的对立，是词汇句法语义界面研究的经典之作。高明乐（2018）在《词汇语义与句法接口》中，分析了动词的词汇语义和句法之间的密切关系，审视了汉语的句法特征和语法性质，在汉语词汇语义和汉语句法之间找到了对应规律并建立了一套有效的联结模式。除了从传统理论角度关注词汇与句法的界面关系之外，从构式语法角度探讨词汇与句法关系的研究也逐渐增多，比如刘宇红（2010）分析了传统的词汇语义与句法的界面模式和构式语法模式，并提出了因果元构式的模式。词汇和句法有着十分密切的关联性，二者的有效结合，可以深刻地发掘复杂的语言现象，具有广阔的研究空间。

2. 词义关系研究

"词汇语义学的主要任务是研究和分析词和词义之间的联系"（许余龙，2010：75）。长期以来，词义一直是认知语义学研究的核心议题（Evans & Pourcel，2009），但词义关系的研究备受冷落。近年来，随着语料库研究法、实验法等实证研究方法的广泛运用，词义关系走出发展的低谷期，取得了一系列丰硕的成果，尤其是在反义关系、同义关系及多义关系等方面的研究中体现了词汇语义学研究的最新进展。

1）反义关系研究

早期的研究将反义关系看作是词语之间的纵聚合关系，但反义不仅是聚合轴上的替代关系，也是组合轴上的共现关系（Jones et al.，2012）。最早研究反义词共现（antonym co-occurrence）的是 Charles & Miller（1989），他们主要考查了反义词共现的频率，认为反义词之间的词义联想源于它们在同一句法环境中的高频共现。近十年来，反义词共现逐渐成为反义关系研究的热点话题，并取得了丰硕的成果，概括起来主要体现在以下四个方面：（1）反义词共现的句法框架（如 Jeffries，2010；Lobanova et al.，2010；Davies，2013）；（2）反义词共现的语篇功能（如 Jones，2002；Muehleisen & Isono，2009；Murphy et al.，2009；Jones et al.，2012）；（3）共现反义词的排序规律。Kostić（2015）、Wu（2017）等人的研究表明，共现反义词对通常呈现出一定的优势序列；（4）特定反义词共现构式的语义解读。有些学者对反义词共现构式语义变化的认知机制进行了研究，例如，Panther & Thornburg（2012）分析了反义词共现构式 *X and Y alike* 的语义推理过程；Wu（2014）分析了反义词共现构式 *you X you Y*，研究发现转喻是反义词共现构式语义解读的前提。

国内学者主要对特定反义词共现构式进行了个案分析。张媛（2015）从认知语法的角度，对反义形容词共现构式"形1 + 形2"的构式特征进行了分析，包括"形1 + 形2"的语义及语法范畴转变的概念理据、"形1 + 形2"的相关界性搭配。吴淑琼、邱欢（2017）对反义共现构式"X 的 Y 的"的句法语义特征进行了详细分析。其中，以二字格为呈现形式的反义复合词是研究的热点话题。学者从历时和共时的角度对汉语反义复合词进行了分析，研究重点从它的类别、排序规律、词汇化、语义变化等角度展开，并较为重视其中一类语气副词，即反义对立式语气副词的研究。张金竹（2015）对汉语反义复合词的词汇类别进行了分析，认为反义复合词处在动、名连续统的过渡地带，且偏向于名词一端的非典型词汇形式，在整个词类范畴中具有特殊地位。张金竹

(2018)重点分析了"N+N"类、"A+A"类、"V+V"类反义复合词内部的语义表达及概念层级特征,发现反义复合词内部语义结构与语法结构不一致,并非两个构词成分的简单加和,而是具有"典型遍指"型的语义功能,并呈现出全称性周遍、任指性周遍和统指性周遍三种不同的概念层级。刘玉倩、孟凯(2019)从二语学习的角度,分析了反义复合词词义识解的影响因素,认为语义关系类型和母语文字背景对二语者反义复合词的词义识解具有影响,并据此提出反义复合词教学的相关建议。在对反义对立式语气副词的研究中,基于张谊生(2004)对八个反义对立式语气副词"反正""高低""横竖""左右""死活""好歹""早晚""迟早"的语义特点、语用功能和形成原因的分析,学者对反义对立式语气副词进行了个案研究。程文文、张显成(2018)分析了"早晚"的词汇化演变过程,发现"早晚"的词汇化存在两条不同的路径。

2)同义关系的研究

认知语言学比其他理论框架更适合研究同义关系(Divjak,2010)。根据 Divjak(2010),同义词研究主要涉及以下三个核心议题:第一,如何描述同义词群,即语言使用者需要哪些信息来判断词语表达的意义是否相同?第二,同义词群的内部结构是怎样的?用什么方法来测量同义词之间的相似度?第三,同义词的内部语义如何区分?近十年来同义关系的研究进展主要体现在以下两个方面:

第一,同义关系的概念本质。

结构主义语义学认为,如果用一个词替换另一个词而不改变这个词的真值语义,这两个词就是同义词。但是认知语言学反对这样的假设,认为不存在充分必要条件。Storjohann(2010)考查了实际语篇中同义关系的概念化和构建过程,发现同义关系不仅是两个词项之间的词汇关系,而且是在语言使用过程中说话人根据共享的语言知识和非语言知识,运用认知原则构建的意义等同关系。因此,同义关系不是词汇之间的关系,也不是意义之间的关系,而是映射到相同概念的两个词汇表征之间的关系。换言之,同义关系本质上是概念性的,同义关系的构建是一个动态的过程。

认知语言学认为语义关系的研究实则是对固化的形式语义配对体变

异的研究，认为同义关系指"象征形式和非象征形式之间固化的功能和概念关系"（Glynn & Robinson，2014：14），它包含具体形式（concrete form）和图式形式（schematic form）。前者指词汇同义关系（lexical synonymy），后者指语法同义关系（grammatical synonymy）。因此，认知语义学对同义关系的研究也从词汇同义逐步拓展到了语法同义。

国内学者认识到同义关系的概念本质的时间较晚，研究也较少。王彤伟（2009）率先将认知语言学引入汉语同义词研究，提出同义词就是由认知引发的观点。其认为原型范畴观及典型性理论和家族相似性理论，能对传统范畴观下难以说明的汉语同义问题作出较为合理的解释。庞杨、张绍杰（2012）从语用与认知视角研究词汇同义关系，认为词汇同义关系的构建是在语境中根据关联原则建立的一种认知相似性。庞杨（2016）基于认知心理学的特别范畴（ad hoc category）理论，提出特别范畴对词汇同义关系在线构建的限制和激活作用，认为词汇之间的认知相似性通过语用推理机制和特别范畴建立起来。以上研究表明，国内同义关系的概念本质研究还需进一步深化。

第二，同义词内部的语义和用法差异。

如何区分同义词是同义关系研究的核心议题，在这方面的研究成果也十分丰硕。较早的研究如 Hanks（1996）运用分布模式区分了 urge 和 incite；Partington（1998）考查了 absolutely、completely、entirely 之间的用法区别；Gries（2001）分析了以 -ic 和 -ical 结尾的形容词的搭配重合度。近十年来，基于海量的语料库数据，结合多元统计方法考查同义词的语篇共现和语义选择，解释同义词用法异同的研究逐渐增多。比如，Wu（2018）基于语料库对汉语约量同义词"上下、前后、左右"进行了定量研究。鉴于语料库研究法与认知语言学的基本原则的一致性，即人们了解一个词的用法是通过观察这个词在短语、句子和其他语境中的使用情况，研究者能够基于真实的语料数据，结合先进的统计工具，对同义词的语义结构和用法模式进行更细致的分析。

国内学者对于同义词内部语义和用法的研究较为丰富。张继东、刘萍（2005）提出基于语料库对同义词进行辨析的方法，如通过统计同义词在不同语域中的词频分布差异、统计同义词的显著搭配词等。唐静、雷容（2015）以近义词 rob 和 steal 为例，运用认知语言学理论，分析了句法-语义不对称现象。吴小芳、肖坤学（2016）基于认知语言学的范畴化和识解理论，运用语料库的分析方法，对英语动词walk类近义词的辨析机制进行了探讨，认为英语动词近义词主要是由于动词基本范畴中不同识解操作而产生的。

3）多义关系的研究

多义性作为人类语言的普遍现象，一直是国内外学者关注的热点话题。根据Gries & Divjak（2009）的观点，多义性研究的难点主要包括多义词的意义原型（prototypicality of senses）、多义词各个义项之间的区分度（sense-distinctions）、多义词的语义网络表征（net-representation）以及词义跟词的形态句法结构的相关性（the semantics-morphosyntax interface）。近十年来，国内学者对于多义性的研究大致可以分为三个方面：单个词的多义性研究、一类词的多义性研究以及构式的多义性研究。

国内学者对于单个词的多义性研究成果最为丰富，其所涉及的理论角度各异，如黄月华（2012）运用规则多义研究方法，构建了汉语趋向动词"过"的语义网络，并从经验基础和语用过程两个方面，对其派生义项进行了逐一分析。侯瑞芬（2015）研究了复合词中"不"的多义性，认为"不"的多种意义主要归因于其"主观性"的特质，且"凸显冲突"和"委婉表意"是"不"主观性的具体表现。朱彦（2016）从意象图式着手，对汉语动词"赶"的多义体系进行了细致分析，论证了意象图式对于词义范畴化的重要意义。刘慧、于林龙（2019）基于LCCM理论考查了汉语名词"时间"的多义性，并通过语料库中的搭配和语义偏好对研究结果进行了验证。

有些学者对一类词的多义性进行了考查，如彭懿、白解红（2010）对形容词的多义问题进行了探究，认为国内外学者对形容词多义问题的识解差异主要源于其研究角度和研究层面的不同。彭玉海、于鑫（2013）从认知相似性、语义错置角度对俄语思维动词喻义衍生的认知隐喻机制进行了分析与研究。还有部分学者对构式的多义性进行了探究，如吴为善（2012）立足认知功能语法观，对现代汉语"NP受+VPt+QM"构式所包含的三类句式进行了研究，对其共同的构式理据进行了论证和解释。张秀芳（2014）对"V来V去"构式多义性的认知理据进行了分析，认为该构式中，动词的间隔重叠和语法化后的趋向动词"来、去"构成的反复体和表量图式是构式语义延伸的重要理据。俞建梁（2017）运用原型范畴化理论对句法构式的多义性进行了研究，主要阐述了句法构式的产生机制，廓清了句法构式的两大类型：基于事件类型的构式和基于语言使用的构式，并揭示了这两类构式义的生成方式。

3. 词汇的语义加工研究

国外研究中，词汇语义加工涉及二语习得、语义自动识别与加工的影响因素等研究，经常使用 DMDX、E-prime 和眼动仪等心理学实验软件和仪器分析学习者的词汇加工过程。笔者以"词汇语义加工"为主题，在知网中搜索 2010—2019 年间相关的核心期刊和 CSSCI 期刊，共计 228 篇。综合分析近十年的文献，可以得出以下结论：第一，在词汇加工方面，主要聚焦于某个特定词、成语、词类、搭配、双语/多语种对比、词汇激活机制和心理词库建立等方面的研究；第二，在语用语篇方面，进行词汇加工的逻辑与认知分析的研究逐渐增多；第三，词语加工的跨学科倾向明显，大有与其他学科相互融合的趋势，领域涉及语言学、心理学、二语习得、翻译、外语教学、语言对比等，尤其与认知科学和心理语言学结合紧密，如将眼动技术应用到语言测试和翻译领域。其中，从认知科学和心理语言学角度，对词汇的语义加工进行的研究逐渐增多。该研究领域的代表性学者主要有张积家和吴诗玉及他们的研究团队。

张积家及其团队主要从心理学出发，结合心理学实验和认知语言学知识对语义加工方式进行考查，并在此领域著述颇丰。张积家、陆爱桃（2010）运用图-词一致性判断实验，考查了动作图片语义加工中语音与字形的自动激活及其时间进程，发现在图片表征过程中，动词的语音激活出现的时间比字形激活的时间要早。张积家等（2014）运用语义启动范式和类别判断实验，考查汉英双语者在语义加工中的饱和效应，结果支持语义饱和效应发生在词形与语义联接阶段的理论。王娟、张积家（2016）采用行为实验和眼动技术，考查义符的类别一致性和家族大小对形声字语义加工的影响，发现义符家族特征的作用要受义符与整字的类别一致性调节。汪新筱等（2017）采用具身认知范式，考查平辈亲属词语义加工的空间和重量隐喻，并对比了朝鲜和汉民族长幼观念和文化差异。

吴诗玉及其团队的研究聚焦于探索二语习得方面的词汇加工方式。吴诗玉、马拯（2015）采用跨通道启动实验研究二语词汇加工中抑制机制的作用，核验前人在二语听力理解中语义整合实验的"促进而无抑制"作用，从而分析学习者认知资源的分配过程。吴诗玉、杨枫（2016）进一步研究了二语词汇加工的"跨词干扰效应"，从而帮助二语学习者及其教师了解"外语听力综合征"问题产生的根源及二语心理词库的组织与二语阅读障碍。吴诗玉等（2017）在修正层级模型的理论框架下，研究中国英语学习者在不同学习阶段的词汇和概念表征发展模式，发现词汇联结始终是中国英语学习者进行词义加工的重要通道。

4. 词汇语义的跨语言对比研究

词汇语义的跨语言对比研究是词汇语义学的经典话题。近十年来，国内大部分学者主要从英汉对比角度，关注词汇形态学和词汇语义学两大部分，涉及词汇、词汇的发展演变、构词、词义、词/语义关系、词素/语素等研究内容。基于语言学理论，对词义进行英汉对比的研究趋势当中，运用认知语言学相关理论进行的研究逐渐增多。如毛海燕（2010）从框架语义理论出发，通过对英汉情感框架词汇语义的对比，探索了英汉词汇对比的方式和程序，进而构建了词汇语义对比模式。贾冬梅、蓝纯（2010）基于概念隐喻理论和认知词汇语义学的原则性多义词分析法，对比分析了"water"和"水"的原型词义及拓展词义，并以语义拓展网络图表展示出两者在词义、概念阐述和语法结构三方面的相同及不同之处。孙成娇（2015）基于Talmy的词汇化模式理论，通过对比英汉"拿"类手部动词，得出汉语词汇化程度低于英语的结论，并证明了英汉词汇化模式均为"动作＋方式/原因"。卢卫中（2015）架构了对比认知词汇语义学的理论框架，阐释了建构该学科的理论基础、内容方法及未来走向。张维友（2010）的《英汉语词汇对比研究》

从英汉语词汇对比研究纵论、英汉语词汇形态结构对比、英汉语词汇意义对比和英汉习语对比四个部分，对英汉词汇对比的方方面面进行了分析，内容覆盖面非常广。丰国欣（2016）的《汉英词汇对比研究》以汉语字本位理论为基础，对汉英词的基本问题进行了对比研究，比如词的本质、词的结构和定义、构词法和复合词等。该书侧重从汉英语言差异视角考查词汇现象，偏重于汉语词汇现象。邵斌（2019）的《英汉词汇对比研究》是一部词汇对比研究的新著。该书全面梳理了英汉词汇对比研究的发展脉络、研究方法，重点对比分析了英汉词汇形态和语义的差异。

除了英汉比较外，汉语与其他语言的词汇语义研究也有不少成果。比如孙淑芳（2015）基于俄罗斯的语义学理论，运用西方语义学研究的前沿思想和方法，对比分析俄汉两种语言的词汇语义现象，挖掘出俄汉之间词汇语义的共性与个性特征。李美香（2015）从词义整体观的角度，以汉韩同形动词"处理"和"整理"为例，从词义、典型搭配语义类和对译词角度，对比分析了汉韩同形词语义对应关系，首次提出综合多种因素衡量汉韩同形词语义对应度的研究思路以及语义对应等级的划分方法。

2.3.4　词汇语义学研究的主要方法

传统的词汇语义研究主要采用内省法。为摆脱内省法的不足，认知语言学研究出现了基于使用的实证转向（Geeraerts，2006）。近年来认知词汇语义学也随之出现了大量的实证研究，主要包括语料库研究法和实验法（吴淑琼，2019）。

1. 语料库研究法

在语言学研究中，词汇语义学可能是语料库方法使用最多的领域（Gries，2010）。基于语料库的词汇语义学研究的主要假设如下：一个语言形式的分布特征反映它的语义和功能属性。词义研究通常有两种语料库驱动的研究方法——搭配分析法（collocation analysis）和特征分析法（feature analysis）(Glynn & Robinson，2014）。

搭配分析法是基于可观察的形式结构，在一定样本中分辨出这些语言形式的共现特征，并将其作为理解其意义结构的索引。搭配研究是语料库语言学的主流研究方法，考查自然发生的语言中语言形式的共现特征。著名的词汇搭配研究之父 Firth（1957：12）曾说："You shall know a word by the company it keeps."。也就是说，词的意义是从与它同现的词中体现的。基于此，搭配分析法主要考查目标词与同现词之间的关联强度。其中构式搭配分析法（collostructional analysis，CA）（Stefanowitsch & Gries，2003；Gries & Stefanowitsch，2004a，2004b）就属于该研究方法。该方法主要使用费舍尔精确检验（Fisher's exact test）的量化手段，揭示构式某一个或多个槽位中共现词素与构式的关联强度，考查构式中的语义槽对词项的吸引或排斥程度，从而探寻构式意义或者近义构式之间的意义差别。构式搭配分析法包括共现词素分析法（collexeme analysis）（Stefanowitsch & Gries，2003）、显著共现词素分析法（distinctive collexeme analysis）（Gries & Stefanowitsch，2004a）和共变共现词素分析法（covarying collexeme analysis）（Gries & Stefanowitsch，2004b）。构式搭配主要通过构式与动词相关频数组成列联表，比较动词在目标构式中的观测频数（observed frequency）与期望频数（expected frequency），量化二者的差异显著性，从而说明构式与动词的搭配强度或关联程度。运用构式搭配分析法，统计构式与动词的搭配强度，有助于鉴别构式的原型动词，归纳出构式的原型语义（张懂，2019）。因此，该方法逐渐得到词汇语义学界的关注。

特征分析法属于一种量化分析方法。该方法运用基于语料库的研究方法，通过人工分析手段，并结合多元统计法（multivariate statistics），获得词语的用法特征（usage features）。该方法始于 Geeraerts et al.（1999）和 Stefanowitsch & Gries（2003），在主流的语料库语言学中历史不是很长，但在认知语言学领域运用广泛。Divjak & Gries（2006）和 Gries & Divjak（2009）将该方法称为"基于语料库的行为特征研究法"（corpus-based behavioral profile approach，简称 BP），Glynn（2009）称之为"多因素使用特征分析法"（multifactorial usage feature analysis）。特征分析法通常有四个步骤：（1）从语料库里检索出词的所有用例；（2）对词目索引里每一类词的特征进行人工分析和标注，这些特征被称作标识码（ID tags），包括形态（时、体、态、人称、数等）、句法（句子类型、小句类型、修饰语等）、语义（名词论元的类型、动词论元的类型等）和其他特征（可接受度、搭配等）；（3）将这些数据转换成一个共现频率表，表中包含了每个词与每个标识码共现的相对频率，每个词的共现比例的矢量就是这个词的行为特征；（4）运用统计方法对表中的内容进行分析。与过去基于语料库的研究方法相比，特征分析法运用聚类分析法、对应分析、回归分析、多维尺度分析等统计方法对语料进行量化和分析，并借助可视化技术将结果形象直观地呈现出来，可以揭示变量之间的细微差异，增强研究结论的信度。近年来该方法已被广泛用于分析同义关系（如 Divjak, 2010；Liu, 2013）、多义关系（如 Glynn & Robinson, 2014；Jansegers & Gries, 2017）和反义关系（如 Gries & Otani, 2010；Paradis et al., 2015）。基于语料库的行为特征研究法反映了认知语言学基于使用的语言观，目前已逐渐成为词汇语义研究的主要方法之一（吴淑琼、刘迪麟，2020）。

在国内研究中，近十年来运用语料库方法对词义进行的研究逐渐增多，其中主要包括综述类和实证应用类。在综述类文章中，由张炜炜、Liu（2015），张炜炜、刘念（2016），房印杰（2016），许家金（2020），吴淑琼、刘迪麟（2020）等撰文介绍多因素分析的理念及方法。其中，许家金（2020）从概率性多因素语境共选研究的起源、主要选题、主要统计方法、现状与前景的角度，系统地介绍了多因素分析法。吴淑琼、刘迪麟（2020）阐述了行为特征分析方法产生的背景、理论基础和操作过程，并介绍了该方法在词汇语义中的相关研究，评析了其优势和不足。胡健、张佳易（2012），房印杰（2018）以及张懂（2019）等学者撰文介绍了构式搭配分析法。其中，胡健、张佳易（2012）率先对构式搭配分析法进行了系统介绍，阐述了其产生的背景和主要分析方法，评析了其优势，并介绍了其相关应用研究。张懂（2019）基于语料库的构式语法量化研究，重点围绕论元结构构式，阐述构式搭配分析和多因素分析等语料库量化方法的原理及应用价值，指出其在使用频率与原型的关系、统计方法等方面存在的问题，并提出应综合使用语料库法、实验法及内省法，进行多角度交叉验证的研究方法。除了介绍性文章之

第 2 章 词汇语义学研究

外,我国学者基于语料库的认知词义学的实证研究也逐步兴起,包括邵斌等(2012),田臻(2012),方子纯、陈坚林(2014),邵斌、王文斌(2014),邵斌等(2017),杨黎黎(2020),田笑语、张炜炜(2020)等学者的研究成果。譬如,邵斌等(2012)运用基于语料库的研究方法,对英语"碳族复合词"的使用模式进行了定量分析,并从认知隐喻的角度对其研究结果进行了深入的阐述,探寻基于语料库的认知语义研究的可行性。邵斌、王文斌(2014)将"-friendly"视作新兴词缀,基于当代美国英语语料库(COCA),对 N-friendly 的构词力、语义及其演变做出定量和定性分析,并以构式形态学为理论框架,窥探隐匿于该演变背后的认知机制。方子纯、陈坚林(2014)运用行为特征分析方法,对比分析了表示"巨大"的六个同义形容词(immense、enormous、huge、massive、tremendous 和 vast)的语义和用法差异,聚焦于该组形容词的名词搭配词、表语用法和语域分布模式三方面的使用特征。邵斌等(2017)运用构式搭配分析法,考查英语形容词与"强化词 + 形容词"构式之间的关联强度,并通过聚类分析和对应分析对极强词的语义分布差异进行可视化呈现。田笑语、张炜炜(2020)在认知社会语言学(cognitive sociolinguistics)的框架下,基于跨语言变体语料库,使用多分类逻辑斯蒂回归统计方法,考查了影响致使词"使""令""让"选择的句法、语义、语言变体等因素,在更多数据和参项的基础上丰富了汉语分析型致使构式与汉语变体变异的研究。杨黎黎(2020)运用构式搭配分析法,对汉语中的"原因 – 目的"类构式进行了案例研究,分析了三个同义构式"出于 X""为(了)X 起见""为 X 而 Y"的构式义、典型例频率的差异,并建立了同一构式不同图式槽之间的框架语义关系。

2. 实验法

作为实证研究方法之一的心理实验法,尽管没有语料库法使用广泛,却一直被视为认知语言学的常用研究方法(Geeraerts,2006)。就词汇语义学而言,较早运用心理实验法开展研究的主要有 Deese(1965)、Gross et al.(1989)、Sandra & Rice(1995)等。"心理实验法具有比较客观、可靠和可验证等优点"(钟守满、吴安萍,2015:10),可为语言描写提供最接近自然语言处理的数据。目前,学者主要运用

DMDX、E-prime 和眼动仪等心理学实验软件和仪器研究词汇识别、加工与学习过程。

近年来，除了心理实验法之外，神经实验法也得到国外学者的重视。其中，事件相关电位（ERP）和功能性磁共振成像（fMRI）是常用的研究手段。笔者在知网中进行文献调查，发现神经实验法运用到词义的研究成果数量也逐渐呈上升趋势。张瑜等（2012）使用 ERP 技术，采用语义启动的实验范式，考查熟悉成语与不熟悉成语语义加工的认知过程和神经机制。结果表明，成语的熟悉度对成语加工影响很大。王涛、杨亦鸣（2017）运用 fMRI 技术，采用图片发声命名任务，以 18 名高熟练度汉英双语者为被试，研究汉英双语者名词和动词加工的神经机制。俞珏、张辉（2019）从语境期待和语义整合的角度，运用 ERP 技术，探讨高水平学习者和低水平学习者加工英语短语动词的神经机制。实验表明，高水平学习者相关的神经认知机制仍不完善；低水平学习者相关的神经认知机制有待建立，这说明二语熟练程度影响学习者加工短语动词的神经机制。这些研究表明，实验法在国内的词义研究中逐渐得到重视，具有广阔的发展空间。

2.4 词汇语义学研究的未来走向

2.4.1 词汇语义研究的跨学科转向

Dabrowska & Divjak（2019）指出，认知语言学出现了跨学科转向，其中和语言类型学的交叉研究逐渐得到学界的关注。认知语言学和语言类型学的互补使得两者相辅相成、逐渐融合，这种融合催生了新的语言研究学科——认知类型学（陈丽霞、孙崇飞，2012）。认知类型学整合了认知语言学的理论假设和语言类型学形式描写的优势，以认知概念空间和跨语言形式之间的关系为理论基础，致力于解释跨语言形 – 义关系上的差异和共性（于秀金、金立鑫，2019）。

词汇类型学的研究目标是从跨语言角度揭示词汇系统中语义表征层面的共性特征。词汇类型学研究主要从以下三个视角进行（Koptjevskaja-

Tamm，2012）：（1）一形多义的视角（semasiological perspective），即考查哪些意义或特征可以编码为独立的词汇，以及不同语言的词汇系统在编码同一个认知域时的区别；（2）一义多形的视角（onamasiological perspective），即考查词的意义之间的关联以及这些词义之间的语义衍生路径；（3）词汇和语法互动视角，即考查特定语义域词汇的句法表征和句法编码。目前，国外的词汇类型学研究主要聚焦于亲属词、颜色词、身体部位词、运动动词等基本概念词，并通过跨语言对比发掘它们的共性倾向和个性特征。国内研究中，过去从语言类型学角度对句法的研究较多，而对词义的研究相对较少。近年来，涌现了不少词汇类型学的研究成果。其主要从跨语言角度，立足于词汇与语法的互动视角，探究一义多形表达的类型学特征，从而说明汉语的词汇特征，然而较少从一形多义的角度挖掘词汇类型特征。

国外学界采取认知类型学的路径则取得了不少成果，研究对象涉及词和句。其中，对于词汇研究，Talmy是代表性学者之一。他提出，在词汇模式范围内，将语言划分为动词框架语言和卫星框架语言的观点（李福印，2017）。国内鲜有学者涉足认知类型学，目前还处于对其综述和介绍阶段，实证性研究较少，仅有张黎（2010）从认知类型学角度，参照日语特征，对汉语"了"进行了分析。因此，在跨学科视野下，随着认知类型学研究的不断深入与拓展，认知类型学和词汇语义学的交叉研究还有长足的发展空间。

2.4.2 词汇语义研究的社会转向

随着认知语言学出现社会转向，词汇语义学研究也开始了社会转向。认知语言学的社会转向主要有以下两大研究路径：认知社会语言学和社会认知语言学（sociocognitive linguistics）（Divjak et al.，2016；文旭，2019）。

认知社会语言学是社会语言学与认知语言学的结合，致力于从认知语言学的视角为社会语言学关注的问题（如语言变异、变体研究）提供一个更加合理、能产的分析框架（文旭，2019）。认知社会语言学主要关注语言变体、词汇变异和它们的认知表征（Kristiansena & Dirven，2008；Geeraerts，2010），并从跨语言社区、跨地域、跨文化等社会语言学角度来探寻语言变异背后的原因。词汇变异是认知社会语言学的重要研究内容之一，它主要包括三个方面的内容（Geeraerts，2015）：（1）义符变异（semasiology variation），即相同的语言形式在不同方言中表达不同的意义；（2）形式语义变异（formal onamasiology variation），即用不同形式来表达相同的概念范畴；（3）概念语义变异（conceptual onamasiological variation），即选择不同的概念范畴指称同一个事物。目前不少国外学者从社会语言学的视角研究词汇变异，如 Robinson（2010）以形容词 awesome 为例，在多义成分与社会变项之间建立对应关系，展现了词义的变异性和动态性，也证明了将认知语言学和社会语言学相融合解释多义范畴的优势；Ho-Abdullah（2010）基于认知语言学理论对马来西亚英语、新西兰英语和英式英语中 at、in、on 三个介词的变异进行了对比研究。国内研究中，词汇语义学与社会语言学的交叉研究主要体现在对流行语、广告语、性别称谓语、公示语、方言等变异性词汇的研究。而在认知语言学与社会语言学的融合性研究中，张天伟（2019）在中国知网内进行了文献调查，发现对认知社会语言学的介绍和综述类文章比较多，而实证性研究文章很少。因此，他提出，现阶段国内的社会语言学研究还有很多空白之处。根据房娜、张炜炜（2015）提出的"语言变体和语言接触是认知社会语言学研究最广泛话题"的观点，张天伟（2019）认为，从认知社会语言学的角度对汉语方言与外语的接触现象进行历时和共时分析，都将是新的亮点。而从认知社会语言学视角对汉语词汇变体进行的研究，同样是认知社会语言学及词汇语义学研究的新趋势。

社会认知语言学是社会认知理论与认知语言学的结合，致力于通过揭示意义生成和构建所关涉的各种社会互动过程，研究"社会领域里的概念化"（Harder，2010：408）。其目的是描述社会互动机制，即在说话者和听话者层面，语言使用是如何塑造语言知识的（Divjak et al.，2016），而这些机制植根于一般的社会认知能力，例如共同行动（joint action）、协调（coordination）和规约（convention）（Croft，2009）。社会认知语言学着重回答两个问题：一是社会认知功能在语言中的表征；

二是语言习得、使用、演化等的社会认知机制。其研究内容主要包括以下四个方面：社会认知功能的概念化、语言习得、语言使用和语言演化（文旭，2019）。社会认知语言学致力于从社会认知的视角为认知语言学关注的问题（如概念结构、语义、语法问题）提供新的解释，为认知语言学理论发展寻找新的突破口，为认知语言学的社会转向提供更好的思路。目前，相较于社会认知语言学，从认知社会语言学角度进行的研究较多，社会认知语言学的研究较少。而鉴于社会认知语言学在语言的概念化过程中对社会因素的关注及其解释力，其必然在词义研究中发挥重要的作用。

2.4.3　词汇语义研究的实证量化转向

随着语料库法和实验法的广泛使用和不断发展，词汇语义研究出现了实证转向。鉴于这两种方法的利弊和互补性，未来的研究趋势是两种或多种方法的交叉融合，即语料库法和实验法的跨界使用。

语料库法和实验法虽各有其优势，也各有其劣势：语料库法主要用以发现词的使用模式，但笼统使用频次分布存在内在缺陷（Gries & Deshors，2014），无法解释其背后的动因；实验法主要用以揭示词的使用动因，但其实验素材多基于研究者个人内省的人为选择（Gilquin & Gries，2009），这使得研究发现与实际语言使用的一致性存疑（房印杰、梁茂成，2020）。目前，有些学者提倡将语料库法与心理实验法相结合，相互弥补各自的不足，以便为语言的认知研究提供汇流的证据（如 Gilquin & Gries，2009）。房印杰、梁茂成（2020）总结道，该融合表现为三种类型：（1）分别对不同语言材料开展语料库、实验分析，而后阐述二者的异同；（2）从高频次语料中筛选测试材料开展实验，尝试说明频次信息与认知固化的相关性；（3）基于多因素统计模型（multifactorial statistical model）从大规模语料中抽取典型语句，以其为测试材料开展实验任务，而后开展两种路径的对比分析。在词义研究中，不少国外学者融合语料库法和实验法，对词汇进行了研究，例如 Arppe & Järvikivi（2007）对同义动词以及 Liu（2013）对同义名词的分析。Arppe et al.（2012：3）指出："为了寻求对语言的全面了解，我们需要整合不同的研究方法，对语言行为和语言知识的各个方面进行分析。"因此，在语料库和实验法发展的基础上，词汇语义研究的未来走向是其两种方法或多种方法的相互借鉴和跨界使用，从而为词汇语义研究提供趋同证据。

目前，在国内，语料库法和心理实验或神经实验法的跨界使用，运用于汉语词义研究的成果尚不多见，但仍可看出呈上升趋势。笔者在知网中，对语料库法和实验法的融合式研究进行了穷尽式搜索，研究结果如下：邓宇等（2015）综合语料库和实验研究证据，对现代汉语隐喻运动事件的词汇化模式进行了考查；陆军（2017）采用语料库数据分析和心理实验相结合的方法，以二语典型搭配为对象，探索二语搭配知识的隐性、显性特征；吕骏、吴芙芸（2017）结合日汉二语语料库及产出实验，对指量词在汉语关系从句中的位序取向进行了分析；张笛等（2020）综合语料库和实验的研究方法，探讨幼儿句末语气词"啦"和"吧"的获得情况以及句末语气词和选择性信任与词汇学习的关系；房印杰、梁茂成（2020）以中国学生的关系代词取舍为研究对象，对大规模语料开展二分类逻辑斯蒂回归分析，并开展实验研究，探究中国学生在关系代词取舍从句使用中的语言知识的原型性和概率性。

实证量化研究是词汇语义学研究的一大热点。而在实证量化研究方法中，两种或多种方法的融合，即语料库和心理实验法或神经实验法的交叉研究，成为了词汇语义学未来的研究趋势。这种多种方法交叉融合的趋势将为词汇语义学研究注入更多的养分。

2.5 结语

语义学的主要任务是研究和分析词义和词义之间的联系（许余龙，2010）。认知语义学为词汇语义的研究开辟了新的道路，是当今词汇语义研究中最有能产性的研究框架（Geeraerts，2010）。近十年来，认知语义学范式下的词汇语义研究是主流，主要涉及词汇语义和句法语义的界面研究、词义关系研究、词汇的语义加工研究、词汇语义的跨

第 2 章 词汇语义学研究

语言对比研究这四大议题。词汇语义的研究方法除了传统的内省法之外，语料库研究法和实验法逐渐成为新的趋向。基于对前人研究成果的综述，本章指出了词汇语义学研究的未来走向：词汇语义学研究的跨学科转向、词汇语义学研究的社会转向和词汇语义学研究的实证量化转向。

汉语在语言文化上具有特质，而且汉语历时文本积累长达数千年，丰富程度为西方语言所不及，因此中国学者完全可以在词汇研究领域做出独特的、无法替代的贡献（邵斌，2014）。鉴于此，本章对近十年来国内词汇语义学的学科地位、研究内容和研究方法进行了梳理和总结，对其研究趋势进行了预测，以期对未来词汇语义学研究及相关语义学研究带来一定的启示和参考作用。

第 3 章
句义学研究

3.1 引言

语义学是语言学的一个重要的分支,主要研究语言表达式的意义。语言表达式包括词汇与句子,根据语言表达式的种类,词组可以归结为词汇,语义学分为词汇语义学和句子语义学。句子语义学与词汇语义学有着密切的联系,但又不同于词汇语义学。词汇语义学主要研究单个词语的意义,以及词汇之间的意义关系。而句子语义学则是在单个词汇的意义和这些词汇在句子中的句法角色的基础上研究这个句子的语义结构。句子语义学上承词汇语义学,下启超句子语义学或者篇章语义学。所以,研究好篇章语义学的基础是句子语义学。句子意义与词义的关系问题是语义学中一个重要的问题。它们的区别之一在于能产性,即新词很少被创造出来,而新的句子却可以经常被创造出来。句义不能够像词义那样列到词典中。句义通常被描述为具有组合性(compositionality),即一个表达式的意义取决于其成分的意义和这些成分组合的方式。在语法模式中,意义存在于两处:词库中较稳定的词义和数不清的句子的组合意义(compositional meaning)。乔姆斯基提出句法结构承担词库中的语义信息和句子的组合意义之间的联系任务。

3.2 句义学国内外研究现状

词汇语义学的研究有悠久的传统,而且成果丰硕。但是句子语义学的研究则起步较晚,20 世纪 80 年代才有专门的句子语义学专著,即德国语言学家冯·鲍伦茨所著的《德语句子语义学》(1988),我国以《句子语义学》为标题的专著是司联合 2010 年出版的。句子是现代语义学研究的一个热点。同时,人们在交际中发出或者接受的虽然是一个一个的词语,但却是以句子为单位进行理解的,也就是说,句子是人们交际的基本单位。研究句子语义学有重要的理论价值和实践意义。它不但可以丰富语义学、语用学、语篇学、传播学等学科的内容,而且对语言教学、文学、计算机理解语言、人工智能等学科的研究都有很大的意义。

句子意义是当今国内外语义学,尤其是句子语义学研究的热点问题。利奇(1983)提出了述谓分析法来分析句子的意义。Lyons(1995)则分析了有意义的句子和无意义的句子、句义和命题内容以及句义的形式化,从实证主义和真值条件理论来解释句义与命题的关系,并阐述了句义形式化的卡茨-福特理论和蒙塔古理论。Hudson(2005)讨论了句子意义中的组合意义与非组合意义、语义角色、语法关系等,比较笼统化,因此有必要进行更深入的研究。

贾彦德(1999)则详细论述了句义的结构、类型、形成及表现、分析的依据和程序,句义内义位的搭配,句义间的关系。郭聿楷(1996)考虑到语言层面的句子和言语层面的句子的内在联系把句子意义的层次结构分为两大部分:抽象意义和交际意义。彭玉海(1997)则把语句的意义结构体分析为三个层次:客观性意义、语用和言语主体,语义知识和语义操作的有机统一构成了语句的意义整体。他们的研究结合了语言和言语、静态和动态,揭示了句子意义的多层级性,阐述句子的间接意义产生的机制。丘震强(2003)认为义句分为静态义句和动态义句。陆俭明(2004)认为某个词类序列能形成什么样的句法结构,将会具体表示什么样的意思,主要取决于具体词语的意思,即具体词语所代表的概念及其彼此之间的相互制约关系。张振华、尹湘玲(1992)重点评述了对句子语义学的生成有较大影响的语言学流派。何英玉(2003)从多方面、多角度回顾和综述了 1978 年以来我国外语界学者在句子语义学研究中取得的成就，指出存在的一些不足之处。司联合（2004）认为句子意义的生成就是句类格式本身的意义和构成该格式的成分语义块的意义的混成。司联合、张伟平（2005）指出句义的研究不但要形式化，而且要很好地结合自然语言，找出消解模糊的办法。林懿、司联合（2005）提出了语义能力的模块化理论，阐述了句子语义能力所包含的主要内容，并提出了测量语义能力的方法。司联合（2007）认为句子意义是构成该句子的词语的词汇意义和该句子的结构意义的复合函数。司联合（2010）从概念层次网络的角度研究了简单句和繁复句的语义类别。

3.3 近十年来句义学研究概览

3.3.1 句义学的核心理论

关于句子意义，论述比较详细的是 John Lyons（1995）。他用三章的篇幅来论述句子意义。"有意义的句子和无意义的句子"讨论了句子意义与命题的关系，认为实证主义理论和真值条件理论有助于解释这种关系。要正确区分合乎语法、有无意义、可否接受等概念。句子和命题的关系依赖所采用的意义理论。句子意义是该句的典型用法，在某种意义上，句子表示命题。他还论述了非真实意义和感情论，认为感情论虽然早已被抛弃，但是却派生出了奥斯丁的言语行为理论（speech act theory）。关于真值条件理论，他是用逻辑概念来讨论，认为该理论有一定的局限性，因为句子意义的某些方面是无法用标准的命题逻辑来恰当地表示的。他分析了真值函数中的合取和析取、蕴含和否定，讨论了主题意义（thematic meaning）。人为主题意义就是话语意义，命题内容相同的句子可能有不同的主题意义。对于简单句和复杂句，他就句子类型和语气、一些句子的意义进行了一定的分析。在形式语义学中，他重点分析和评论了卡茨-福特理论和蒙塔古理论。

卡茨-福特（Katz-Fodor）的句义理论在某种意义上有些过时。但该理论是第一个对句义进行阐释的，所以值得关注。关于如何决定投射规则的数量及其相互之间的差异，我们尚没有找到办法。同时，语义表达也受到了逻辑学和哲学方面的批评。该理论中的语义表达实际上就是一种形式语言,这种形式语言的词汇单位需要解释。其次,有些人认为语义表达不太必要,因为用于表达所能做的事情,不用它们同样可以做得令人满意,即通过与意义公设有关的干涉规则来处理。

蒙塔古语法是蒙塔古的思想所引起的、发生在20世纪70年代中期语言学理论的一场运动。该语法采用形式语言的语义学研究中的概念装置来分析自然语言。在语义方面,它比乔姆斯基的转换生成语法更具有吸引力,蒙塔古语法包括了句法部分和语义部分,它们有着一一对应的关系。句法是通过定义句法范畴的范畴规则引入的,建立了词组结构语法。相应的语义规则使用真值条件谓词逻辑构成这些句子的命题解释。这种方法从几个方面进行了修改和扩展。蒙塔古语法和卡茨-福特理论的区别在于蒙塔古的著作深深地植根于逻辑语义学中,较少考虑语言学家关注的众多前沿主题,也没有提及音系表达或者屈折。

利奇的句义结构理论,涉及了题元和谓词,谓词可以分为不同的价。该理论讨论了义素分析理论、述谓分析和从属述谓的结构表述,分析了蜕化的句子(degraded sentence)现象。总之,述谓分析提供了诸如上下义和不相容性之类的意义关系和蕴涵、非一致性、同义重复和矛盾之类的基本陈述之间的联系。但是,述谓分析缺少逻辑成分,这些逻辑成分涉及对真实世界进行声明的述谓。述谓不像命题那样具有真假性。

Jackendoff的概念语义学是一种意义的分解理论,其主要观点是描述意义涉及心理表征,这种心理表征被Jackendoff称为心灵主义公设,句子的意义就是概念结构。在他的概念结构论中,意义成分是更为抽象的概念基元(conceptual primitive),对分析语义推理规则有重要的作用。语义分解可以用来研究语义和句法的匹配关系,他确认了几个普遍的意义类别:事件、状态、实体、路径、处所和特征。他认为在概念层次结构上,句子是由这些语义类别构成的。Jackendoff的语义理论比卡茨的理论更具有解释力,它不仅在单词层面,而且在句子层面解释了意义成分的组合和嵌入。

Fillmore的格语法及其后来的发展框架语义学都涉及了句子的意义。从20世纪60年代末兴起的格语法(Case Grammar),到70年代

第3章 句义学研究

后期兴起的框架语义学（Frame Semantics），Fillmore的语言理论在发展的同时有着较大的转变。格语法理论分为"格语法理论第一阶段"和"格语法理论第二阶段"。框架语义学从格语法发展而来，继承了格语法的基本思想，是格语法理论的系统化和具体化，可以看作"格语法理论第三阶段"。格语法三个阶段中有潜在的连贯性和飞跃性的转折点，可以总结为"三一一二"：一条主线（动词核心论）、一个概念（框架）、一次突破（从"格角色"到"场景参与者"）和两层平台（"场景""透视域"）。对于第一阶段的理论，从深层格总数的不确定、定义的模糊、格之间的重叠、语境的干扰以及类型学上的困难这五个角度详细论述其核心概念"深层格"的不可行性。对于第二阶段理论，从核心成分、描绘场景的认知过程（≠听话时话语片段激活认知场景的过程）、显著性等级不同的层面与词汇个性四个不同的方面提出理论中存在的不足与无法自圆其说的矛盾点。对于第三阶段理论，框架语义学有超越与不足。所谓超越，即框架语义学以"体验哲学"为根基、以"知识经验"为驱动对传统语法阐释进行冲击并补充；而所谓不足，即在过分依赖"认知"对于语言的阐释上，框架既面临着过度泛化的危险，也面临着在某些具有文化特色的人类活动方面几乎毫无共性可以概括的危险。

黄曾阳（1998）提出了概念层次网络理论（Hierarchical Network of Concepts，HNC），该理论力图通过引导计算机模拟人类大脑对语言的感知模式去理解自然语言，句类分析技术是该理论的技术实现。他理论中一个非常核心的概念就是作用效应链（action-effect chain），也就是主体基元概念，其概念类型符号是φ，在映射符号中省略不写，首位层次符号是0-5，高层层次数是2，前挂数字符号是6m=0-5；9；c。作用效应链有六个环节（link）：0作用，1过程，2转移，3效应，4关系和5状态。他还采用了"语义块"的概念，这是句子的下一级语义单位，就好像句子的下一级句法单位是词组一样。语义块分主块和辅块。基于作用效应链的六个环节和判断概念，他给出了其中基本类别的简单句，认为复杂句是这些简单句的并列或者复合。对每种简单句，他区分了常用格式和变异格式，给出了格式表达式。但是由于一些概念的模糊性和重叠性，操作起来有一定的困难。

3.3.2 研究议题

我们先从近十年国家社科关于句义研究的项目中寻找研究的议题，然后就句义的一些热点议题进行探讨。

1. 近十年国家社科基金项目中关于句义的课题

近十年国家社科项目语言学类中与句子意义研究有关的课题总结如下：

2010年16项。负责人是李京廉、张克定、刘晓林、王勇、王振来、李晋霞、韩景泉、黄洁、李雪、傅玉、曹晋、宋作艳、余光武、罗进军、黄彩玉、李金满。涉及有标复句层次关系、歧义结构、关系从句、控制结构、空间关系构式、语序类型、句法功能特征、介词标记的构句机制、相似复句关系词语、非宾格动词、名名复合词、移动事件词汇化模式、省略结构、致使构式、句法语义接口、情态动词语义、语用与句法的互动等课题。

2011年9项。负责人是李炯英、席建国、何伟、邓云华、卢卫中、马清华、程琪龙、仇伟和常辉。涉及波兰语义学派与语义元语言理论（semantic metalanguage theory）、语序、时间系统体现方式、句式的类型学、词汇对比、句子复杂化、论元体现构式、乏词义构式和句法发展模式等课题。

2012年28项。负责人是伍雅清、郭纯洁、张滟、程杰、李满亮、贾冠杰、熊学亮、杨成虎、何文忠、鲁忠义、高育花、叶建军、周长银、吴义诚、张伯江、张国宪、宋宣、梁瑞清、于建平、刘国辉、张红、张定、孙天琦、张建、司罗红、孙道功、邱庆山和许家金。涉及生成类型学、句法与语义界面、句法-语义互动关系、"意合-形合"类型性差异、名词词组、程式语心理表征模式、复合结构、句法语义接口、中动结构、否定句理解、平比句和比拟式、句式糅合、结果句式、句法与语义及语用的互动、形态句法、定语的语义信息、复合词语义透明度、感觉词汇的认知语义、复杂语义词智能排歧、词-句-篇动态整合、动词语义-句法集成、不定代词、情态词和"工具-伴随"介词、非核心论元、复句联结模式、句子生成机制、"句法-语义"、词义研究和复杂动词结构等课题。

第3章 句义学研究

2013年33项。负责人是彭家法、满在江、高秀雪、李福印、周士宏、张韧、匡芳涛、刘伟、王天华、罗思明、王志军、范莉、王慧莉、刘文正、张雪平、伍依兰、高增霞、廖光蓉、于善志、吴芙芸、张天伟、吴怀成、李文浩、马军军、何文广、胡泉、陈国华、鹿荣、董正存、玄玥、颜力涛、谢维维和刘海燕。涉及句法语义互动、子句论元、话题结构、宏事件语义类型学、句子信息结构、动态论元结构、断定构式、分裂结构、评价语义（evaluative meaning）的语法结构、名形表量构式、动宾搭配、论元结构的习得、关系从句加工、使令类兼语动词、句子的非现实情态、句序类型和构式、连动式、超常与规范、不对称现象的形意互动、指量结构、省略限制条件、事件名词的类型学、认知突显的构式、关系从句、语义作用机制、复句关系词搭配、语致使结构、可逆句式、构式省略、动词"完结"范畴、被字句、变读构词和语句系统的逻辑语义学等课题。

2014年15项。负责人是张艳、刘进、王宜广、熊仲儒、彭利贞、张绍杰、李莹、杜轶、吴锋文、郑娟曼、李安、王冲、陆烁、赵彦志和王洪明。涉及使动用法、复杂"被"字句、动趋式、形容词的句法语义、情态的句法语义、语法与语用互动、非线性句法范畴、完成体助词、复句句法语义、贬抑性习语构式、语义组合、动词词义范畴体系、名词短语句法-语义互动模型、祈使句和构式对比研究等课题。

2015年24项。负责人是李旭平、李文超、陈琦、杨曙、田臻、赵林晓、赵雅青、王倩、贾越、郭丽君、刘慧、阚哲华、施春宏、郭印、程丽霞、杨玲、司联合、杨炳钧、张国华、徐海、钟书能、王洪刚、马志刚、全国斌、刘海平、林艳、刘小川、王艳滨、左双菊、薛宏武、张怡春、马宏程、颜红菊、胡德明、赵江民、张萍、于秀金、刘世理、于鑫和朱庆祥。涉及数词的句法和语义界面、结果构式、投射性构式、情态、构式自动判别模型、重动句、紧缩句、涉量构式、静词形态结构、莫斯科语义学派、西方语义学史、论元结构、构式语法理论、作格语义句法、位移构式、动词体特征、简单句的句义、非限定小句、双宾结构的构式化和语义表达、悖义构式、虚拟位移构式、构式为中心的语法教学范型、特色句式、V定N构式、汉语语序、双宾构式句法语义接口、趋向范畴、动量组配、动词的及物性变化、"有/是/在"的类研究、受事前置结构、全句功能范畴、复合词词汇化模式、"什么"反问习语构式、句义的类型、句法–语义耦合、时–体范畴的类型、句法与语义互动关系、句型对比和小句依存性等课题。

2016年35项。负责人是贾媛、程琪龙、刘利、周统权、周俊勋、武振玉、隋娜、张克定、张立飞、李勇忠、文卫平、邓云华、马洪海、陈练军、刘顺、吴长安、赵倩、杨朝军、贺川生、罗艺雪、冯予力、罗天华、付岩、白蓝、张媛、朱旻文、王丽玲、蔡淑美、钟叡逸、张金圈、鲁承发、李榕、陆萍、王媛和赵旭。涉及语法、语义、韵律的互动、语义–句法互动的定量分析、复句、特殊定中结构、动词演变、动词词义系统、名词短语的句法、语义和形态、隐喻性空间关系构式、双及物结构、表量结构、多重否定的语义、因果复句句法语义、句式系统、复合词、名词非范畴化特征的句法语义接口、待嵌构式、复合词构词理据的语义关系类型、非人称构式、数词系统句法语义界面、释因·纪效句、量化现象、是非问句、中动结构、分裂句、反义词共现构式、粘合式述补结构、心理动词、构式浮现、论元结构制图法、引语的结构、功能及韵律特征、羡余否定、篇章与句法互动、"名+动"定中结构、语法体和连动式等课题。

2017年29项。负责人是何晓炜、常辉、刘文正、瞿云华、卢军羽、孔蕾、席建国、汤敬安、莫启扬、张凌、于善志、王丽、陆前、林海云、吴颖、司罗红、周红、朴珍玉、丁加勇、李永、曹道根、张占山、张则顺、汪昌松、皇甫素飞、熊建国、黄晓雪、王勇和刘晓林。涉及语法能力、句法结构眼动、构式的压制和反压制、句子结构、事件/实体错配、事件语义的语用标记词汇化、语序优势–和谐、受事前置句、小句联结、概称构式、违实结构、动宾搭配、依存句法计量、状态变化事件语义编码的、性质形容词主观化、句子功能中心、能性述补结构、话语转述、语序类型、分裂结构句法语义、语义角色的指称、数量成分述谓、"得"字结构、紧缩构式群、动转名词、"动（+宾）+补"语序、存在句的类型学和句法类型的演化等课题。

2018年30项。负责人是韩景泉、王文斌、牛保义、李家春、吕国英、李金满、徐春山、徐晓琼、张翼、杨烈祥、饶萍、胡旭辉、胡深爱、刘鸿宇、雷冬平、王建军、邓飞、李福印、徐式婧、肖治野、张成

第 3 章　句义学研究

进、田禹、玄玥、李源、李明晶、李劲荣、黄爱军、吴义诚、吴俊明和智晓敏。涉及句法与语义接口、时空性特质、动名搭配、致使性状态变化事件、框架语义知识库、类型学特色构式、隐性句法模式、人称代词左移结构、语义–句法界面、表量结构、增量释义、新构式语法理论、关系从句、"体范畴"特点、汉语构式化、句类演变、句法体系、趋向动词的事件融合原则、条件句历时演变的动因、话语到描述的语义演变、非词法结构词的词汇化、比较构式、动词基本语义特征、三句式复句层次结构、动词的动貌、"形义错配"构式、量词语义、非组构性表达式、补语句结构和被动语态等课题。

2019 年 24 项。负责人是刘正光、刘云、许歆媛、王刚、王洪磊、吕明臣、曾涛、战立侃、陈松松、邢富坤、杨进才、马志刚、周先武、章红新、谭益兰、鲁莹、额尔敦朝鲁、张旭红、吴庸、孙崇飞、王晓培、苏婧、焦一和张萍。涉及句法语义关系、复句与语篇类型、非常规句式、数量构式、结构对称性、关系语义、句法–语义接口结构、非现实句、错配构式、小句、有标复句关系、非论元结构、实体范畴概念、句法协同模型、语序对比、强调表达、动词词义角色搭配方式、词汇入构项与及物构式的质量守恒、隐性比较构式、形–义关系类型、非串联式构词法、旁格述宾结构、体信息表达方式和疑难文句语义句法等课题。

2020 年 23 项。负责人是李艳芝、杨延宁、杨成虎、高航、王义娜、马书东、吴吉东、佟和龙、赵文超、邓云华、杜世洪、吴炳章、张晓鹏、陈中毅、朱秀杰、曹志国、王璐璐、李新良、张晓涛、孙道功、唐旭日、周光磊和张会平。涉及语义演变与句法规约、构式演变、论元结构重组、动量范畴、事态限定方式、力图式规约模式、复句句法与语义界面、名词短语、性状词组的语义表征、超常动宾构式、渲染式断言句固化效应、情境认知、二语构式、依存结构、论元结构、多层话题句、复杂述谓结构、命题态度动词、"疑问–否定"构式整合、"句法–语义"接口的语用制约、动词语义演变的构式地图、复合词的论元实现和句法–语用界面结构习得等课题。

这些课题复杂多样，我们大致可以从几个方面来分类。

从汉语和其他语种的比较来说，在这些课题中，比较或者对比研究占了很大的比重，尤其是英语和汉语的比较或者对比。英汉比较 41 个项目，汉英比较 23 个项目。当然还有汉语与其他大语种如日语、俄语、德语的比较，汉语与少数民族语言如藏语的比较，与境外民族语言如希伯来语、班图语等的比较。

从研究的本体是词语或者句子来说，由于研究词语的可以放在词汇语义学范畴中，那么研究句子的都可以归为句子语义学范畴。句子分为简单句（小句、从句、子句）和复句。研究复句的有 11 项；研究从句的有 6 项；研究小句的有 5 项；研究句子的有 7 项；研究子句的有 1 项。

从语言学的不同分支角度来说，有语音学、形态学、句法学、语用性和语篇分析等。涉及语音的仅有 1 项；涉及形态的有 6 项；涉及句法的最多，达到 75 项；其中研究句法语义或者句法与语义或者句法–语义的就有 27 项；从语用角度来研究语义的有 8 项；研究涉及语篇的有 5 项。

从语言学各分支的互动、界面、接口来说，研究互动的有 26 项；研究界面的有 11 项；研究接口的有 11 项。

从构成句子的主要成分动词和名词来说，名词从语义角度是论元。对于这些词类的体现就是表征。涉及动词的有 23 项；涉及名词的有 33 项；研究论元的有 12 项；研究介词的有 2 项；研究表征的有 5 项。

从构成句子的结构或者构式或者句式或者模式来说，研究结构的有 58 项；研究构式的课题有 50 项；研究句式的有 8 项；研究模式的有 12 项。

从结构的非常规形式的角度来说，研究平行的有 3 项；研究省略的有 3 项；研究紧缩的有 2 项；研究连动的有 2 项；研究作格结构的有 1 项。

从结构的特性来看，研究机制的有 17 项；研究发展的有 6 项；研究事件的有 14 项。

从情景类型角度来看，只有 1 项涉及情景。

从属于动词，同时也属于句子的时体态式和句子中词语的顺序来看，研究时的有 2 项；研究体的有 6 项；研究中动的有 2 项；研究被动的有 2 项；研究语气的有 1 项；研究语序的有 7 项。

从研究方法的多样性来说，从认知角度来研究的课题有 38 项；以功能语言学为理论或者涉及功能的有 16 项；涉及信息的有 7 项；采用语料库来研究的有 17 项；从历时角度来研究的有 13 项；从共时角度来研究的只有 1 项。

从研究所依据的理论来说，以类型学作为理论框架的有 23 项；以认知科学为理论的有 38 项，以功能语言学为理论的有 16 项；以框架语义学为理论或者涉及框架的有 10 项；以语义地图为理论的有 3 项。

关于语义的运用，涉及习得的有 11 项。

2. 句子意义和语句含义

随着句子语义研究的深入，仅仅研究静态的语言层面的意义是不够的，有必要把研究扩展到语用层面，只有将这两个层面进行整合描写，才能更清楚地揭示作为思维和交际工具的语言的全貌。2010 年之前有郭聿楷和华邵的研究。郭聿楷（1996）充分考虑到了语言层面的句子和言语层面的句子的内在联系，进而确定了句义的层次结构：抽象意义（包括命题、结构意义、能指意义、抽象交际意图）和交际意义（包括命题、结构意义、所指意义、具体交际意图）。华邵（1998）把作为言语中最小构筑单位的语句的意思划分为若干组成模块，即命题内容、实际切分所产生的意思、语句中的情态、指称意思和语句可能蕴涵的潜在意思。每个基本模块还可以进行进一步划分。这种细致入微的句义层次划分，加深了我们对句子语义内部构成的认识。

2010 年以来的十年间，前三年有 3 篇文章，2017 年和 2018 年各有 1 篇文章涉及这个议题。它们展现了不同的视角，金楠（2010）从语境角度讨论了句子意义与话语意义。

张鑫、张枫（2011）则从语义内在性和意义研究的焦点浅析句意和话语意义之间的关系。

姚明军、宋贝（2012）则从语言学的不同分支角度，认为句子意义和话语意义分别属于语义学和语用学的研究范畴。句子意义是抽象的、静态的，独立于语境而存在；话语意义则是具体的、动态的，是句子意义和语境的结合。

林夏青（2017）以哲学研究方法为中心，分析了命题、句义和话语义的区别。他认为在语义研究中,有必要对一些基本概念进行解析和分类。刘继斌、范春煜(2018)从语义结构视域探讨了句子形式与意义的关系。文章质量有很大的进步,但是尚待提高。

与这个话题有关的还有语义学/语用学的分界问题。

康灿辉(2007)论述了语义学与语用学的互补性。文章首先阐述语义学和语用学之间相关的理论基础、研究任务,然后以 Grice 的会话含义理论为例,说明在具体语言分析中语义学与语用学的互补性。

赵觅、陈连丰(2011)认为语境是语义学与语用学的分界线。文章从字词角度和句子角度区分语义学与语用学的含义,指出语境是语义学与语用学的分界线,最终得出二者除了有相异性之外还具有相关性的结论。

侯国金(2012)分析了语义学和语用学的互补性。文章通过回顾和评述跨世纪的界面之争,从 Gazda 的等式,经过 Levinson 的七种意义,到言说和含义之争,厘清了语义学和语用学界面的经典问题。文章展示了两个学科的经典课题和各自的跨学科全景,理论上归属"互补主义"的"激进语用观"。文章认为,21 世纪是意义研究的世纪。

张韧(2012)研究了语义语用界面和意义的层次。在比较真值条件意义和非真值条件意义、所言和所含、解码意义和推理意义这几对概念的基础上,梳理了它们各自涵盖的意义范围,将意义进一步细分为若干层次,介绍了划分语义和语用意义的几种不同方案。

伍思静、刘龙根(2012)从误导或启迪角度论述语义学/语用学"界面"说。文章对近年来讨论此话题的各派观点进行梳理和分析,发现近十年来这一论题引发更激烈的论争,并由此衍生出三大主要路径和六大主要流派,现已成为当今语言哲学界最前沿的话题之一。迄今为止,语义学/语用学界面之争仍无定论,但是各流派对于语义、语境、语境依赖性等问题的研究不断深入。

陈新仁(2015)为语义学与语用学的分界提出了一种新方案。文章在评估了几种主要方案后,进一步区分不同加工性质和默认程度的语用充实,借鉴框架理论,拓展"空位"概念,扩展语义学范围以纳入充实内容,同时限定所含的范围,从而提出一种新方案,旨在为语义学与语用学的分界问题提供一种既更加符合语言直觉、又更具理论描写充分性和简明性的新方案。

刘文硕、逄悦（2017）论述了语义学与语用学的分界。语义学与语用学的关系既紧密相连，又相互区分。浅显地说，语义学研究语言中单词、短语、句子的字面意思，而语用学则涉及语言与会话者之间以及会话语境之间的关系。语义学与语用学的分界问题涉及意义与使用、语言的规约意义与非规约意义、真值条件意义与非真值条件意义等诸多方面，关于这个问题的探讨有助于我们更好地认识语义学与语用学的分界问题。

夏洋、李佳（2017）概述了语义学与语用学界面研究。文章回顾和述评了国内外对于词汇语用学理论的具体研究内容和方向，为语言学者未来的研究厘清思路，开拓研究视角。

谭璨（2018）发表了《试论语义学和语用学的关系》。文章重在对二者之间的互补关系与区别作进一步的探讨。

侯国金、张韧和陈新仁的研究更具有启发性，上述其他几位学者的研究可以作为入门级的参考。

3. 语义正常和语义异常的句子

什么样的句子是正确的？在生成句子的时候，如何确定有效的过滤机制，保证所生成语句的正确性？解决这些问题对于语言理论研究、语言教学，乃至自然语言的计算机处理都具有重大的意义。正确语句问题不仅涉及句子的真值，而且是一个多层面的问题，包括语法正确、语义正确和语用正确。当前迫切需要解决的就是语义正确问题。

2010年之前有丁昕（1994）的文章。文章着重研究了如何排除语义搭配上不合格的句子，以保证句子语义的合适性。作者从分析词义与句法功能的关系、述体与客体间的语义关系及述体与主体间的语义关系入手，探讨了避免违反语义同一律，生成正确语句的一般规律，说明了语句中的语义搭配规律。作者还提出了一系列题元语义次范畴划分的方法，对于我们深入研究正确语句问题具有一定的指导意义。

近十年来，专门研究句子语义异常现象的论文多了起来，这个领域得到了加强，但是文章数量不多，研究角度零散，仍然急需加强。

卓如（2010）研究了颠倒歌中的语义异常。这种语义异常不同于一般文学语言的修辞，而是颠覆了语义场的内部规律，颠覆了人们脑海中的正常概念、判断和推理，从而达到一种出其不意的审美效果。

李翠英（2011）研究了语义异常的不同阐释路径。文章通过对各语义学流派不同观点的梳理，将语义异常现象的分析划分为三种路径：形式的、语用的和认知的，同时指出各路径的特点和不足。

李青青（2013）的硕士论文探究了语义异常组合词。文章以《现代汉语词典（第6版）》中收录的208个语义异常组合词作为语料，结合义素描写、语词理据等相关理论对其进行综合考查，从类型划分、产生原因、特点与作用三个方面对其进行整体关照和系统梳理。

4. 句子间的逻辑语义关系

句子的语义之间存在着一定的逻辑关系，这些关系包括同义、蕴涵、矛盾等，探索自然语言中的这些逻辑关系是句义研究的重要方面。句子的同义关系在句子的意义关系中占有重要的地位，我国学者对此给予了高度重视，发表和出版了不少研究同义句的论文和专著。2010年之前有倪波（1983）、何自然（1979）、郭聿楷（1998），以及王铭玉（1996a），他们是较早关注这一问题的语言学家。王铭玉在同义句的界定、分类原则以及同义句内部机制的阐释等问题方面有着丰富的著述。

王铭玉（1996a）以语义-结构作为理论基础，对同义句作了较科学的界定。作者从同义句的语义原则、结构原则、同义句之间的关系和一般形式这三个方面对同义句的界定标准进行了具体的阐释。王铭玉（1996b）还对同义句的分类作了有价值的尝试，他把同义句的述体之间的关系分为体现、派生、等同和错根，并分别从这四个方面对同义句进行了较为全面的分类描写。

郭聿楷（1998：3-5）探讨了句子间的蕴涵关系，把蕴涵关系定义为"由于两句中相应成分的上下义关系而形成的包含性语义关系"。作者对利奇提出的蕴涵公式提出了质疑，并指出影响蕴涵关系和蕴涵方向的因素是多种多样的，如指称特点、量词、否定、逻辑重音等。

2010 年以后，有几篇文章涉及这个议题。它们的研究对象和研究基础各不相同，取得了一定的成就，但是显然这个领域还有许多内容值得研究。李丹、赖玮（2011）研究了无条件句列举式条件分句内部的逻辑语义关系。主要考查"不管"等连接的无条件句的多面列举式，结合句法特征，抓住关联词语，探讨条件分句内部的逻辑语义关系。

赵玉闪、杨洁（2012）以乔姆斯基转换生成学派的理论为基础，浅谈科技翻译中句子深层逻辑语义关系的对等。必须运用逻辑推理的手段展开环环相扣的逻辑链接，捋清原文的逻辑语义关系，必要情况下查询相关专业书籍，确定逻辑关系，做到译文与原文深层逻辑语义关系的对等。

王坤（2014）对比了汉英小句的及物性和逻辑语义关系。依据系统功能语言学中的概念元功能理论，对莫言"诺贝尔奖讲座"的汉语文本及葛浩文的英文翻译文本从及物性和逻辑语义关系两个方面进行分析、比较，总结出汉英翻译过程中小句转换的若干规律。这些规律影响汉英两种语言对小句内的环境成分、参与者及小句间的逻辑语义关系的不同选择。

黄荷（2017）从功能文体学视角研究"英语文学最长句"中的逻辑语义关系。乔伊斯的《尤利西斯》最后一章以类似书面转录的方式展现了主人公莫莉高度口语化的意识流，其中三千多个句子连续成文而不使用标点符号，被誉为最早的"英语文学最长句"。本文从功能文体学视角分析了该章中复杂的逻辑语义关系，并以结尾处最频繁使用连词 and 的片段为例，明晰了线性文本中潜藏的多层次意识流，以期对文体学、语篇分析和意识流小说研究有所参考。

何伟、刘佳欢（2019）对比研究了英汉语小句间逻辑语义关系及表征方式。文章从功能角度对英汉语小句间逻辑语义关系进行了对比研究，重在呈现英汉语小句间逻辑语义关系类别及其出现概率、词汇语法和逻辑顺序表征方式上的差异，从而揭示英汉之间在认知和思维上的不同。总结了研究发现，并给出了一些解释。

仲微微（2020）从多模态话语分析视角，依据 Martinec 和 Salway 建立的图文关系分析模式，对英文叙事绘本中图文逻辑语义关系进行分析，指出绘本中图像和文字存在详述、延展、增强三种逻辑语义关系，研究了叙事绘本翻译中图文逻辑语义关系的处理。绘本兼有图、文两个基本属性，具有多模态的特征。作者认为在翻译绘本时，译者应关注图文之间的逻辑语义关系，不能将文字和图像割裂开进行翻译。

5. 句子的语义结构：预设

在句子语义研究中，"预设"是一个经久不衰的热点问题。我国学者对"预设"问题也给予了相当多的关注。最初关注的重点在于介绍预设的概念、预设与声言的鉴别方法，以及区分语义预设和语用预设等方面。随着研究的深入，这方面的研究取得了许多新的成果，如徐盛桓（1993）探讨了有关语义预设的一些理论问题，提出了新的分类和一些新的性质、特点、推断的方法及应用的设想，有助于我们深入了解预设这一语义现象。

姜宏、徐颖（1997）研究了对预设进行否定（即元语否定）的问题。张克定（1997）对英语中的割裂句这种具体句型中的预设现象进行了分析，这些工作都极大地促进了预设问题的研究。

2010年后的近十年来，对预设的研究还在不断深入，不断向具体化、功能化方向发展，魏在江等学者发表了一系列预设方面的论文。韩力、扬杨凯（2010）分析了预设理论的形式化研究。探讨了学者们普遍关注的与预设相关的问题，并重点讨论了盖士达的潜预设理论，即潜预设理论的形式化定义及系统定义，从形式化角度重新审视预设理论的发展。

魏在江（2010a）认为对预设的接受与理解、预设的表达与接受的互动方面研究不够。预设是两个主体的双项交流行为在三个层面的展开，应该探讨预设话语权与表达策略、预设解释权与接受策略以及二者双项互动的运作机制。作者还提出预设研究的一个总的框架：表达论、接受论与互动论，并就这三个方面分别加以简要论述。

魏在江（2010b）进行了宾语隐形的认知研究，认为牵涉语用预设的问题。语用预设是此类句法结构生成与理解的重要的机制之一。动词宾语的隐形涉及语义、句法、功能等各个不同的方面，只有从整体的途径考查，做出的解释才可能更加令人信服。

魏在江（2011a）认为在具体的语境和语篇中，语用预设具有：（1）主体的介入功能；（2）隐性信息的激活功能；（3）对他者的负面或正面评价功能。这都反映了语用预设的主观性，具有明显的评价功能。语用预设的这些特点与近年来语篇研究的热点——语篇评价系统研究在很多方面有交叉之处。

魏在江（2011b）从语用预设原型结构的认知心理出发，以认知语言学的构式理论为基础，对汉语楼盘广告中的语用预设进行认知分析，从认知角度分析楼盘广告可以帮助我们更好地理解广告语的预设机制。

魏在江（2011c）从构式语法的角度来研究英汉拈连辞格，试图为修辞的研究提供新视角。研究发现，语用预设对拈连辞格有很强的制约作用，同时，构式赋予了拈连辞格中形式与意义的匹配理据。离开了构式，拈连也就变得不可能和毫无意义了。

魏在江（2012）从预设的接受者角度出发，以哲学诠释学的理论来研究预设的接受心理与认知期待。认为表达与接受是语言对话中须臾不可分离的两个有机组成部分，它们共同构成话语发生与理解的完整的认知过程。发话与受话的主体分别为说话人和听话人，共同构成话语活动的双方，交际双方必然产生心理活动，作为受话方的听话人的心理，势必会影响到说话人的话语预设的表达。

魏在江（2013）研究了汉语不及物动词带宾语现象。研究发现：（1）构式整体的隐性预设意义导致此类结构的产生与高度固化；（2）动词本身的预设意义和处所宾语的语义高度关联；（3）处所名词宾语的受事预设意义与角色突显度转换。语用预设是此类句法结构得以产生的机制之一，是一种具有普遍性的重要语言认知机理。句法的搭配关系实际上就是一种预设关系，预设机制为这种搭配提供条件和可能。语用预设是此类结构产生的根本动因。

张谊生（2011）研究了预设否定叠加的方式与类别、动因与作用。预设否定双重叠加式有蕴含、复置、交互三类，由再加复置构成的多重叠加式有复置＋蕴含、复置＋连用、复置＋交互三种。预设否定叠加的动因有主观突显、词义磨损、兼顾特色、整合结构等。从否定叠加的作用看，基本效用就是强化，叠加式强化必然会导致否定义的羡余；不同词语的叠加形式满足了预设否定多样化的语用要求；叠加还形成了一系列词义与句法后果，包含预设否定词的词汇化与习语化。

张家骅（2013）从命题态度动词词汇语义结构角度分析语义预设对于命题态度动词谓语句的两个否定结果的影响，尝试回答吕叔湘先生提出的问题。

陈振宇、钱鹏（2015）证明了五个"完备性公式"，说明任何两个命题间的单向蕴涵关系 P→Q，必须完备操作为 Q 是 P 的预设；而双向蕴涵关系 P(?)Q，必须完备操作为 Q 与 P 等同。还讨论了真值缺失、焦点否定以及其他与完备性有关的问题，以证明完备性对语言解释来说是必不可少的。

张凌（2016）认为，概称句的形成基于预设机制，包括语义预设、语用预设和认知预设。研究结果有利于深化对概称句特点的认识和相关研究。

丛日珍、仇伟（2016）从新的视角发展与突破，把语义预设研究范围限定于语句/命题内部语言形式，语用预设则为考查语句/命题外说话者的预设。认为采用语义预设与语用预设的双视角来理解自然语言的做法将更加实际、辩证。

袁梦溪（2017）从预设理论出发，指出汉语的部分语气副词常被认为表达了"强调"意义，这部分副词对前文语境有一定的要求，更加适合分析为预设触发语。认为"强调"意义是副词触发的预设与所在句子句类意义相互叠加产生的话语效果。

6. 句子的歧义问题

歧义就是用一种语言形式表达两种或更多的意义，这是自然语言的一种普遍现象。对句子歧义现象的研究有着悠久的历史。2010 年之前，国内外语研究者最早涉及句子语义研究的这个领域，因为它与语法教学关系密切，在教学实践中，人们自然而然地会对歧义句的类型、歧义句的形成原因等问题进行思考，如沈家煊（1985）、邱述德（1992）等。有的学者开始全面地对国内外的歧义问题研究加以评价和思考，如李荣宝（1992）从哲学、逻辑学和语言学三个角度，对歧义研究进行了介绍和评述，涉及歧义的产生、具体表现和它对语言使用的影响等问题，他的研究对于我们厘清歧义问题的来龙去脉大有帮助。国内学者们也有从其他角度对歧义进行深入研究的，如马博森（1995）从系统功能语言学的角度，对英语的语法歧义现象进行了多级阶和多元功能分析；张维鼎（1996）从认知语言学角度研究了分析歧义的几种心理认知模式；程工（1998）比较了结构主义语法和生成语法对三种来源的歧义现象的分析，作者认为，生成语法在歧义分析方面有超越前人的地方，因为它的分析层次增加了，分析手段更丰富，分析体系也更加严密。

2010年之后，研究歧义问题的学者多了起来。有些学者采用实验方法，得出了令人信服的、对我们的教学有启示的结论。有些学者研究了语义歧义和语用歧义，以及一些构式的歧义，说明歧义的研究朝向深入化发展，但是仍然有许多问题值得进一步研究。赵晨（2010）使用实验方法，探讨了中国英语学习者同形歧义词、隐喻多义词和转喻多义词的心理表征方式。章彩云和周明强都连续发表两篇歧义方面的论文。

章彩云（2010）认为语用歧义、语用视点是两种语用策略。语用歧义是通过推理对话语隐含的语用意义做出适切解释的歧义现象，而语用视点作为一种与经验相联系的、制约语言意义形成的语言外部因素，可以用来概括、解释语用歧义形成的原因，用它来分析语用歧义能使某些言语现象得到合理解读。两种语用策略常被用来刻画人物的性格特点、推动故事情节的有序发展。章彩云（2011）从视点看语用模糊、语用歧义及其语用价值。在具体的讨论中把语用模糊和语用歧义两者混淆起来的现象时有发生，通过语言结构的外围因素——视点来考查这两个策略，会使它们的生成原因及其之间的区别变得明朗起来。其区别表现在：语义边界的不同、语义确立的主观性与客观性不同以及语义理解的方式不同。其在言语中体现着"礼貌原则"的语用顺应性、人价值观的趋好性和趋美性以及言语矛盾规律的艺术性等的语用价值。

周明强（2011a）认为，词汇歧义的消解可通过词义层次网络、激活-抑制、词义通达、特征比较等认知模式来实现；认知模式的形成依赖于言语互动。对词义而言，言语互动能促成词义隐显的形成；对认知者而言，言语互动能提升其认知水平。周明强（2011b）认为，句法结构歧义主要由句子的结构层次、结构关系、语义指向、语义特征、语义关系、语义焦点等不同所导致的，不同的原因形成的歧义，理解时加工的方式会不同。歧义理解的加工方式常用的有"组块法""指向法""转换法"和"投射法"。不同语言能力的人对这些方法的掌握情况存在差异，从而形成了句法歧义理解上的差异。

张文鹏、唐晨（2011）以行为实验和 ERP 实验为手段，探讨汉英双语者在句子语境中消解英语名词歧义的认知加工机制。

常海潮（2012）以 502 名非英语专业大学生为受试对象，通过问卷调查的方式探讨学习策略在歧义容忍度和英语水平之间的中介效应。徐志林（2012）认为，在共时层面上，歧义双宾句式实现语义分化的策略呈现出南、北方言的差异性：北方方言和普通话大多用"V+给"结构表示"给予"义，而用"V+了"表示"取得"义；南方方言多采取句式策略，即用两种不同语序的句式分别表达"给予"义和"取得"义。这种差异性形成的原因可以理解为汉语双宾句式历史发展的结果。

韩百敬、薛芬（2012）调查了中国英语学习者对 un-V-a-ble 格式结构性歧义词的形态表征和歧义解读特点。英语形态结构的分支方向凌乱复杂，而结构性歧义词清楚地展示了词汇内部形态层级结构与词汇语义间的对应关系。赵春利、石定栩（2012）认为句式"NP1+在 NP2+V+NP3"是典型的歧义句，但歧义并非源自结构本身，而是基于对现实世界关系的多种解读。其歧义主要表现在：（1）NP2 与 NP1、NP2 与 NP3 空间关系的两可性；（2）当 NP2 与 NP3 有空间关系时，NP2 语义功能的多样性；（3）当 NP2 与 NP3 没有空间关系时，NP2 语义功能的歧义。该句式可以从语义上分解出 10 种单义句式，不同性质的歧义可采用不同的消歧策略。

胡阳（2013）认为，学界对解读、判断英语运动方式动词与 under/behind 类和 in/on 类空间介词组合时产生的歧义有很大分歧。一派学者认为前类动介组合有语义歧义，而后类组合没有歧义；另一派学者则认为两类组合类似且都具有语义歧义。从两类动介组合歧义的本质属性入手，提供理据，区分语用歧义及句法歧义，认为前类动介组合的歧义属句法性质，而后类组合的歧义属语用性质，在一定程度上解决并统一了两派的分歧。

刘娟等（2013）从语义学角度对英语中的歧义现象进行分类；对引起歧义的各种因素进行分析；并提出一些消除歧义的手段，期望对进一

第 3 章　句义学研究

步展开英语歧义研究有所帮助。

胡阳、陈晶莉（2014）区分 VPP 语义的词汇性与句法性，假设不可解特征 [uV] 是英语 VPP 歧义的来源，运用动画选择任务调查以汉语、西班牙语为母语的成人英语学习者掌握目标 VPP 歧义的情况，并结合歧义习得与母语时态影响。赵晨、洪爱纯（2015）运用启动实验探讨了不同水平中国英语学习者解读歧义名名组合的认知机制。

杨泉、冯志伟（2015）在对比典型博弈过程和歧义结构产生与消解过程的基础上，提出了一个结构歧义的博弈论模型。这个模型运用博弈论的思想和方法描述结构歧义产生及其消除过程，为歧义消解提供一种新的思路和方法。歧义消解的实例表明这种观点对我们理解和分析歧义的消解过程，提供了有益的帮助。

王瑜、隋铭才（2015）运用遮蔽启动试验考查无语境情况下意义相关程度和意义相对频率对不同水平中国英语学习者词汇歧义早期识别的影响。戴运财（2016）为深入了解中国学习者对英语作为二语的关系从句挂靠歧义（如 Someone shot [the servant] NP1 of [the actress] NP2 [who was standing on the balcony] RC）的消解策略，本研究对 27 名中国大学一年级学生实行了三项实验。受试显著倾向于关系从句挂靠 NP1，可见句法因素在关系从句挂靠的歧义消解中发生显著的作用；两个问卷调查的结果显示，在词汇类型、语义 – 语用等后句法因素的作用下，受试对关系从句挂靠的偏向发生显著变化，因此它们也对关系从句挂靠的歧义消解产生显著的影响。此外，中国学习者对英语关系从句挂靠的加工策略还受自身学习经验和句法能力的制约。

杨子（2017）提出用与"企望"相关又独立的"预期"因素辨析"差点儿没 VP"的双重解读。基于 Nn 类"差点儿没 VP"对 VP 非预期的语用限制，提出"没"在 Nn 类解读中有强调出乎意料性的语用功能，而非附属于"差点儿"的冗余否定标记，是内嵌于"差点儿+VP"结构中的插入语，成分功能近似话语标记语。并从该结构中"没"与体标记"了"的共现、宾语前置时"没"的位置、其重读方式以及"没"与话语标记的特征比较等多方面论证该观点。

王悦、张积家（2017）通过心理语言学实验考查了中国英语学习者对不同类型翻译歧义词的跨语言识别过程，旨在揭示两种语言系统之间词形-意义映射的非对称性对词汇通达的影响。

刘彬、袁毓林（2018）通过考查真实文本语料，归纳出了"怀疑"两个义项的分布特征。指出"怀疑"反映的是一种基于预期、概率和可能性的心理博弈，并进一步提出更为普遍和抽象的"疑实信虚"的语义识解原则。这一原则可以帮助我们更准确地识解"怀疑"的两种不同意义，同时也解决了以往研究中所遗留的问题。

贾光茂（2020）针对结构和功能方案的不足，根据认知语法提出了分析量词辖域歧义现象的新思路，尝试在生成语法之外进行核心句法研究。通过对英汉相关语言现象的分析，本文发现，英汉语中的简单句、双宾结构、话题化和关系化等结构中的量词辖域歧义现象都可以由概念参照点的确立机制来解释，从而解决了专家系统投票机制缺乏理据以及不能兼顾辖域与约束关系等问题。

王红旗（2020）讨论了是否存在歧义格式。对学界所谓的歧义格式分析后认为，学界所谓的歧义格式在做两种语义解释时，有的并不属于同一种显性语法结构格式，有的只是显性语法意义相同而隐性语法意义不同的语法结构格式。严格意义的歧义格式应该是显性语法意义和隐性语法意义都相同的语法结构格式，这样的歧义格式并不存在。只是词类序列相同而显性语法意义不同的两个语法结构或显性语法意义相同而隐性语法意义不同的两个语法结构格式概括不成一个有歧义的（语法结构）格式。

7. 配价理论与题元

在逻辑学中，命题被分析为谓词和题元的组合，这一方法被借鉴到语言学中用以分析句子的语义成分。配价语法、格语法等都是按照这样的思路对句子进行分析的，生成语法的原则和参数理论也引进了"题元理论"来处理句法与语义的接口。

"配价"和"题元"成了句子语义研究中的核心概念，引起了人们的高度关注。我国学者在这方面的研究取得了丰硕的成果。2010年之前就有一些比较丰硕的成果。例如，金立鑫（1997）、徐烈炯和沈阳（1998）等学者从不同的角度对命题的语义结构进行了研究。李锡胤

(1998)受菲尔默格语法理论的启发,提出了"事格"理论,对句子内部的语义结构及语义变化进行了清晰、深刻的阐释。傅兴尚(1999)以专著形式对这一思想做了具体的阐发。这一理论把句子的所指看作是事件,而事件又分为"事心格"和"事缘格",所有句子的命题语义结构都可以看作是初级事格模式 V(x, y, z)〈α〉的变体,初级事格模式进一步具体化,又可以产生二级事格模式和三级事格模式,事格模式还可以发生各种扩展、变异和引申。

2010年后的近十年来,配价理论有了新的发展和应用。有些学者从语料库角度、从国外语义学派的观点、从动态配价、从历时观点来研究配价理论。仲晶瑶(2010)对《中国学习者英语语料库》中及物动词模式错误及名词/动词和动词/名词搭配错误分析后发现,及物动词模式错误可能是学习者不知道动词对配价的要求造成的;名词/动词和动词/名词搭配错误可能是学习者不知道动词对语义角色的要求造成的。同时,很多错误也可能是由于汉语的影响及英语自身相近词的干扰。

郑秋秀(2011)主要依据莫斯科语义学派的观点,对配价、题元的概念及其与句式的关系进行阐释,以期说明配价及题元在句法语义研究中所处的地位和作用。配价和题元是句法语义研究中的重要概念:配价是动词的语义成分,是词汇语义层面的概念;而题元是命题的参与元素,是句子层面的概念。当动词上升到句子层面,配价通过支配模式的填充体现为题元,而题元的数量及组配总是受到词汇语义、句法,特别是句式意义的制约。

周统权(2011)从动态配价方面为汉语动词的配价研究提供了一个新的研究视角,同时也可为跨语言的配价研究提供参照。动词配价连续统是语用层面的连续统。在现代汉语中,该连续统反映了动词配价在不同语境中的变化规律。从其构成看,配价连续统由三个子系统构成,而且各子系统之间有地位之别,即,价质连续统 > 价量连续统 > 价位连续统(> 左边的主导 > 右边的成分)。变价受有限条件的制约,增价的条件多于减价的条件,但统计显示动词减价比增价频繁。

刘丙丽、刘海涛(2011)旨在从历时的角度研究动词句法配价的演变历程,构建了古文言、古白话、现代白话三种形式的语料库,选取了十个主要动词作为研究对象,给出了例句选取和分析的方法,对这些动词的补足语和说明语进行了统计与分析。甄凤超、杨枫（2015）的主要目的是探索一套语料库数据驱动的动词配价结构描写体系，并应用到学习者英语语料库分析中。在语料库语言学视域下的短语学研究中，型式语法是其中较为系统的描写结构的语法。但由于在描写体系中仅保留了具体的词和词性范畴，会导致一些歧义型式的出现，并且由于突出强调型式的意义，而在一定程度上忽视了词汇在语言中的重要性。

甄凤超、杨枫（2016）首先概述了语料库语言学研究对英语教学的影响，强调词汇教学应把重点放在短语教学上，并指出了目前短语教学，特别是搭配教学中存在的问题。接着探讨了配价结构和搭配配价的主要语言学思想及其在英语词汇教学中的应用价值，突显了词汇、结构和意义的共选关系。最后介绍了配价结构和搭配配价的教学应用途径与方法。

甄凤超（2017）选择配价型式，采用语料库驱动的研究途径，以动词 consider 为例，探讨词语意义与结构的同一性。数据分析显示，配价型式为确立词语的意义提供句法层面的语境，不同的配价型式可以用来区分词语的不同意义。但是词语的意义与配价型式之间并不总呈现一对一的关系，而构成一个相互融合的复杂体。

还有些学者以数学的概率论为基础，还有些学者从认知角度，比如高松（2013）为了更好地解释花园幽径句理解困难的原因，以概率配价模式理论为基础，从定性和定量的角度对汉语花园幽径句的理解过程进行分析，阐释花园幽径句的理解机理。施春宏（2013）从动结式论元结构整合过程中基础句式的构造机制、动结式配价层级分析的必要性和有效性、同形动结式歧价分析的概括性、动结式补语语义关系二重性对相关结构整合过程的影响等方面重新讨论了动结式的配价层级及其歧价现象，并就此对配价研究的根本目标、语言现象中的同一性和差异性、句法分析模型的描写能力和解释能力、语言研究中的例外和反例现象等问题做了新的思考。

王琳（2014）以句法和认知的双重视角考查汉英语码转换的句法变异，并揭示动词在真实汉英混杂话语中的句法及认知功能。研究采用经过依存语法标注的汉英语码转换语料库（依存树库），测量动词的句法配价以及它们所支配句法关系的依存距离。研究发现：汉语动词和英语动词支配不同词类形成的主语、宾语和状语关系在两类依存（单语依存和混杂依存）中的分布及依存距离存在差异。研究表明：在汉英语码转换中，动词所支配的主要依存关系存在句法变异，混杂依存关系的加工难度大于相应的单语依存。

王洪磊（2015）介绍了国外神经心理语言学界对于动词配价加工的研究进展，并提出可以借鉴这些研究的思路与方法，来探讨汉语动词配价的理论问题。在此背景下，本文调查布洛卡失语症患者对于典型的一价、二价及三价动词的加工情况，正确率及反应时间方面的数据表明：动词价位越多，受损程度越严重。这一结论证实了布洛卡区域是加工动词配价的神经基础，因而动词配价具有句法本质，而且三类动词在语言表征系统中分属不同的实体。本文还就今后的研究方向进行了展望，指出神经心理语言学视角有助于澄清汉语配价语法研究中的理论争议。

杜桂枝（2018）以俄语动词为例，详细分析语义配价、支配模式和题元结构各自的存在特点、转换形式及其对应关系，以揭示词汇语法学研究的深层语言机制，提供语言整合性描写的多维度视角。

孙海燕、齐建晓（2020）在配价语法视域下探讨中国学习者配价结构的使用特点。研究以动词 prevent 为例，对比了本族语语料库和学习者语料库中配价结构使用的类型、分布及准确性。研究发现，在类型上中国学习者使用的典型配价结构和本族语者有显著差异，在准确性方面学生使用的配价结构存在种种误用现象，学习者使用搭配词的语义特征和本族语者不尽相同，表明学习者尚未掌握动词形式的配价变化及其和意义的关联。本文从语言输入、对比分析等角度探讨了影响学生配价知识的因素，建议在配价结构的习得中采用数据驱动的学习方法。

这一领域的句子语义研究与句法学联系较为密切，对于我们把握句子的生成规律具有重要的意义。对命题语义结构的研究有两个基本走向：一是模式化的方法，归纳总结一定数量的具有涵盖性的句子语义结构模型；二是构造规则的方法，用数量极少的语义约束规则来保证生成句子的语义正确性。应该说，这两种方法都对命题结构的研究有所帮助，都可以达到各自的研究目的。

8. 实证或者计算研究

句义学的研究与计算语言学密切结合起来了，这些交叉研究越来越多，取得了一定的成果，显示出了更多的领域有待研究。

蔡月红等（2009）讨论了基于句义三维模型的汉语句子相似度计算，通过对句子语义表示的深入分析，提出汉语句义的三维表示模型，并在此基础上提出一种基于句义三维表示模型的句子相似度计算方法。该方法从义面、义原、义境三个侧面来综合描述句子的语义，并通过迭代求解各方的权重，从而使计算结果达到最优。与传统的方法相比，更加全面、准确地衡量句子之间的相似度，取得了较好的实验结果。

王倩等（2014）讨论了基于谓词及句义类型块的汉语句义类型识别。从现代汉语语义学角度，可将句义类型划分为简单句义、复杂句义、复合句义和多重句义 4 种。作为在整体上对句义结构进行描述的方式之一，句义类型识别是对汉语句子进行完整句义结构分析的重要步骤。该文基于谓词及句义类型块提出了一种汉语句义类型识别的方法，实现了 4 种句义类型的识别。该方法先通过句中谓词的个数进行初步识别判断出部分简单句，再对剩余的句子先用 C4.5 机器学习的方法得到句中谓词经过的最大句义类型块的个数，再结合句法结构中顶端句子节点进行判决，最终给出剩余句子的句义类型判定结果。实验采用 BFS-CTC 汉语标注语料库中 10 221 个句子进行开集测试，句义类型的整体识别准确率达到 97.6%，为基于现代汉语语义学的研究奠定了一定的技术研究基础。

张晗等（2015）讨论了融合句义分析的跨文本人名消歧。在构造文本特征空间的基础上，提出融合句义分析的三阶段人名消歧方法。该方法针对查询词常作为普通词出现的特点，在文本预处理后采用启发式规则的后处理方法判断查询词是否指人名，根据特征模板提取局部名实体特征及职业。通过句义结构模型进行句义分析，提取句义特征，利用词袋模型统计词频，构成三层特征空间，使用基于规则的分类和两阶段层次聚类算法实现人名消歧。引入重叠系数计算句义特征相似度，在 CLP2012 中文人名消歧语料上进行实验，F 达到 88.79%，证明了将句义分析应用到跨文本人名消歧的效果良好。

原玉娇等（2015）讨论了融合句义结构模型的短文本推荐算法来研究传统的基于协同过滤的推荐系统需要收集用户兴趣喜好等相关数据，在一定程度上涉及用户的个人隐私，当前信息安全和隐私保护是数据挖掘领域的热点之一。为了有效避免用户信息泄露带来的安全问题，提出一种融合句义结构模型的短文本推荐方法。该方法以句子为研究对象，首先利用 LDA 主题模型构建文章 – 主题矩阵，划分子主题，然后利用句义结构模型抽取句子的语义格得到句子的语义特征，基于 LDA 主题模型使用句义结构计算句子之间的语义相似度，构建相似度矩阵，融合句子的语义特征和关联特征综合加权得到句子权值，以文章内最高单句权值衡量文章权值，将文章权值统一进行排序，按照排序顺序去冗余后依次推荐。在压缩比为 0.5% 的条件下，ROUGE-1 值达到 31.388%，ROUGE-SU* 达到 15.701%。实验结果表明，以句子为粒度的短文本推荐算法能丰富文本的特征信息、深化语义分析层次，在数据处理过程中未收集用户信息，从而有效避免用户信息泄露等安全问题，从而更加安全、快速地向用户推荐文本。

熊李艳等（2016）讨论了基于句义结构分析的中文人名消歧。针对现有很多基于人物属性特征的人名消歧方法不适用于文本本身特征稀疏的问题，提出一种基于句义结构分析中文人名消歧方法。通过句义结构分析提取人物关系特征词，根据提取关系特征构建社会关系图，并以人名实体的职业和所在单位等人物属性作为辅助特征，结合实体的特征信息进行关系聚类，将聚类的结果映射到文本中以实现人名消歧。通过句义结构分析提高了人物关系特征以及人物属性特征的准确率，实验结果表明，该方法可有效地提高中文人名消歧准确率。

林萌等（2015）研究融合句义结构模型的微博话题摘要算法。为了更快地从海量微博中获取话题的核心内容，提出融合句义结构模型的微博话题摘要方法。该方法利用句义结构模型抽取句子的语义格得到句子的语义特征，并基于 LDA 主题模型使用句义结构计算句子之间的语义相似度构建相似度矩阵，划分子主题类，得到句子的关联特征。融合句子的语义特征和关联特征，选取子主题内信息量最大的句子作为摘要结果。当压缩比为 0.5%、1.0% 和 1.5% 时，ROUGE 值均明显优于对比系统；当压缩比为 1.5% 时，ROUGE-1 值达到 51.30%，ROUGE-SU*

达到 25.27%。实验结果表明，融合句义结构模型的分析方法能够深化句子的语义分析层次，提取的句义特征增强了语义信息的表达能力。综合考虑句子语义特征和关联特征的句子权重计算方法能够丰富句子的特征表示，减少语义信息丢失，使同类数据的语义相关性增强，有效降低了噪声的影响，从而提升摘要与话题的相关度。此外，所提出的方法处理不同话题的泛化能力较好，适用范围较广。

罗森林等（2016）研究融合句义特征的多文档自动摘要算法研究。研究是自然语言处理领域的关键问题之一，为使抽取的摘要更能体现多文档主题，本文在子主题划分的基础上，提出了一种融合句义特征的句子优化选择方法。该方法基于句义结构模型，提取句义结构中的话题、谓词等特征，并融合统计特征构造特征向量计算句子权重，最后采用综合加权选取法和最大边缘相关相结合的方法抽取摘要。选取不同主题的文本集进行实验和评价，在摘要压缩比为 15% 情况下，系统摘要平均准确率达到 66.7%，平均召回率达到 65.5%。实验结果表明，句义特征的引入可以有效提升多文档摘要的效果。

3.3.3 研究方法

语义学研究方法实际上可以分出三条路子：

（1）语言-世界路子。语义被看作是语言词语与外部世界事物的关系。

（2）语言-内部路子。语义被作为语言内部词语之间的关系来研究。

（3）概念路子。语言词语的意义被看作是语言使用者大脑中的概念化方式（Taylor，2002）。

在从语言-世界关系的研究中，人们要回答的问题是：关于这一词语，什么样的情景是通过它表达的？在从世界-语言关系的研究中，人们要回答的问题是：针对这样一种事态，什么样的语言词语可以用来描述它？语言-世界路子研究的主要问题包括：

（1）这一研究路子只能限于表达具体事物的词语，"灵魂""鬼怪"

第 3 章　句义学研究

之类词语的意义就无法通过这一方法得到合理的解释。

（2）语言词语并不直接指称外部世界，它们指称的是心理空间中的事物。在这样的心理空间中，被指的事物可以是想象中存在的事物。同样，心理空间本身也可以是假设的、想象的、虚拟的。

（3）即使我们只研究具有具体指称对象的词语，这一研究方法也有问题，因为语言词语的意义并不限于词语和被指事物之间的关系。例如，stingy（吝啬）和 thrifty（节俭）的区别。

语言–内部路子主要关心的是语言系统内部成分之间的结构关系，主要就是语言成分之间的聚合和组合关系。Lyons（1968）指出，某一词项的意义可以被定义为：不但是依赖，而且等同于该词项的与同处一个系统的其他词项之间的关系集合。但是，问题在于，这些词是如何获得意义的？我们仅仅知道 buy（买）和 sell（卖）之间的关系并不能帮助我们了解它们的概念内容。

语义研究的第三条路子就是概念路子。所谓的概念路子，就是从概念形成的过程和特点出发来定义词的意义。例如，"凸出/背景"（profile/ground）理论、概念"域"（domain）、框架、脚本、情景（scenario）、理想认知模型（idealized cognitive model, ICM）等等。认知语言学采取的是第三条路子。

研究句义有三种方法：形式（formal）的方法、心理（psychological）的方法和概念（conceptual）的方法。

形式法主要研究语言显性形式所表现出的结构方式，这些结构大都从意义中抽象出来，被认为是自足的系统。生成语法框架中所采纳的形式语义学所包括的意义主要是该传统主流所关心的形式范畴及其运算相对应的那部分。生成语言学与心理学的联系也主要限于那些需要用来解释形式范畴及其运算的认知结构和处理。

心理法从相对一般的认知系统的角度来考查语言。因此，心理学早就开始从感知、记忆、注意和推理的角度来研究语言。它实际上部分涉及另外两种语言意义的方法。因此，它从语言的形式特征和概念特征两个角度来考查语言。后者包括对语义记忆、概念联想、范畴结构和语境知识的分析。心理法或多或少忽视了对在概念法中具有中心位置的结构范畴的考虑，忽视了图式结构的整体系统，而这一整体系统正是语言赖以组织它所要表达的概念内容的工具。

概念法关心语言中概念内容赖以组织的规律和过程。它研究的对象是语言中一些基本的范畴，如空间和时间、场景和事件、物体与过程、运动与处所以及用力与推力。它研究的对象还包括认知者拥有的基本概念和情感范畴的语言结构，如注意（attention）和视角（perspective）、意愿（volition）和意图（intention），以及句法结构。它还研究概念结构之间的相互关系，如隐喻映射、同一语义框架中、上下文和语境间，以及将概念范畴组合成更大结构系统中的概念结构。总之，认知语言学试图确定语言中概念结构的整体结构系统。

句义的认知研究方法包括内省、对他人内省内容的分析、对话语和语料的分析、对语境和文化结构的考查、心理语言学中的观察和实验手段、神经心理学中的语言病理研究以及神经科学中的仪器观察法等。

内省和对他人内省内容分析的研究的主要目标是存在于意识中的心理现象。

对话语和语料的分析是常见的一种语义学研究方法，新语料的发现或从一个新的角度来审视大家熟悉的语料，能帮助我们更好地解释一些语义现象。

对语境和文化结构的考查。Allwood（1999）的"语义学和意义的确认"（semantics and meaning determination）提出了一种具有操作性的语义研究思路（operational approach to semantics），这一研究思路具有认知、动态和与语境相结合的特点。作者认为，语境中的话语意义是通过话语中词语的意义潜势的结合产生的，而这一过程要受到语义运作和各种类型的语境信息的制约。

心理观察和实验。近年来，随着电脑和电脑成像技术的发展，人们可以通过电脑实验方法对人类大脑活动方式进行模拟、观察和研究。Holmqvist（1999）的论文题目是《概念工程》（"Conceptual Engineering"）。作者为 Langacker 的认知语法提供了一个计算机模式。该模式的第一部分由一个语义构成过程组成，该过程将语义构成看作是一种意象附加（image imposition）。这一过程渐次增长，并且与"语义期待"有关。该模式的意义在于证明可以通过实验的方法来了解叠加过程的各种机制，从而为修正整个模式提供了可能。

第3章 句义学研究

Zlatev（1999）运用计算机模型讨论了语言词语是如何基于经验的。他采用了一种被称为"情景化的体现性语义学"（situated embodied semantics）的模式。在这一模式中，意义从语言词语和情景的配对中产生。作者运用连接主义模型来测试该方法的可行性，并由此了解如何不依赖必要和充分条件而习得范畴、意义对语境的依赖以及说出和理解新奇表达的能力等问题。

神经心理法。Engberg-Pedersen（1999）从认知语义学角度讨论了聋哑人使用的手势语。她论文的题目是《空间和时间》（"Space and Time"）。她首先讨论了口头交流中的空间-时间词语，然后描述了丹麦手势语中运用空间来表示时间的情况。作者发现，用于表达时间关系的语言手段以及表达空间关系的词语之间存在系统的联系。作者以Gibson心理学为基础，指出尽管时间和空间并非完全不同的感知领域，但在某些认知层次上区分时间和空间的概念化是可能的。但是，时间和空间都不一定能看作是对方的隐喻性扩展。什么是隐喻性延伸取决于语言使用者对特定词语的基本意义的理解。

比较法。句子语义学研究的一个重要方法就是比较。一方面，可以是语言之间的比较，另一方面，可以是对同一语言的不同阶段进行比较。前者是跨语言的比较，后者是语言的历时分析。有时句义研究需要通过历时和共时的结合进行。

我们现有的研究所依据的理论有类型学、认知科学、功能语言学、框架语义学和语义地图等。当然，传统的语义模式如普通语义学、沃尔夫语义学、语义分类性、逻辑-数理语义学、解释语义学和生成语义学，当代几种语义理论如并置理论、结构语义学、语义成分分析和语义场理论仍然会在研究中发挥作用。

也有一些社科项目是从信息角度研究语义的。例如，司联合2015年的项目"语义信息守恒原理下词汇、语义和句法三位一体的汉英简单句的句义比较研究"就是从这方面做的。所依据的理论是语义信息的守恒原理。在语义信息守恒理论关照下，从简单句句义的汉英对比研究入手，系统地考查它们在句法、词汇、构式等语义表达上的异同，沟通语义学的三大分支，使之成为一个统一的理论框架，具有重大的理论价值和实际价值。语法信息、语义信息、语用信息分别对应着信息的形式、内容和效用三个层次。语法信息是信息的最基本层次，它只涉及事物运动的结构；语义信息与含义因素相联系；语用信息与效用相联系。语法、语义和语用信息的有机整体称为全信息。与语法信息相联系的概念是合乎语法性，与语义信息相联系的概念是有意义性，与语用信息相联系的概念则是可接受性。语义信息保持守恒。本课题只对汉英语言中简单句的句义进行对比研究，不涉及复杂句的句义研究，因为复杂句是由简单句并列、镶嵌等组成的，可以基于简单句来研究。简单句的研究主要关注句子中的词项，句子的句法结构和语义结构，以及词汇意义和结构意义的互动关系。

我们可以梳理汉英简单句在句法结构方面、在句法上词序的异同，分析这些异同产生的理据。从英语和汉语的简单句的 SV、SVC、SVO、SVOO、SVOC 这五大句型出发，我们详细探讨每个句型的英汉语有哪些详细分类，这些分类在英汉语中有何异同，并分析相应的原因是什么。

司联合的课题分析了英语句子的 5 种结构：（1）完全不及物动词的构造（intransitive construction），即 SV 构造；（2）不完全及物动词的构造（neuter construction），即 SVC 构造；（3）单宾完全及物动词的构造（transitive construction），即 SVO 构造；（4）双宾完全及物动词的授与构造（dative construction），即 SVOiOd 构造；（5）不完全及物动词的作为构造（factitive construction），即 SVOC 构造。汉语句子都可以归纳为这 5 种基本句型。对应于上面的几种动词类型，这 5 种基本句型就是：（1）主谓（SV）；（2）主谓补（SVC）；（3）主谓宾（SVO）；（4）主谓宾宾（SVOO）；（5）主谓宾补（SVOC）。

司联合对比分析了英汉两种语言中 5 种结构的变体。汉语 SV 的变式句型只有 1 种：VS。英语 SV 变体句型主要有 3 种：VS、ModalVSV 和 VSModalV，使用的总体程度偏低。

汉语 SVC 仅有 2 种：CVS 和 SC。英语 SVC 变式句型主要有 6 种：VSC、ModalVSVC、CVS、CSV、CModalVSV 和 VCModalVS，其使用情况各有差异。

汉语 SVO 的变式句型主要有 7 种：SOV、OSV、OSV+pron.、S+prep.+O+V、prep.+OSV、prep.+OSV+pron 和新兴变式 VOSModalV。

英语SVO变式句型有9种：OSV、OSV+pron.、prep.+OSV+pron.、VSO、OVS、ModalVSVO、VOSModalV、OModalVSV 和 ModalVS (V+O)，但是使用频率都比较受限制或者偏低。

汉语SVOiOd 共有13种变式句型：已经消失的 SVOd+Oi 和 OiSVOd，一般的 SVOd+prep.+Oi，比较常见的 S+prep.+OiVOd，新兴变式 prep.+OiSVOd、prep.+OiSVOiOd 和 prep.+OdSVOiOd，常见但有弱化的 SVOi+prep.+Od，常见的 S+prep.+Od+VOi，偏低的 S+prep.+Od+V+pron.+prep.+Oi 和 OdS+prep.+OiV，一般的 S+prep.+Od+prep.+Oi+V，罕见的 OiSV+pron.+Od。英语 SVOiOd 共有6种变式句型：偏低的 SVOi+prep.+Od 和 SV+prep.+OiOd，常见的 SVOd+prep.+Oi，很低的 prep.+OiSVOd、prep.+OiSVOiOd 和 prep.+OdSVOiOd。

汉语SVOC 变式句型主要有9种：普遍的 S+prep.+OVC，偏低的 SOVC、prep.+O+SVC、OSVC 和 SVC+prep.+O，一般的 SVCO，有几个句型是现代汉语受翻译语言影响而产生的新变式：prep.+O+SV+pron.+C、SV+pron.+CO 和 OSV+pron.+C。英语 SVOC 变式主要有4种：一般的 CSVO 和 SVCO，普遍的 SV+pron.+CO，偏低的 OSV+pron.+C。

在语义信息守恒原理的指导下，进行了英汉两种语言的简单句的比较研究，深入细致地从语言层次、词汇层次、句法层次、语义层次和修辞层次上分析了英语的5种句型及其变体，也分析了对应的汉语的翻译，在分析中找到了英汉两种语言的相同点和不同点。例如，S+V+noun(pron.)+adj.：

例1

Mary's words made the woman (her) angry. 玛丽的话让这位妇人（她）很生气。

英语和汉语的这两个句子之间有一些对应关系：

汉语	英语
玛丽的话	Mary's words
让	made
这位妇人	the woman

很生气　　　　　　angry

在语音层次上，这两个句子都没有什么特色，没有突出的语音语义信息。在句法层次上，"玛丽的话"和 Mary's words 都是名词，第三人称复数主格形式，表示说话者和听话者以外的物，是主语。"让"和 make 都是及物动词，确切地说是复杂宾语，即复宾及物动词。汉语的"让"没有形态变化，后面没有加标志过去的"了"。但是英语的及物动词 make 根据人称、时态、性、数、格却有复杂的变化，这里 make 要使用过去式，加屈折词尾 -ed。由于 make 是不规则动词，确切地说是强动词，要通过词干元音的变化来表示过去，最终形式是 made。汉语"这位妇人"和英语 the woman 是名词词组，汉语采用数＋量＋名词的形式；英语采用表示特指的定冠词 the＋名词的形式，失去了"量"的语义信息。汉语"很生气"采用程度副词"很"＋形容词"生气"的形式；英语直接采用形容词形式，汉语比英语多了程度的语义信息。在词法层次上，没有所谓的复合词、派生词等，也就是说这两个句子没有特殊的词法语义信息。在句法层次上，"玛丽的话"和 Mary's words 都是相当于 they，第三人称复数主格形式，是主语。"让"和 make 都是复宾及物动词，涉及一个表示人或物的宾语 O，汉语"这位妇人"和英语 the woman，也涉及这个宾语的补足语 C，汉语"很生气"和英语 angry。这两个句子的句法结构都是：

S+V+noun+adj.

这是典型的复宾及物结构。这类结构具有典型的描述主语的致使动作这样的语义信息，即致使人或者物怎么样。更详细地说，句子的句法结构是：

S → NP+VP
NP → DET+N
VP → V+NP+ADJP
NP → DET+N
ADJP → ADJ

在语义层次上，"玛丽的话"和 Mary's words 都是相当于 they，都是施事或者主事，动作的发出者。"让"和 make 都是复宾及物动词，它们都是不完整的动作，有典型的致使意义，涉及一个施事主语和一个表示人或物的宾语，也涉及对这个宾语的补充说明，是宾语的性状。这是三元动词。这两个句子的语义结构是：

Mary's words	made	the woman	angry.
玛丽的话	让	这位妇人	很生气
施事	动作	受事	性状

它们都描述施事对于受事的致使动作。

在逻辑层次上，由于这两个句子都是简单句，没有出现连词等虚词，所以基本上没有什么逻辑语义信息。

根据 HNC（概念层次网络）理论，简单句的语义格式和句法类型之间可以建立对应。

如果 E 是作用 X，XJ = A +X+B（B=XB+YB+YC）；可以对应 SVO 或者 SVC。

如果 E 是过程 P，PJ=PB+P；对应 SV。

如果 E 是转移 T，TJ=TA+T+TB+TC；可以对应 SVOO 或者 SVOC。

如果 E 是效应 Y，YJ=YB+Y；可以对应 SV。

如果 E 是关系 R，RJ=RB+R（RB=RB1RB2；RB1+RB2）；可以对应 SV。

如果 E 是状态 S，SJ=SB+S；可以对应 SV。

如果 E 是判断 D，DJ=DA+D+DB+DC；可以对应 SVC。

作用句、过程句、转移句、效应句、关系句、状态句和判断句各自又有不同的大类，每个大类下又有不同的小类，有自己的不同语义格式。我们都进行了详细的探讨。例如，过程句分为一般过程句、基本过程句、素描句、因果句和果因句。一般过程句的格式如下：

PJ=PB+P

PmJ=PmB+Pm

P0J=PB+P+PC

Pm0J=PmB+Pm+PmC

基本过程句有如下格式：

P01J=PBC+P

Pm01J =PmBC+Pm

素描句的格式如下：

P11J=PB+P11+P11C

因果句的格式是：

P21J=PBC1+(P21)+PBC2

这里 PBC1 是因，PBC2 是果，两者都可以是句蜕。

果因句有相反的格式：

P22J=PBC2+P22+PBC1

句子意义（Jm）、结构意义（sm）和词义的关系可以形式化如下：

Jm = f1(sm) + f2 (lm)

该公式可以表述如下：一个句子的语义结构的意义和这个句子的单个词汇的意思是这个句子的意义的函数。结构意义和词汇意义都是变量，它们之中任何一个发生变化，就会导致整个句子的意义发生变化。

语义信息的守恒原理在英汉语的翻译中是存在的，但是涉及语用信息，是否也存在守恒问题，还有待于深入研究。如果语用信息也是守恒的，那么英汉语中的语用信息和语义信息及语境信息又是什么关系？

3.3.4 研究不足

何英玉（2003）所指出的研究不足仍然适用于当今的句义学研究现状。

首先是研究领域发展不平衡。国内学者往往热衷于追踪一些热点问题，而对一些更为重要的基本问题关注不够。实际上句子语义研究最基本的问题应该是：如何保证生成的句子的语义正确性？如何过滤掉句法正确而语义不合格的句子？研究者们应该多围绕这些问题做文章，多把句法研究与语义研究结合起来，使句子语义研究能够为句子生成服务。

其次是研究方法发展不平衡。在研究方法上，国内外语界形式语义学方面的研究明显薄弱，研究者们往往缺乏较为系统的逻辑知识，难以对语义进行形式表达和形式推理，这与世界语义学的发展趋势是不相符的。

最后是研究的应用性有待加强。进行理论探索自然有其必要之处，但理论在实践中的应用也同样重要，我们所指的应用主要是指语言教学和语言的计算机处理。句子语义理论如果能够更好地与语言教学和语言的计算机处理相结合，就不仅可以使理论直接转化为"生产力"，而且对理论自身的发展也可以起到检验和促进的作用。

3.4 句义学研究的未来走向

3.4.1 句义学的跨学科交叉研究

句义学未来的研究会朝着跨学科交叉研究的方向进行。词汇语义学和句子语义学是语义学的两大分支，它们会交叉。词汇意义会影响句子意义。在句子意义中，词汇意义和结构意义具有互动关系。

语义学是语言学的一个分支。语言学还有其他的分支，语音学、形态学、句法学、语用学和语篇分析。句义学的研究与形态学、句法学和语用学也已有了密切的交叉，研究接口的项目和论著有了一些，将会越来越多。句义学也会与语音学建立交叉，未来这方面会有更多的研究。近十年国家社科基金项目也反映了这一点。句法语义方面的项目远比语音语义和形态语义方面以及语义语用方面的多。

下面我们可以探讨句义研究的几个热点问题，涉及组合意义、语义角色、语法关系、释义等，并提出一些有共性的问题，发表自己的看法，以期对句子意义的研究更加深入和系统。

问题1：句子意义是否像词语意义那样是组合的？

关于组合原理，最有名的要数弗雷格组合原理，它是由德国学者Gottlob Frege 提出的，认为一个表达式（词语、短语或者句子）的意义是其组成部分的意义和这些部分组合的方式的函数，或者说组合意义源于短语中词素和词语意义的相加，进一步地，源于短语意义的相加，即 $S=(P_1=W_1+W_2+W_3)+(P_2=W_4+W_5+W_6)+(P_n=W_m+\ldots+W_n)$。比如例2：

例 2

S = [[boys + [in [the swimming pool]] + [by [the hotel]]]] + [are discussing [about [their swimming skills]] + [in [a happy manner]] + [with [their friends]]]].

在该句子中，the hotel 是名词短语，以 hotel 为中心词；by the hotel 是介词短语，以 by 为中心词；the swimming pool by the hotel 是名词短语，以 swimming pool 为中心词；in the swimming pool by the hotel 是介词短语，以 in 为中心词；boys 是复数名词，由名词 boy 加复数后缀 -s 构成；boys in the swimming pool by the hotel 是名词短语，以 boys 为中心词，作句子的主语；their swimming skills 是名词短语，以 skills 为中心词；about their swimming skills 是介词短语，以 about 为中心词；are discussing 是动词的进行体，由助动词 be 加动词的现在分词构成；are disscussing about their swimming skills 是动词短语，以 discuss 为中心词；a happy manner 是名词短语，以 manner 为中心词；in a happy manner 是介词短语，以 in 为中心词；their friends 是名词短语，以 friends 为中心词；with their friends 是介词短语，以 with 为中心词；are disscussing about their swimming skills in a happy manner with their friends 是动词短语，以动词 discuss 为中心词，作句子的谓语；名词短语 boys in the swimming pool by the hotel 和动词短语 are disscussing about their swimming skills in a happy manner with their friends 组成句子。我们使用平行处理（parallel processing）来同时处理不同的成分，如对上文的 in the swimming pool、by the hotel、about their swimming skills in a happy manner、with their friends 这些介词短语，尽管该句子是有层次的，但是我们的大脑就是线性地处理句子的，即把成分的意义一个一个地加起来。

该原理是广泛应用在语言学中的，可以看作是义素分析的反向运用，因为义素分析是把一个词语分解为一些义素。而不同的义素组合成词语实际上就是组合原理的应用。比如，man 可以分解为 [+MALE]，[+ADULT]，[+HUMAN]。反过来，义素可以组合成一个词语，比如，[+MALE]，[+ADULT]，[+HUMAN]可以组合成man，如果改变其中的一个义素特征，我们可以得到不同的词语，比如[−MALE]，那就构成woman，把[+ADULT]改为[−ADULT]，就构成boy，把[+HUMAN]改成[−HUMAN]，就构成animal，这三个词都是man的反义词，当然它们的等级不一样。animal在最广泛的等级上，woman在性别上，boy在年龄上。如果同时改变其中的两个义素特征，比如[−MALE]和[−ADULT]，可以构成girl，而girl不是man的反义词。

组合性可以分为线性组合性和非线性组合性。在线性组合中，每个短语与其前后的短语结合形成高一级的成分。线性组合性不是构成句子的唯一方式，否则我们很容易得出运算法则来计算出句子的意义，可以使用一阶谓词微积分来表征，也可以认为词汇意义和结构意义是无歧义的，但是事实并非如此。并非所有的意义都是组合的，并非所有的组合意义都是线性的。有时句子的成分是非连续的，即被词语或其他短语分开的，就是我们所说的非连续成分。在英语中，非连续成分两个有名的例子是外置（extraposition）和Wh-前置（Wh-fronting）。外置就是一个从句与它修饰的主语名词短语分开并出现在句尾的那类非连续成分，如例3：

例3

A girl is in the conference room who wants to engage with you.

这里从句[who wants to engage with you]显然不是关于它紧跟的the conference room，而是修饰a girl，共同组成定语从句a girl who wants to engage with you。其核心词是girl，但是a girl和who wants to engage with you被句中其他词语分开，即动词短语is in the conference room。总之，定语从句[who wants to engage with you]被外置到与其修饰的成分（a girl）分开的地方。

而英语中的wh-词语指who、when、what、how、where等，即使根据组合意义它们是动词短语的一部分时，也在问句中典型地被置于句首，通过前置被主语和助动词与动词分开。例如When are you going? What do they want?。我们可以比较线性的 Who told you that? 和非线性的 Who did you tell that?。

非组合意义（noncompositional meaning）不能构建为其组成部分的意义的总和。这存在于习语（idiom）中，因为习语的意义是从隐喻和其他类型的语义延伸派生出来的，比如 to get up on the wrong side of the bed 是动词短语，其结构是 $_{VP}[_V\text{get }_{PAV}\text{ up }_{PP}[_P\text{on }_{NP}[_{Det}\text{ the }_{Adj}\text{ wrong }_N\text{ side }_{PP}[_P\text{ of }_{NP}[_{Det}\text{ the }_N\text{ bed}]]]$。该习语的意义是"心情不佳"，与 to get up on the wrong side of the bed 的组合意义好像没有多少关系。其他习语如 a snake in the grass、kick the bucket 的意义也都不能从其组成部分的意义的组合中推断出来。习语在词库中的储存像其他词汇项目一样，不能分解开来，例如上面的 a snake in the grass 是 an enemy 的意思，kick the bucket 是 die 的意思。

综上所述，在分析句子意义时，如果遇到习语，就不能使用组合方法来构建其意义，需要从词库中牢记其意义。如果遇到诸如外置和 Wh- 前置之类的非连续成分，就只能使用非线性组合。而对大部分情况可以采用线性组合。

问题 2：语言中有多少语义角色？

语义角色（semantic role），又称语义格（semantic case）或者题元角色（thematic role）等，是用逻辑术语表征句子意义的一种方法。语义角色是根据名词和名词短语与动词的关系指派给它们的。据说所有的语言都存在语义角色，在对语言的形式处理和功能处理中都使用语义角色。我们至少可以区分 10 种语义格，它们是：施事（agent），表示行为者或行动者；受事（patient），表示受施事或原因影响的实体；处所（location），表示行为或事件的位置；工具（instrument），表示行为中施事所用的实体；时间（time），表示行为或事件的时间；接受者（recipient），表示施事行为结果的接受者；体验者（experiencer），表示刺激的感知者；刺激（stimulus），表示体验者感知或经历的实体；原因（cause），表示非施事的理由或动机等，它们是无意志的、无意图的；目标（goal），表示目标位置，也称"意图"（purpose）或"结尾"（finality）。

例 4

Farmers (Ag) raise crops (Pa) for city folk (Re).

例 5

Rain (St) pleases the farmers (Ex) but too much rain (Ca) harms the crops (Pa).

例 6

In the summer (Ti), the farmers (Ag) use trucks (Ins) to bring crops (Pa) from the fields (Lo).

例 7

The farmers (Ag) may send their crops (Pa) to market (Go) through cooperatives (Ins).

The crops (Pa) are sent by train and truck (Ins) to distribution centres (Go) in large cities and towns (Lo).

Market value (Ca) determines which crops (Pa) farmers (Ag) will plant the next spring (Ti).

我们可以看出，动词的语义属性在很大程度上决定其补足成分的语义角色。同一个名词或名词短语在不同的句子中有不同的语义角色。例如：

例 8

The worker (Ag) listened to the wind whistle.

例 9

The worker (Ex) heard the wind whistle.

例 10

The worker (Ag) watched the wind whistle.

例 11

The worker (Ex) saw the wind whistle.

  动词 see 和 hear 具有非意愿性，因此其主语是经验体，而不是施事。这可以作为动词句法/语义分类的基础。
  贾彦德（1999）认为，句义分为话题和述题，句义有谓词、项、描述成分和连接成分。贾彦德认为谓词最重要，分为零目、单目、双目和三目，我们认为大致相当于无主句中的动词、不及物动词、单宾及物动词和双宾及物动词。项是句义中表对象的成分，对应于语法中大的名词和人称代词，它有不同的语义类型，即语义格。他分析了基本格（包含主体格、客体格、与格）和一般格（包含环境格、凭借格、根由格、修饰格），三类基本格有 9 种，四类一般格有 13 种，共计 22 种。描述成分对应于修饰语与补语，分为项的修饰成分、谓词的修饰成分、谓词的补充成分。连接成分表示关系，如因果、假设、让步、条件、并列、选择、递进、转折等。我们认为有些语义格是很典型的，但是有些比较模糊，语义格的使用打开了从意义层次研究句子的一扇窗户，增加了研究句子意义的一个平面。但是贾彦德的有些格借用语法术语如"与格"，倒不如直接用"给与格"，更主要的是一种语言里到底有多少语义格，没有人能够讲清楚，不像语法格那样有一致的看法，这使得 C. Fillmore 最终不得不放弃他的"格语法"。
  问题 3：从语义角色的视角如何对动词分类？
  动词在句子中有至关重要的作用，许多学者认为它是句子的核心，动词的类别决定句子的类别。在句法上，动词可以分为系动词、不及物动词、单宾及物动词、双宾及物动词、复合动词等不同的类别，由此产生不同的句子的句法类别。动词词汇本身具有意义，但不局限于此，动词的意义还部分存在于作为其补充成分并与之在句中同现的名词的语义角色中。关于上述常见的 10 种语义角色，我们还可以加上来源（source）。在一个句子中这些语义角色不可能同现。有些是必不可少的，而有些则是可选的。一般来说，施事和受事不可少，带有施事和受事的动词大致相当于单宾及物动词，与 SVO 结构有些对应关系。有些动词只带施事不带受事，它们大致相当于不及物动词，与 SV 结构有些对应关系。有些动词除了带施事和受事，还带接受者，它们大致相当于双宾及物动词，与 SVOO 结构有些对应关系。有些动词带施事和目标，其句法结构仍然是 SV，但是加上了表示目标的介词短语。有些动词带接受者和受事，其句法结构仍然是 SVO，但是接受者成为形式上的主语，有被动之意。

我们根据动词所需要的语义角色可以把英语的动词分为如下 5 类，并探讨其表达形式和深层格框。动词的深层格框是放在"[ ]"中，"+"号表示所列举的语义格都在同一个句子中出现，"＿＿"则表示格框内有一个动词（短语），这些语义格之间不用任何连接符号。

带施事和受事的动词，如 open、eat、fill 等，其表达形式是 S (Ag) V O(Pa)，例如 Mom (Ag) opened a box of cornflakes (Pa)。其深层格框是 [+＿Ag Pa]。

只带施事不带受事的动词，如 resign、smile、wake up 等，其表达形式是 S (Ag) V，例如 Nixon (Ag) resigned。其深层格框是 [+＿Ag]。

带施事、受事和接受者的动词，如 give、award、send 等，其表达形式是 S (Ag) V O(Pa) <-> O (Rec)，例如 She (Ag) gave money (Pa) to the United Fund (Rec)。其深层格框是 [+＿Ag Pa Rec]。

带施事和目标的动词，如 walk、go、travel 等，其表达形式是 S (Ag) V A (Go)，例如 They (Ag) went into the bar (Go)。其深层格框是 [+＿Ag Go]。

接受者（非施事）和受事的动词，如 win、get、receive 等，其表达形式是 S (Rec) V O (Pa)，如例 12：

例 12

Five people (Rec) won a magazine subscription (Pa).

其深层格框是 [+＿Rec Pa]。许多学者把以语义角色为基础对句法和语义的深入研究作为目标。

问题 4：语义角色与语法关系有何异同？

语法关系包括主语、宾语、介词宾语。与语义角色不同，这些是形式的或者语法的关系，是以句子结构而不是以名词和动词的意义为基础。在英语中，施事通常是主语，受事是典型的宾语，其他语义角色则表示为介词的宾语，如接受者作为 for 或者 to 的宾语，工具作为 with 的宾语，处所作为 on、at、near、beside 等的宾语。

相同之处：

语法关系与语义角色都与动词保持着关系，它们之间有很强的对应关系，因此有时候我们从意义上而不是形式上研究语法关系，例如主语是动作的执行者，但这是错误的，因为意义成分（或者语义）与形式成分之间不存在一一对应的关系。

不同之处：

语法关系与语义角色在三个方面有所差异：（1）它们的形式本质或者结构本质；（2）它们在释义中的恒定不变性；（3）它们在语言中的表达方式。

关于形式本质，语法关系反映句子成分之间的形式关系，而语义角色反映句子成分之间的意义关系。

关于释义中语义角色的恒定性，我们知道尽管成分的语法关系在释义中有所变化，但是在不同的形式中意义保持恒定。例如：

例 13

Dogs eat meat 〈 - 〉 Meat is eaten by dogs.
S (Ag)　　O (Pa)　　S (Pa)　　O (Ag)

关于语法关系的形式表达，语法分析有某些规则的、具体的形式属性，而语义角色则不是这样（比如上文的 dogs 和 meat 在形式上不同）。例如在英语中作为语法关系的主语具有如下属性：一般位于动词之前，当主语是第三人称单数时，现在时的动词有特殊后缀 -s；可以被主格代词取代，在一般疑问句中助动词一般位于主语之前，在特殊疑问句中附加疑问句包括带人的代词和主语的数（Hudson, 2005）。在英语中作为语法关系的宾语具有如下属性：无论是在陈述句还是一般疑问句中，一般位于动词之后；可以被宾格代词取代；在有形式主语 there 的陈述句中根据意念一致的原则其单复数与动词的一致。语言不同，表示主语和宾语的方式也不同。比如，日语的主语后面用主格助词 ga，宾语后面用宾格助词o。在拉丁语中，名词有6个格，用后缀表示，表示主语用主格，表示宾语用宾格等。

问题5：语义角色在释义中有什么作用？

如上所述，语义角色在释义中具有恒定不变性，而语法关系则有所变化。对于含有根据与其联系的名词或名词短语的语义角色划分的某些类型的动词的句子，可以有规律地释义，其中语义角色仍恒定不变，但是语法关系则可能要发生变化。

带原因/施事和受事的动词。这种类型的动词就是所谓的及物动词，原因或者施事是主语，而受事是宾语。带这类动词的主动句可以释义为被动句，受事变成主语，而施事变为介词by的宾语。比如Dogs eat meat可以释义为Meat is eaten by dogs。

状态变化的动词。其受事经历状态变化的动词可能以受事为主动动词的主语，而施事不表达出来，但是需要出现方式副词，如easily、quickly等。比如：

例14

These boxes light easily.

可以释义为Someone lights these boxes easily。对于带有不明显地涉及受事的动词，这种用法有例外，例如This magazine reads easily。这些句子形式上是主动的，但表达被动的意义，我们可以称之为拟主动句（pseudo-active sentence）。

带有施事、受事和接受者的动词。这些动词以受事作为直接宾语，以接受者作为to的宾语，或者说间接宾语抑或受益宾语，或者不使用to，把受事和接受者作为双宾语。在释义时可以把带to的形式变为双宾语，也可以使用被动结构。例如：

例15

He hasn't sent the book to her.

可以释义为He hasn't sent her the book 或者 She hasn't been sent

the book (by him)。

带有来源和目标的动词。来源也属于语义角色。如果来源是主语，那么目标就是 into 的宾语。如果目标是主语，则来源是 from 的宾语。例如：

例 16
Little boys grow into men.

可以释义为 Men grow from little boys。目标看起来像接受者，但是不容许这样的释义：I sent my little sister to the store；* I sent the store my little sister。

带有施事与受事为一体的动词。这些动词以施事为主语，而同样的名词短语施事可以可选地表达为宾格反身代词。例如：

例 17
Smith shaved.

可以释义为 Smith shaved himself。这大致相当于希腊语中的中动语态，指的是该句子所进行的动作涉及他本人，或者这个动作是为他本人而进行的。中动语态被一些语法学家用来表示英语中像 I am getting shaved 这样的结构，其意义是 I am shaving 或者 I am being shaved。

3.4.2 句义学的实证量化研究

根据周绍珩（1978），语义学中的分布统计分析法（distributive-statistic analysis）早在 20 世纪 50 年代以前就由美国描写语言学派用于不涉及内容的语言形式分析。60 年代以后，为英、美、苏等国的语言学家用于语义研究，开始以实用目的为主。随着计算技术的发展，分布统计分析的应用也日益广泛。分布统计分析法就是对词在文句中的分布情况和出现频率作统计分析，这种方法可以准确地把握词的语义特征，克服语义研究中的主观性。例如，我们以莎剧为素材，统计人物对话中的不定冠词 a、an 的分布情况和出现频率，发现丑角、仆人、村民的说白中，不定冠词多，而僧侣、法官等严肃人物的说白中，不定冠词少。据称这种分布情况是不定冠词的重要语义 – 修辞特征。

词的分布信息分为两类：词在文句中不同部位的分布情况和词与词之间的相互分布情况。第二种信息对于语义分析的作用较大。例如，对莎剧中 burn（烧）、fire（火）、hot（热）、light（光）进行相互分布统计，发现 burn–fire 同时出现的情况最多，burn–hot，burn–light 同时出现的情况比较少，从而可以确定 burn 和其他三个词在语义上联系紧密的程度。

分布统计分析已经取得的进展是有限的，但它在对语义进行客观描述方面迈进了一步，以后肯定会有进一步的发展。

3.4.3 句义学的应用研究

句义学具有广泛的应用。首先可以应用于语言教学，其次可以用于翻译，还可以用于自然语言处理和人工智能。

1. 使用句义理论来指导英语教学

我们可以使用并置理论来指导英语教学。词的并置关系即搭配用法是约定俗成的，这种习惯用法是我们必须要下功夫掌握的。我们容易造出"汉化"的句子，造出符合语法规则但是违背英语习惯用法的误句。一些词语之间有并置关系，但有些则没有。语义上联系的词语在实际运用中不一定并置。我们要注意名动搭配、名形搭配、动介搭配、形介搭配等。同时还要注意特殊情况下及习惯用法中的破格搭配。

我们还可以用结构语义学理论来指导英语教学。含蓄的语义关系包括上下义关系、反义关系和相对关系。掌握上下义关系可以用上义词归纳，扩大下义词。掌握反义词可以加强对比，突出事物特点，也可以用反义词解释词义。我们有必要搞清楚 contradictory terms 和 contrary terms 的区别，丰富学生的词汇。相对关系可以扩大词汇量，使学生灵活使用各种不同的句型。

我们还可以使用语义成分分析理论来指导英语教学。语义成分分析可以解释词义、区别同义词、解释修辞格、解释客观事物与语义变化。

我们还可以使用格语法和框架语义学来指导英语教学。深层格框和Hornby的动词句型有密切的关系。

我们还可以用同义关系与同义转译理论来指导英语教学，有效提高学生的表达能力，例如做词序转换练习、简化转换练习、删减转换练习、同义词对比练习和相对关系的词的转换练习。

框架语义学可以指导英语阅读教学。带着框架进行阅读更有效。

事件语义学可以加强汉外语言的对比研究，例如动词对比、句子结构对比等。

2. 使用句义理论来指导翻译教学

语义学与翻译密切联系。语义场理论、成分分析、意义的分类、中英语义对比及语义翻译的研究涉及语义学、翻译学知识，可以把语义学运用到翻译实践中并指导翻译实践。例如，语义场理论主要包括三个要点：语言中的词汇构成一个完整的词汇系统，在这个系统中词语的意义是相互关联的；词汇应当作为一个完整的系统来研究，而非单独考查某一个词的语义变化；某个词的准确意义只有在对词汇间相互关系的分析和比较中才能确定。以英语和汉语为例，语义场理论与翻译的联系在于在某个共同概念下对一些词汇的比较，从而确定某个词语的确切含义。再比如，成分分析法是一种描述单词和词组意义的方法，其理论基础是每一个词素的含义可以通过分析一系列更为广泛、概括的语义特征而得出。至于成分分析与翻译，成分分析法对译者有重大的用途。

3. 使用句义理论来指导人工智能和自然语言处理

自然语言处理的一个瓶颈是语义，解决了语义问题，才能更好地进行自然语言处理和机器翻译。我们可以使用计算机程序来处理语义信息、提取语义信息等。

3.4.4 句义学的汉外对比研究

近十年的国家社科基金项目中有相当数量的汉外对比或者比较研究。有与大语种英语、德语、日语、法语等的比较研究，也有与较小的语种如希伯来语、班图语等的对比研究。当然还有与国内少数民族语言如蒙古语、藏语等的对比研究。

词汇语义学的发展历史悠久，词汇单位的汉外对比由来已久，成果丰硕。与之相比，句义的汉外对比研究就比较少了，但是随着句义学的发展和对比研究方法的改进，句义学的汉外对比会越来越多。

比如，我们可以对比研究英汉简单完成句。以前对情境类型的研究局限于词汇意义"体"传统上归属"时"，被认为是一个语法单位，经常与"时"混为一谈。与作为纯语法范畴的"时"相对，"体"现在被视为一个语法–语义单位。对"体"的研究包括视点体和情境体。前者提供观察的角度，后者确定一个情境属何种事件或状态，是句义层面上的范畴。组合性原则的应用把词义研究和句义研究结合起来，扩大了句义研究的范围。

3.5 结语

通过上面的介绍，我们可以就近十多年来国内的句子语义研究得出以下结论：

（1）我国外语界的句子语义研究取得了丰硕的成果。在这十多年的时间中，学者们在几乎所有前人涉及的相关研究领域都有所发展，研究较为深入。

（2）我国学者能够及时吸收、消化、应用新理论和新观点。如果说20世纪七八十年代还是以学习西方理论为主的话，90年代我国学者已经开始广泛地应用西方句子语义理论来解决具体问题，并且有所批判、有所创新。我国学者自己提出了一些有很强解释力的理论，如事格语法、含意本体论等。

（3）总体来看，我国外语界的句子语义研究呈现出如下发展趋势：

句子的语义分析不断向微观化、细致化方向发展,比如对句子语义结构的分析越来越具体,题元的分类越来越细致;对句子的交际层面正给予越来越多的关注,由孤立地研究静态的句子意义发展为研究动态的话语意义;由研究单一的句子意义转向研究篇章中的意义,研究范围不断拓展;越来越多地借助认知语言学的理论来研究句子的意义,具有强大解释力的认知理论与句子意义研究的结合趋势越来越明显。

第4章
话语语义学研究

4.1　引言

自20世纪70年代语用学脱胎于语言哲学母体并渐成语言学独立分支、格赖斯会话含义理论脱颖而出以来，以Recanati、Levinson、Jaszczolt、Sperber & Wilson、Carston、Parikh为代表的语境论（contextualism）者和以Borg、Bach、Cappelen & Lepore、Stanley、Predelli、MacFarlane、Kölbel等为代表的语义最简论（semantic minimalism）者，两种对立的后格赖斯学说[1]及其诸多变体都着力于对经典格赖斯会话含义理论的批判与发展。在激烈交锋与争论中，终成多元梯度意义解释模式（Borg, 2012; Recanati, 2005a, 2012; 刘龙根、伍思静, 2013），合力推动话语意义（utterance meaning）研究向纵深发展。

经典格赖斯会话含义理论（Grice, 1975, 1978）包含三个层次的二元划分：自然意义与非自然意义；所言与所含；规约含义与会话含义。非自然意义包含所言和所含。所言指句子的规约意义，是真值条件命题内容，属语义学研究范畴；而所含是在所言基础上结合具体语用因素推知的意义，是非真值条件命题内容，属语用学研究范畴，二者界限分明。然而，格赖斯（Grice）（1989）同时承认对所言的理解涉及确认所指（reference resolution）、确定指示（deixis fixing）和消除歧义（disambiguation）的先决条件或"语用涉入"（pragmatic intrusion）

---

[1] 指继格赖斯之后，基于简约论，尽量缩减会话原则的数量，以使相关语用理论具有更大解释力和给予心理学解释的可能性，主要代表有Horn、Levinson、Sperber & Wilson等。

(Borg，2004，2010），即语用过程的输出服务于语义过程的输入，由此引发了"格赖斯循环"（Levinson，2000b）。格赖斯又将所含区分为规约含义和会话含义，再根据语境参与度，把会话含义进一步分为一般会话含义和特殊会话含义，从而形成了"语义-语用连续统"（semantics-pragmatics continuum）（Huang，2014）。规约含义由某些语词的规约特征触发，但又区别于词语的规约意义，是非真值条件推论意义（Levinson，1983）。一般会话含义是指某些语言结构的使用不依赖语境推导，可给以优先解释的默认意义（Bach，2007；Jaszczolt，2007；Levinson，2000a；Recanati，2004a）。其同规约含义一样，既与语义内容相联又与语用成分相关，既有规约意义特征又有会话含义特征（张绍杰，2008）。特殊会话含义是依赖具体语境所推导出的话语意义，与语义内容无关。

不难看出，格赖斯为了保留真值条件论和语义组合原则，在语义学和语用学之间划出一条难以逾越的鸿沟，从而使真值条件和语义组合原则严格限制在语义学范围内，不受语用袭扰。但是，面对语言事实，格赖斯又不得不允许部分语用因素涉入真值条件命题内容，使得所言既包含规约意义又容留言者意图（Carston，2009），且还创造了规约含义和一般会话含义两个外延模糊的概念来解释所言中的语用涉入，从而引发了语境论和语义最简论围绕语义-语用界面研究的激烈交锋。

针对经典格赖斯意义理论的局限性，语境论和语义最简论及其诸多变体[1]聚焦于修正其对所言的界定、一般会话含义的处理和语用过程的

---

1 语境论可追溯至日常语言学派的意义使用论，强调语言的使用，关注意义的非形式化和语境化研究，代表性的观点有：温和派语境论者（moderate contextualism）Recanati（2001，2010）、Levinson（2000b）、Travis（1985，2008）、Jaszczolt（2010，2011）等，认为语言中部分语句带有语境敏感性，不能表达完整命题，须基于语境因素进行语用充实才能形成可断真伪的完整命题；激进派语境论者（radical contextualism）Sperber & Wilson（1986，1995）、Wilson & Sperber（2002，2004）、Carston（2010）、Parikh（2010）等；认为所有句子都以显性或隐性方式带有语境敏感性，在语义内容上都是不完整的，表达命题片段，只有关联言语行为的语境才能确定完整的命题内容。而语义最简论植根于理想语言学派的逻辑实证论，认为语言与世界同构，关注意义的形式化和规约化研究（Huang，2013a，2014），代表性的观点有：最简语义学（minimal semantics）（Borg，2012）、激进语义最简论（radical semantic minimalism）（Bach，2010，2012）、非敏感性语义学（insensitive semantics）（Cappelen & Lepore，2005）、指示论（indexicalism）（Stanley，2007；Stanley & Szabó，2000；King & Stanley，2005）、语义相对论（semantic relativism）（Predelli，2005；MacFarlane，2009；Kölbel，2008；García-Carpintero & Kölbel，2008)等。

第4章 话语语义学研究

解释，目前国内相关研究较少，本章将先从上述三个方面围绕国外的最新研究加以介绍评述，再重点讨论今后国内相关研究的发展趋势，以期对两派纷繁芜杂的解释模式进行全面梳理和认真评析，力图厘清当今意义研究竞技场上各主要流派的思想脉络和理论差异，为本领域的研究者把握话语意义理论的新进展提供可行的观察视角和分析思路，也为初涉话语意义研究的新手描摹一幅概览意义理论发展脉络的清晰简图。

4.2 所言的界定

针对格赖斯的"所言"，温和语境论者Recanati认为由语用充实得来，Levinson提倡由会话含义扩充产生，Jaszczolt秉持由对语义信息和语用信息的并合计算得出；而激进语境论者或坚称由基于语用推论的显性含义确定，或提出由语义和语用动态博弈生成。可见，其都采用扩展的视角将语用因素或部分、或整体纳入所言，扩充经典格斯所言的内涵成分，而语义最简论者却采用相反的窄化视角根除语用因素对语义的影响，保证语义的独立性及完整性，重构所言的概念内涵和触发因素。

Recanati（2005b）沿用了经典格赖斯"所言"术语，但在内容上抛弃了格赖斯的"所言"语义观，认为多数句子包含未言说成分（unarticulated constituent）（Bach，2012；Huang，2013b；Perry，1986，1998；Recanati，1993，2002b，2004b），其语义解释产出概念图式，而非完整的真值命题，需关涉具体语境，结合言者意图，经历语用扩充，才能形成完整的言说命题，坚持"所言"的语用观（the pragmatically enriched said）。Levinson（1995，2000b）虽然也否认"所言"语义观，坚守语义-语用界面观，认为语用内容会涉入"所言"，但不同于Recanati，他将扩充意义纳入到"会话含义"范畴，试图简化意义表征层次与理解机制。与上述二者不同，Jaszczolt（2005，2007）基于"意义层面经济性原则"（parsimony of levels principle，POL），提出"并合表征模式"（merger representation model），把语义学和语用学融合于一个意义层面，用并合表征所得的首要意义代替格赖斯的"所言"，认为首要意义是对语义信息和语用信息并合计算产出的"首要的、直觉的、突显的意向意义",是"听话人识别的主要信息"(Jaszczolt, 2010: 196-197)。类似于 Jaszczolt 的并合表征,Parikh(2010)将语义因素和语用因素融入其"部分信息的情境化博弈"中,经句法、规约、信息和流动四个约束条件的动态博弈,语言意义在语法系统和信息情境之间达致平衡(姜涛,2015),生成个体情景化意义,即"所言"与"会话含义"同步生成。Sperber & Wilson(1986)、Wilson & Sperber(2004)、Carston(2002,2010)等关联论者坚持语用因素对语义内容的全面涉入,即格赖斯意义上的"所言"根本不存在,代之以"语义表征 + 显性含义(explicature)",即语义内容和"对话语里不完整的概念表征或逻辑形式的推论性扩展"(Huang,2014:275)。

与上述界面观相对,温和语义最简论者 Borg(2012)、Cappelen & Lepore(2006)、Stanley(2005)、Stanley & Szabó(2000)、MacFarlane(2007)严格限制语义学/语用学的边界,试图将经典格赖斯的"所言"概念彻底从语义学中剔除,纳入语用学做隐含义处理。但为了保留真值条件论并限制语用的运作范围,他们坚称语句所表达的命题及其真值由句子组成成分和句法组合方式决定,进而重构"所言"中言者意义的触发因素,假拟"隐性句法论元"(hidden argument)(Borg, 2004:110-131; King & Stanley, 2005),或"语境敏感表达式基本集合"(basic set of context sensitive expressions)(Cappelen & Lepore, 2005:1-2),或"评价环境参数"(circumstance of evaluation)(MacFarlane, 2007)等,从而沿着语境论的精神拉大了句子意义与命题内容的距离(沈园,2011),将严格语义组合原则演化为相对真值条件组合原则,充分彰显了语境敏感成分作用下真值条件语义论与语义组合原则之间的张力与牴牾。不同于温和语义最简论者,Bach(2004, 2007)将语义 - 语用界面观斥之为"一种误导",推重纯语义的"所言"观,认为"所言"完全由独立于语境的句法投射构成(刘龙根,2011),多具有命题"不完整性",只为言者意欲表达的命题内容提供一个语义图式或概念构型(Bach, 2002)。由此,他将真值语义观从形式语义学中摒除(Bach, 2006),但我们认为去除真值条件的所言完全对应于语言编码意义,实属多余概念,应当用奥卡姆剃刀加以剔除。

4.3 一般会话含义的处理

关于一般会话含义的处理，后格赖斯语用学者就其语用过程的性质并未达成一致，大抵形成三种对立学说：温和语境论的默认推理（default inference）、关联论者的语境推论（contextual inference）和激进语义最简论的协同推理。

Recanati（2010）把意义区分为"句子意义–所言–所含"，并将一般会话含义纳入所言，交由前命题的（pre-propositional）、局部的（local）首要语用过程（primary pragmatic process）处理，产出默认意义。但不同于格赖斯，Recanati（2002a）认为它不是语言结构类型的性质使然，而是建立在具体语境中的默认扩充。Levinson（1995，2000b）也将意义研究分为三个层面：句子意义–话语类型意义–话语例型意义（sentence meaning – utterance-type meaning – utterance-token meaning）。据其解释，话语类型意义独立于语境，是"基于对语言正常使用的一般预期"（Levinson，1995：93），"由语言结构的常规使用所传达"（Levinson，2000b：22），并由前语义的语用解释模式（pre-semantic pragmatics）加工而生成的默认意义，基本对应于格赖斯的一般会话含义。不过，经典格赖斯的一般会话含义作为所含的范畴成员，带有命题加工的整体性，而 Levinson 的话语类型意义是由语言结构的常规使用自动激活，不依赖命题的完整加工，是局部性的（张延飞，2012），如若与后续话语加工产出相冲突，就会被取消。整体观强调语句命题的完整性，既然命题是完整的并被话语参与者共晓，对其重复加工既降低了话语理解的时效性，也与格赖斯创立会话含义理论的初衷不符。但 Recanati 和 Levinson 的局部观也挑起了局部含义的取消问题，因为句子的组成成分在被加工的同时都会潜在地触发默认意义，在后续话语加工中，需将之前产生的诸多局部引发义逐一取消，亦使得话语理解费时费力。正如 Jaszczolt（2008：24）指出，"在意义理论中，我们不仅需要对那些更显著、更普通的理解保留直觉，还要避免那些消除率高的扩充意义"。因此，Jaszczolt（2011）综合上述两种模式，认为独立于语境和受制于语境的默认意义并存于并合表征模式中，可以是依靠语言文化规约所做的逻辑判断，也可以是依赖语境和会话原则所进行的默认扩充。但 Jaszczolt（2010）秉持"后语义的语用解释模式"，认为默认意义的加工只能在完整命题基础上展开，是后命题和整体的，很难在具体语境中消除。正是由于他们对语境、语用推论、命题完整性等因素在默认意义识别中的作用认识不同，所以默认理论受到激进语境论者的强烈批判（Noveck & Sperber, 2007; Noveck & Reboul, 2008; Wilson & Carston, 2007）。Carston（2004b: 72）认为默认意义根本不存在，"任何含义都不是默认推论，语境关联完全可以保证含义的推导"，一般会话含义是关联语境对句子逻辑式进行语用扩展或概念收缩而生成的显性含义。

激进语义最简论者 Bach（1994, 2010）把意义区分为"所言 – 隐型含义（impliciture）– 所含[1]"。同时，Bach（1984, 2007）综合语境论内部的对立观点，认为隐型含义是默认推理和语境推论协同作用所生成的默认意义，受理所当然原则（taking-for-granted principle）和不值考虑原则（not-worth-considering principle）支配，一般会话含义即属此类。另外，类似于 Bach 的综合视角，Parikh（2010）将语义和语用因素融入其"平衡语义学"（equilibrium semantics），但不强调真值条件命题内容与会话含义生成的整体 – 局部问题，情境信息在会话者的交际博弈中同步达致平衡，命题内容和会话含义并行生成，从而避免了整体观意义的重复加工和局部观的含义取消问题。

4.4　语用过程的解释

语境论和语义最简论就所言命题中的语用涉入倡导不同的补全路径，即强语境效应的自由充实和句法约束的逻辑扩展，但都以蠡测海，难见全貌。

Recanati（2004a, 2010）指出首要语用过程有三种实现方式：

---

[1] Bach 的三层面意义划分区别于 Levinson 的三层意义模式，因为 Levinson 的"话语类型意义"既不完全属于语义学也不完全属于语用学，而是既包含语义内容又包含语用成分；而 Bach 的隐型含义完全属于语用学，不包含语义成分。另外，Bach 的隐型含义也区别于关联论的显性含义，因为在 Bach 看来，隐型含义是隐匿于所言之中的默认意义而非规约意义，不具有关联论所声称的"明示性"特征。

(1) 饱和 (saturation); (2) 自由充实 (free enrichment); (3) 语义迁移 (semantic transfer)。饱和是一种自下而上的强制性语用干预过程,多由语言词汇-句法系统触发,旨在为"逻辑式不完整"的语境敏感性语句补全"未言说成分"、填补"空缺"(slot)、确定"自由变项"(variable)的赋值,从而形成完整的、可判真伪的言说命题。自由充实和语义迁移是基于相关性、信息量等语用要求,自上而下的、由语境驱动的任选性语用过程,旨在为"逻辑完整"的语义内容做出语用调适,生成切合语境可断真假的命题形式。两类语用干预过程,看似泾渭分明,实则不然(陈新仁,2015),如在任选性语用干预过程中也涉及对索引成分的参数赋值等。关联论者 Carston (2004a, 2010) 指出,除上述三种方式外,还有消除歧义 (disambiguation)、确认所指 (reference resolution) 和临时概念的构建 (ad hoc concept construction)。消除歧义和确认所指来自经典格赖斯理论的"先决条件",前者指关涉具体语境从词汇或结构的多元意义潜势中择取当前"即时意义",后者指确定相关指称表达式"自由变项"的语境赋值。临时概念的构建指结合语境对句子逻辑式中的词汇概念进行收缩或提升,泛化或弱化等语用调适 (modulation)。这些语用调适虽与语义相关,但却受制于语言使用,调适后的词汇概念直接作用于真值条件,构成语句的命题成分。不过,关联论者强调语境敏感的普遍性,其自由充实不受句法、语义特征限制。由于在背景知识、语境假设等方面存在个体差异,那么得到的充实命题可能就千差万别甚至并非言者意在表达的命题,所以其不但未能关照语言意义的系统性,而且可能造成过度生成,遭到语义最简论的诸多诟病 (Stanley, 2002)。面对质疑,关联论者提出"关联期待" (Carston, 2010; Hall, 2008, 2014; Wilson & Sperber, 2002) 决定自由充实的走向与终止,以期对语用充实机制进行合理制约,但"关联期待"是个极其抽象、模糊的概念,缺乏透明性和规则性,亟需进一步具体化,以更好制约自由充实的运作机制。激进语义最简论者 Bach (2010) 将真值条件从语义学中放逐,把隐型含义纳入语用学的关照范围,因此在命题补全机制上靠近语境论,提出补全 (completion) 和扩展 (expansion) 两个过程。但无论是填充命题基 (propositional radical) 的"补全"语用过程,还是延展最简命题

(minimal proposition)的"扩展"语用过程,都是关涉宽式语境对所言进行的语用充实,不受句法约束。

相对于上述语用扩充观,温和语义最简论者 Borg(2007,2012)、Stanley(2005)、Stanley & Szabó(2000)、King & Stanley(2005)拒斥语境论臆想的自上而下的任选性语用过程——"自由充实",假拟隐性论元(hidden argument)(Borg, 2007)或隐性指示成分(hidden or covert indexical)(Stanley, 2005),将其作为唯一补全策略。换言之,"隐藏的未言说成分在一个句子中被断定出来当且仅当听者被迫在句法证据之下这样去做"(Sennet, 2011: 416)。但隐性成分作为一种虽无可感的直接外显形式却是有迹可寻的心理实体,其识别要经历一个假设、验证过程,"要依赖一定的先设条件"(徐盛桓,2001: 6),可遗憾的是,他们并未对隐性成分的界定给出清晰可靠的解释,导致隐性成分的生成带有随意性,缺乏科学研究所需的严谨性和刚性特征。另外,为了解释语义不确定的普遍性,他们不得不假设无数的隐性句法变项,甚至将一些强语境效应的未言说成分削足适履地视为句法约束机制的产物,造成其句法表征上的不经济和理论假设的不合理。

4.5 理论争鸣的启示与展望

4.5.1 理论争鸣的启示

后格赖斯语用学的这场争论与其说是语义-语用界面之争,不如说是意义研究的进路之争,使人们对意义的认识从单一到多元、从浅入深,发生了根本性的转变。各种意义理论之间一脉相承,致力于修补经典格赖斯理论的局限性。综观这场争论,我们可以得出以下几点启示:

第一,"所言"的界定与重构。经典格赖斯的所言既包含语言规约意义又容留言者意图,成为一个横跨语义与语用的模糊概念,语境论和语义最简论为界定"所言",大抵采取三条应对路径:(1)所言只包含语言规约意义不容留言者意图(如激进语义最简论者 Bach 等);(2)所

第4章 话语语义学研究

言是言者意义而非规约意义的载体（如语境论者）；（3）重构所言中规约意义和言者意义的触发因素（如温和语义最简论者）。遗憾的是，最简论者通过显性或隐性的句法约束机制来扩充所言中的未言说成分，但却无法囊括强语境效应的涉入；而语境论将句子所言的完整性完全归因于语用涉入，却忽视了句法限制因素。因此，所言命题建构中，句法约束与自由充实两者不可偏废，缺一不可。

第二，"语用充实"路径的新解。语境论和语义最简论大体上都承认存在两种交际命题，即话语命题与言者命题，但在对两者的界定上却莫衷一是、冠之以不同的名称，如"首要－次要""言说－暗含""显性－隐性"。虽然对于言者命题，即格赖斯意义上的特殊会话含义，认识趋于一致；但对于话语命题，即包含语用充实的言者意谓，由于其既与语义内容相连又与语用成分相关，既有规约意义的特征又有会话含义的特征，两派及各自内部分歧严重，分别出于不同的研究目的和任务，给予不同的理论界定，如 Recanati 和 Levinson 的前语义语用解释模式、Bach 和 Jaszczolt 的后语义语用解释模式，关联论的语义到语用推论解释模式等。正是这种分歧，改变了传统上语义学与语用学相对独立且语义输出服务于语用输入的认识，转而将两者视为相互交织、相互依赖、相互联动、相互融合、相互渗透的研究领域，并行参与话语意义的构建。

第三，语境论对真值语义观的背弃与语义最简论对真值语义观的反省。语境论者面对语境敏感性问题时，把真值条件的载体从句子扩展到话语，抛弃了传统的真值条件语义学或客观主义真值条件论，确立了真值条件语用学，即话语的真值条件受多种语用因素影响，包括由词汇－句法系统触发的自由变项和索引成分，以及由非语言系统触发的未言说成分，是语用充实的产物。语义最简论者一方面维护语义组合原则，竭力避免将非句法约束的语境敏感性导入语义内容；另一方面又对真值相对语境变化的事实作出解释，力图对"语境因素在命题真值获得机制中所起的功用"（Sullivan，2015：23）给予清晰的界定，容留受句法制约的语境敏感性，从而沿着语境论的精神拉大了句子意义与命题内容的距离，将客观主义真值条件论演化为相对真值条件论。

第四，从单调逻辑到非单调逻辑的跨越。语义最简论恪守语义组合原则，主张语义内容由其各个组成部分的意义及句法投射决定，强调的是单调逻辑推理，具有不可取消性。而语境论坚守语义不确定性，强调推理的可取消性、非单调性。"人总是在知识不完全的状态进行推理的，当新的事实被认识、新的条件被加入以后，原来的结论可以被推翻，从而呈现推理的非单调性。这就是所谓的非单调逻辑的一个核心思想"（袁毓林，2000）。显而易见，语境论中的意义理解，特别是一般会话含义或默认意义的局部加工，都呈现推理的非单调性和可取消性。

第五，从语言模块论到整体论的飞跃。语义最简论基于语言模块观，划定语义语用的学科边界，将语用对语义的影响限制在最小范围，忽略两者之间的多维互补关系。而语境论秉持整体论，倡导语义语用整体式、全息式的话语解释路径。意义内化于主体的整体感知，外化为局部的符号化语言形式，具有信息不对称性，因此意义的理解或"还原"只能是基于整体论的语义语用全息路向以逼近并锁定言者意向。语境论的语义–语用界面观，将各种意义成分并行起来，构建话语意义，更贴近话语实际，并且其所倡导的整体论也正成为未来科学研究的发展方向，也正在被突飞猛进、扶摇直上的语言学理论所实践，如宏观语用学的认知、社会、文化取向及认知语言学中的构式语法、认知语法等。

4.5.2 话语意义研究的展望

基于上述评述，我们认为国内话语意义的研究有以下几个发展趋势：

第一，语境论和语义最简论对由词汇–句法系统触发的语境敏感性，即句子逻辑式中的自由变项和索引成分，已达成共识，并通过不同手段加以解释；但就由非语言系统触发的未言说成分，却各执一词，纷争竞起。未言说成分作为一种不受句法制约的强语境效应产物，到底存在与否？如若存在，如何复取，复取的语用机制又是什么？是 Recanati 的语用充实，Levinson 的会话含义，还是关联论的显性含义，抑或是 Bach 的隐型含义？既然其不受句法制约，如何限制其过度生成？这些

第 4 章　话语语义学研究

争端或谜团都将是无论持语境论还是语义最简论立场的后格赖斯语用学者所应致力解决的（曹笃鑫、向明友，2017）。

第二，就一般会话含义的本体论地位，后格赖斯语用学者采用了语料库、优选论和心理认知实验等研究方法，为揭示其本质提供了新的数据支撑（周榕、冉永平，2007），但就其语用过程的性质并未形成统一意见。到底是 Levinson 等的默认推理、还是关联论者的语境推论，抑或是 Chierchia（2013）的结构推理，实验数据虽然倾向于关联论的立场，否认默认推理的存在，但 Garrett & Harnish（2007，2009）、Gronder et al.（2007）和 Panizza & Chierchia（2008）却通过实验测试分别反证了默认推理和结构推理的存在。若所有含义都是在具体语境中依赖关联原则推导产生，即所有含义都是例型意义，不存在类型意义，那么人类从复现的语言结构和社会活动中提取相对稳定意义的演绎归纳能力就被大大弱化了；并且默认推理、结构推理的存在也可使听者跳过中间推导步骤直接得出判断，为话语理解提供捷径，也与关联论的信息加工 "最低之力"（least effort）原则相一致，因此不能简单予以否认。后格赖斯学者应进一步客观化自己的实验设计，不受任何理论立场的挟持，结合心理学、脑科学、信息科学、大数据等跨学科证据，对一般会话含义的本体论地位和语用过程做出公正客观的理论阐释。

第三，后格赖斯语用学者针对经典格赖斯 "所言-所含" 二元意义表征层次，进行了多层面、多策略的重构，形成了从 Recanati 的 "句子意义-所言-所含"、Levinson 的 "句子意义-话语类型意义-话语例型意义"、Bach 的 "所言-隐型含义-所含" 三元扩展模式，到关联论的 "显性含义和隐性含义" 二元对举，再至 Jaszczolt 的 "并合表征"、Parikh 的 "情景化博弈" 一元融合模式，言人人殊，莫衷一是。语义最简论者 Bach 和语境论者 Recanati、Levinson 为界定 "所言"，大抵采取两条截然相反的应对路径：前者秉持 "所言" 只包含语言规约意义不容留言者意图，后者断定 "所言" 是言者意义而非规约意义的载体。此外，两派大体上都承认存在两种交际命题，即话语命题与言者命题，但在对两者的界定上却冠之以不同的名称，如 Recanati 的 "首要-次要"、Levinson 的 "类型-例型" 以及 Bach 的 "隐型-暗含"。虽然对于言者命题，即格赖斯意义上的特殊会话含义，两派认识趋于一致：" 受语用原则引导"；但对于话语命题，两派分歧严重，分别出于不同的研究目的和任务，给予不同的理论界定，如 Recanati & Levinson 秉持意义加工的局部观，确认了前语义的语用解释模式，而 Bach 秉持意义加工的整体观，确认了后语义的语用解释模式。其实，该争论夸大了各理论模式间的差异，遮蔽了其共同特征及共有缺陷。上述理论均采取了"表征机制"和"推理机制"的基本架构，着力探讨推理机制，却忽视了对表征机制的反思，致使各执一词、意见悖异，不但威胁到了理论整体的自洽，也造成了各自特有的问题（曹笃鑫、向明友，2019）。对于意义表征层次的数量实难给出简单直观的答案。不同的表征模式都源于研究者各自不同的语言哲学观，服务于不同的研究目的和任务。任何一种理论模式都不可能被所有学者所接受认可，为解决这一难题，需整合认知及心理学的有关成果，探索一种表征－推理相互契合的理论模式。

第四，意义研究呈现理论框架与研究方法多元化及跨学科趋势，而语义语用界面/分界争论都源于研究者各自不同的语言哲学观，服务于不同的研究目的和任务。事实上，经历了持久的边界之战（border war），人们认识到学科分界难以做到始终如一的明晰区分，过于强调语义学/语用学的独立性，难免过犹不及、失之于绝对，唯有以融合、依存、联动的观点来把握两者的关系，才能揭示话语理解的过程和意义生成的路径。而国内学者若结合汉语的"语用丰富"特征（沈家煊，2014），挖掘新的语料事实，必将从类型学的视角推动意义界面研究的进展，也必将深化对汉语语义语用信息分配的认识。

4.6 结语

语境论和语义最简论两派及各自内部的激烈交锋充分证明，对于语义－语用界面/分界关系实难给予简单直观的答案，任何一种理论模式都不可能被所有学者接受认可，围绕语义－语用关系的理论争鸣将作为一种学界常态持续下去，并伴随着对传统理论观念的扬弃和新理论观念的建构。当今话语意义研究所呈现的理论框架与研究方法多元化及跨学科趋势,正是这场争论的必然结果。"争论有利于滋生新的思想,争论有利于明辨是非,争论有利于促进学科发展"(张绍杰,2010),后格赖斯语用学者必将在激烈的交锋与争论中,合力推动话语意义研究向纵深发展。

第 5 章
形式语义学研究

5.1 引言

形式语义学，又称蒙塔古语法（Montague Grammar）、模型论语义学（model-theoretic semantics）、真值条件语义学（truth-conditional semantics）、逻辑语义学（logical semantics）、逻辑语法（logical grammar）、可能世界语义学（possible world semantics）等（方立，2000；蒋严、潘海华，1998；邹崇理，1995；Partee，2011）。形式语义学采用数理逻辑方法研究自然语言的语义，包括句法 – 语义界面和语义 – 语用界面，旨在实现机器对自然语言的自动理解（李可胜、邹崇理，2013）。形式语义学发端于 Richard Montague 20 世纪 70 年代初发表的三篇学术论文：《作为形式语言的英语》（"English As a Formal Language"）、《普遍语法》（"Universal Grammar"）和《日常英语量化研究》（"The Proper Treatment of Quantification in Ordinary English"）（Montague，1974）。这三篇文章确立了形式语义学的基本框架、研究方法和主要议题，开创了自然语言语义研究的新思路（Partee，1975，2011）。20 世纪 80 年代初，随着蒙塔古语法的深入研究，学者们如 Kamp（1981）发现单纯依靠独立于语境的数理方法无法描写不定名词短语、量化辖域、照应语等现象。不把语境纳入研究，几乎不可能分析自然语言的意义（Kamp & Partee，2004）。1981 年，Kamp 提出了话语表征理论（Discourse Representation Theory）。这标志着形式语义学研究从静态逐步走向动态，其他动态语义学理论也相继问世。例如，

Heim（1982）的"文档更新语义学"（file change semantics）、Barwise & Perry（1983）的"情境语义学"（situation semantics）、Groenendijk & Stokhlf（1990，1991）的"动态蒙塔古语法"（dynamic Montague grammar）、"动态逻辑谓词"（dynamic predicate logic）、Asher（1993）、Asher & Lascarides（2003）的"分段式话语表征理论"（Segmented Discourse Representation Theory）等（高芸，2013；彭家法，2007；夏年喜，2006，2010）。

然而，无论是静态形式语义学还是动态形式语义学，都遵循蒙塔古提出的基本研究假设（Abbott，1999；Partee，2011）。这些假设主要包括：（1）语言分析高度依赖抽象的数理逻辑手段。这是由于形式语义学源于20世纪五六十年代对形式语言（formal language）研究的批判。逻辑实证主义者认为，自然语言不完美、不系统，充满歧义、模糊和无关的句法成分。因此，自然语言不能进行形式化分析。蒙塔古创造性地提出，自然语言也是一种形式语言，是一种可解释的形式系统（interpreted formal system）（Bach，1989），自然语言和形式语言本质相同，理论上讲没有差别（Montague，1974）。两种语言都具有"普遍语法"，这是一种逻辑上可能的语法，一种句法语义代数语法，本质上是一种中介语言（intermediate language）。（2）真值条件和蕴含关系在语义学中发挥着重要作用。Lewis（1972：169）提出，"没有真值条件的语义学就不是语义学"。从中即可看出形式语义学也称作"真值条件语义学"的缘由。真值条件和蕴含关系是基本的语义信息（semantic data）。这两条原则构成蒙塔古普遍语法框架的重要指导原则。（3）自然语言的语义是组合的。蒙塔古普遍语法框架的另一重要指导原则就是语义组合原则：复杂表达式的意义是成分的意义和成分组合方式的意义的函数（Partee，2011）。形式语义学家将语义组合原则改写为两条递归原则：句法规则 n 和语义规则 n，并提出了句法语义对应规则，即"规则对规则假设"（rule-to-rule hypothesis）。句法规则不仅为表达式提供结构，更是语义解释的结构基础；语义规则负责对这些表达式进行语义解释。形式语义学继承了哲学家、逻辑学家的形式化方法，同时也继承了他们的语义观，如真值条件、模型论、组合原则等。采用数理逻辑手段研究自然语言的句法和语义，方法简洁，表述清晰，但在向语言学家推介的过程中遇到了诸多困难,例如形式化语言不属于人类的自然语言,形式化研究不关心语言学家关注的心理现实性,等等(Partee,2011)。

蒙塔古的三篇重要学术文章不仅为形式语义学搭建了基本框架和假设,也为形式语义学研究设定了议题、范围和方法。蒙塔古语法的特征之一就是采用语片法(method of fragments)。该方法旨在为语言的特定片段提供完整的句法和语义分析,而并不是为句子如关系从句或其他结构设定句法语义规则,更不是为某一语言建立完整的句法语义体系。基于这样的研究方法论,蒙塔古语法的常见议题包括:(1)与名词短语有关的语义研究,包括名词短语特别是量化名词短语、否定极项词、限定词、代词/照应语、语篇指示词、名词的复数特征、集体名词等;(2)与动词短语有关的语义研究,包括时态逻辑、模态逻辑、时间性(temporality)等;(3)与句子有关的语义研究,包括并列连词 and 和 or、关系从句、动词短语省略/照应、控制等;(4)与量化和辖域有关的研究,包括辖域、辖域歧义、约束与变量等;(5)副词、形容词的语义研究,如时间副词的量化、副词的辖域等。随着分段式话语表征理论的提出,形式语义学的研究范围也扩大到了复杂句、句群和语篇领域。

形式语义学是逻辑学和语言学的交叉学科,也引发了计算机科学(包括信息科学和人工智能等科学)的高度关注。因此,形式语义学研究存在逻辑学偏向、语言学偏向和计算机科学偏向(代尊峰、孙洪波,2014;李可胜,2009;邹崇理,2001)。具体而言,逻辑学偏向的形式语义学研究以构建具有自然语言特色的逻辑推演系统为目标,典型代表就是中国逻辑学会会长邹崇理主持的《重庆理工大学学报(社会科学版)》"逻辑与科学方法论"专栏,该学报每期刊载数篇形式语义学研究文章,议题涵盖形式语义学研究的诸多方面;计算机科学偏向的形式语义学研究旨在构造自然语言的部分语句系统,强调自然语言的计算机处理;语言学偏向的形式语义学研究注重对自然语言的逻辑分析,所关注的问题与理论语言学关注的问题一致(金立,2011;邹崇理,2001)。

本书以语言学偏向的形式语义学研究为核心。纵观十年来国内相关学术成果发现,形式语义学研究呈现如下特征:(1)聚焦形式语义学的发展历史、基本理论与基本内容的引介、译介、阐释。这类介绍性、阐释性成果大多围绕形式语义学各个理论进行，无关宏旨。因此，本书除综述部分前沿成果外，不再单独重述十年来国内对各理论的引介与阐释。（2）从描写、分析、对比、实验等层面研究汉语语篇的句法和语义，研究话题相对集中，主要聚焦于量化词的句法语义特征，尤以潘海华及其合作者对"都"的系列研究为代表。这类研究大多属于静态形式语义学范畴。（3）聚焦话语表征理论、分段式话语表征理论在汉语中的应用，如汉语话语结构的修辞格式、汉语复句、汉语句群、对话关系的研究（高芸，2011，2013），汉语驴子句研究（陈琳琳，2013），条件句研究（邹崇理，2014），等等。这类研究属于动态形式语义学范畴。本书选取代表性文献包括期刊论文和学位论文，以汉语典型话题研究为主线，回顾十年来形式语义学取得的成绩。

5.2 形式语义学理论与方法探究

5.2.1 语境依赖性

20 世纪 80 年代，哲学领域倡导"语境主义"。在此背景下，形式语义学逐渐由静态研究转向动态研究，语境的地位得以凸显，语境成为形式语义学研究的核心议题之一（郭贵春，2009；夏年喜，2006）。语境在确定指称、解释名词的有定和无定特征等方面发挥了核心作用。十年来，语境研究的重点聚集在语境依赖性问题上，即真值语义的确定在多大程度上依赖于语境。针对这一问题有两种不同的回答：语境决定论和语义最简论。沈园（2011）梳理了二者的分歧源流，剖析了分歧的实质以及这场争论给形式语义学研究带来的挑战。沈园发现，语境决定论和语义最简论源于不同的哲学传统。前者源于日常语言学派，强调意义即使用，认为所有句子都对语境敏感，句子在语义层面上只表达"命题片断"，语境已经入侵到语义层面，只有引入语境才有可能表达完整的命题。后者源于理想语言学派，沿袭了形式语义学传统，认为句子在语义层面上表达完整命题，语义可以从语言使用中抽象出来。只有一小部分表达如人称代词、指示代词、时间副词等对语境敏感。这些表达构成"语境敏感表达的基本集合"(Cappelan & Lepore，2005：1-2)。沈园认为，语境决定论对形式语义学所倡导的基本方法和基本假设（组合原则和真值语义）构成了巨大挑战。面对挑战，形式语义学一方面坚持语义组合原则，避免将句法外的驱动因素导入语义内容的确定过程中，另一方面承认语境的作用，并清晰界定语境在赋予真值过程中的介入作用。随之而来的问题是，语境介入的层次、路径以及方式又是什么？

沈园（2015）又通过对比语境决定论和语义最简论对这些问题做了精细的回答。就语境影响真值的途径而言，语境决定论认为语境通过影响语义内容而影响真值，而语义最简论认为语境通过提供评价环境而影响真值。就语义组合和语境依赖性的关系而言，语义组合原则强调组成句子的语词意义的相对独立性，而语境原则强调语词意义的确定需要依赖语境。以形容词的语义解读为例，沈园证明这两条原则看似矛盾实则并不矛盾，词汇语义在语境中的变化恰恰是组合原则驱动的结果。此外，就语篇关系推理和语境关系而言，语篇关系的推导依赖语境。逻辑式中未决信息的填补、模糊表达的确定等都离不开语篇和语境。

5.2.2 语义实验法与语义诊断法

除主流的数理逻辑方法外，形式语义学也引入了语言学其他分支学科所采用的研究方法，如实验法和语义诊断测试。沈园（2017，2020）详尽介绍了国外这两种研究方法的应用。实验是理论语言学研究的常见方法之一，如实验语音学、实验句法学、实验语用学等。沈园（2017）从多个方面探讨了实验对语义学研究的特殊意义。例如，通过自定义步速阅读时间实验、反应时间实验等研究级差含义，为科学区分语义和语用提供事实依据；通过补语强制的语义加工实验探究补语强制句和简单及物动词句的区别，从而为确立隐性语义的性质提供证据；对单调性、真值条件相同的表达和量化词开展实验研究有助于我们找到具有心理现实性的语义属性或语义表征形式。

可喜的是，实验语义学也已经开始运用于外语学习和汉语信息处理研究中。例如，刘慧娟等（2011）通过游戏实验研究儿童习得汉语添加算子（如"还""也""又"）的过程；吴芙芸、李立园（2015）从在线加工（反应时）的角度考查了汉语使用者对辖域关系的理解；唐轶雯、陈晓湘（2018）对中国学习者英语主、被动句表层／逆序辖域开展了实验研究，采用自定义步速法完成 64 个基于图片的真值判断任务；吕骏、卢达威（2018）探讨了汉语母语者对英语量化词语义辖域的习得过程，实验采用图片－句子配对实验，并记录了受试从图片呈现到做出第一次判断的反应时。周思敏等（2018）通过心理语言学实验手段，探究汉语假设连词、复合句式和条件小句命题内容这些复句特征对违实义生成的影响。

除实验研究外，语言学各分支学科也大多采用诊断测试方法，形式语义学也不例外。沈园（2020）介绍了几十年来语义学领域常用的语义诊断测试方法及对例外和反例的处理方式。具体方法包括：语义最小对立对测试，用于研究特定表达形式在特定语境下的使用或意义；不可否认性测试（non-deniability test）或矛盾测试（contradiction test）、S句群测试，主要针对蕴涵义、预设、规约含义、言语行为层面的言外之义、主观义等；挑战性测试（challengeability test），用于区分言外行为、在言内容和非在言内容；无错分歧法和动词 find 非限定补语法，主要针对主观义的识别。沈园提醒，语义测试要注意测试标准的清晰性和测试方法的针对性。同时，要正确认识例外和反例，这些例外会促进语言学家反思已有的测试方法，引发新的方法论思考和理论革新。此外，还要认真对待各类语义测试方法的跨语言适用性问题。

5.3　汉语典型话题研究

形式语义学经历了由静态向动态研究的转变，但我们发现国内现有探索仍偏向于静态研究，对汉语量化词的研究就是典型代表。尽管动态语义学也有所涉猎，但只局限于几类复句如条件句、违实句、驴子句等。本节对这些话题十年来的研究成果做了详尽的介绍。

5.3.1 量化词研究

量化是形式语义学研究最透彻的话题之一。量化包括全称量化和存在量化，量化往往由量化词来表达。全称量化表达的是"集合/量化域内所有成员"的意思，典型的全称量化词包括汉语中的"所有""全部""凡""每""任何"等，英语中的 all、every、any 等。存在量化表达的是"集合/量化域内至少存在一个"的意思，典型的存在量化词包括汉语中的"有/某＋单位词"如"有人""某高校"，英语中的 some 等。从文献检索结果看，汉语量化词研究也是形式语义学研究最引人注目的话题，其中对全称量化词"都"和"每"的研究最为全面与透彻，而对其他类别的量化词特别是存在量化词涉猎较少。

1. 全称量化词：都

《现代汉语八百词》（吕叔湘，1999：177-178）区分了三类"都"，其中"都$_1$"表"总括"义，"都$_2$"表"甚至"义，"都$_3$"表"曾经"义。然而，多数学者期待用统一的语义来概括"都"的各类具体用法，提出"都"可以表"全称量化"（蒋严，1998，2009；潘海华，2006），表"加合"（袁毓林，2005，2012），表"分配"（Lin，1998），表"最大化"（Xiang，2008；Cheng & Giannakidou，2013）。与此相对应，"都"也被界定为全称量化词/全称量化算子、加合算子、分配算子、最大化算子。其中赞同"都"表示全称量化义者最多，且多以 Cheng（1995）和潘海华（2006）等人的研究为基础。

Cheng（1995）提出，表全称量化义的"都"具有三种语义特征：复数性、分配性和穷尽性。潘海华（2006）提出全称量化算子"都"总是约束限定部分的自由变量，量化由三部分构成：全称量化算子"都"、限定部分和核心部分。三分结构可以通过话题规则和焦点规则这两条映射规则来确定。话题规则是指如果"都"的左边存在可以充当量化域的短语，就把它映射到量化域，同时把句子的其余部分映射到核心域。焦点规则是指如果述题中含有一个焦点成分，就把它映射到核心域，同时把句子的其余部分映射到量化域。话题规则也称作左向量化规则，焦点规则也称作右向量化规则。两条规则使用的优先顺序是左向量化规则优先于右向量化规则。潘海华提出的三分结构对汉语全称量化词研究产生了深远的影响。

张蕾等（2012）在前贤研究基础上详尽对比了"都"左向量化和右向量化时语义特征的异同：（1）复数性特征。无论"都"表达"总括"义、"甚至"义还是"曾经"义，且无论是左向量化还是右向量化，"都"的量化域都是一个语义上的复数性成分，核心域的基数都大于"一"。（2）焦点变量。焦点变量不同于焦点本身引出的变量。焦点变量是向外相容的，而焦点本身引出的变量是向内看的。不同于熊仲儒（2008），作者认为"都"约束的是焦点变量而不是焦点本身引出的变量。（3）穷尽性特征。当"都"左向量化时，量化成分的穷尽性可以不受限制或受语用因素的制约，而当右向量化时，量化成分的穷尽性绝对受限。

蒋静忠、潘海华（2013）在潘海华（2006）基础上，将表全称量化的"都"进一步区分为两大类："都$_1$"和"都$_2$"，每一类下又划分出两个次类。分类的依据是"都"的量化域特征，包括两条具体标准：（1）量化域序列，即量化域中的成员是否有序，是否存在等级差别？（2）量化方向，即量化域是否是由"都"左边的成分提供？依据对这两个问题的不同回答，作者区分了四类"都"（见下表）。此外，作者还依据潘海华（2006）提出的两条语义解释规则——"话题规则"和"焦点规则"进一步区分了这四种类别："都$_{1a}$"和"都$_{2a}$"适用于左向量化的"话题规则"，无排他性；而"都$_{1b}$"和"都$_{2b}$"适用于右向量化的"焦点规则"，有排他性。表 5-1 表明，蒋静忠、潘海华的划分更精细，解释力更强，也更加符合人们对语言事实的语感判断。

表 5-1 "都"的类别

		量化域有序	左向量化	排他性	示例
都$_1$	都$_{1a}$	−	+	−	大伙儿都同意。
	都$_{1b}$	−	−	+	他都去过哪儿？
都$_2$	都$_{2a}$	+	+	−	连这么重的病给治好了。
	都$_{2b}$	+	−	+	都十二点了，还不睡！

然而，沈家煊（2015）认为区分左向量化和右向量化会使人陷入"量化迷途"。这是因为"话题规则"和"焦点规则"之间存在着不协调性，进而引发矛盾。具体来看，当左向量化时，适用话题规则的句子几乎都可以在"都"的右边找到一个焦点，而焦点适用"焦点规则"；相反，当右向量化时，适用焦点规则的句子几乎都可以在"都"的左边补出一个话题，只要存在话题，就该适用"话题规则"。由此看来，这两条规则都觉得对方是多余的。针对这一困惑，沈家煊抛弃了左向量化，提出了"右向管辖规则"，即按照句子的话题-焦点结构，将算子"都"在句法上管辖的焦点（一律在右边）映射到限定部分，同时把句子的其余部分映射到核心部分。沈家煊的创新之处就在于把"都"的语义管辖域与句法管辖域对应起来，建立了语义和句法的一一对应关系。

汉语中的"都"是全称量化词吗？学者们对此提出了质疑，认为全称量化说是简单比附英语全称量化词 all 的结果。徐烈炯（2014）从双重量化、全称量化、最大值、穷尽性、排他性、分配性等方面证明，这些语义都是"都"的充分条件而非必要条件。"都"的必要条件是"程度"和"主观性"。具体来说，只要说话人认为句子所表述的某个方面有某种程度达到或者超越期望值就可以给句子添加"都"。作者重新审视了各类"都"字句以及蒋静忠、潘海华（2013）给出的例句，发现这些示例无不证明某一方面达到了某种程度。这里所谓的"某种程度"是说话人主观认定的，而非客观的标准。因此，那些从客观上看表达量小的句法成分也能出现在"都"字句中，只不过是由于说话人主观认为数量达到或超过了心中自认的标准而已。基于上述原因，作者把"都"界定为副词，具体来说是一个情态附加语。

周永、吴义诚（2018，2020），吴义诚、周永（2019）则依据全称量化"全真为真，一假全假"的逻辑，对比"都"和汉英语中典型的全称量化词如"所有 / 每 /all/every"等，发现"都"不具体恒常的全量意义，允许出现例外，如"同学们都找到工作了，只有两三个没找到"。全称量化只是一种假象。作者从"都"的历时演变入手，发现"都"经历了最初的"汇聚"义到表"程度"的引申义，但是不论在哪种句法环境里，都涉及相关成分的作用范围。因此，作者把"都"界定为范围副词（周永、吴义诚，2020）。关涉的作用范围可以是显性的句子结构，也可以是隐性的时间或语气。同时，作者依据"都"的语义语用功能，把"都"界定为表程度加强的副词，从语义功能上看"都"是一个强化词，在语用上起到增强句子语力的作用（吴义诚、周永，2019；周永、吴义诚，2018）。

除了对"全称量化说"提出质疑外，袁毓林（2012）也对"总括说""分配算子说""加合算子说"等提出质疑。当然，也有学者走折中路线，将"都"的不同语义或不同学说整合、关联。例如，尚新（2011）在"都"的"全称量化算子"和"加合算子"基础上提出了"双层级量化说"，目的是解决"都"字句中主语复数名词的语义问题。双层级量化包括初级量化和全称量化。初级量化指主语复数名词所指示的个体形成一个背景集合，事件类型把该集合中的各元素量化成不同类型和数量的集盖（cover）。在此基础上，"都"对集盖进行再量化，量化的结果就是集盖的标准化和均配化。尚新的双层级量化说充分解释了"都"字句中名词短语具有的复数义、集体义、分配义等特征。然而，冯予力、潘海华（2017）否定了集盖说的必要性，认为集盖说可能允准实际不存在的解读，且无法精确刻画句子的所有可能解读。

李文山（2013）把"都"的三分语义（即"总括""甚至""曾经"）简约为两类："都$_1$"和"都$_2$"，并认为"都$_1$"是分配算子，但"都$_1$"并不是表示单纯的"分配义"而是包括了"分配"和"相对大量"两个语义要素，"都$_1$"所关联的对象总是位于"都"的左侧。"都$_2$"的语义内核仅包含"相对大量"，其关联对象可以位于"都"的左侧（即表"甚至"义的"都$_2$"），也可以位于"都"的右侧（即表"已经"义的"都$_3$"）。冯予力、潘海华（2018）梳理了"都"的各类意义，提出全称量化义是"都"的语义内核，具有穷尽性和排他性两大特征，而其他语义如分配性、超预期、程度高等都属于伴随义，源自全称量化结构的不同映射方式以及限定域的不同构成。具体而言，分配性是"都"在话题-述题映射时所呈现的一种伴随意义，是由全称量化的穷尽性语义特征赋予的；超预期是在话题-述题映射或背景-焦点映射时由限定域内梯级选项的有序性带来的语义效果；程度高与穷尽性属于事物的一体两面，是由于看待限定域的视角不同而造成的，因此也属于伴随义范畴。

针对"都"的"最大化操作"，冯予力（2018）首先区分了最大化操作与加合操作、最大化效应及全称量化等概念之间的区别与联系，并批评现存对"都"的最大化操作分析混淆了这些概念，从而得出最大化操作不适宜用来精确描写"都"的语义，并确认"都"是全称量化算子而非最大化操作算子。

2."每"

与"都"一样，学界对"每"的语义属性也存在有争议，有全称量化说（冯予力，2019；Huang，1996，2005；黄瓒辉、石定栩，2013）、加合算子说（Lin，1998；张蕾、潘海华，2019）、变量说（Yang，2002）、双重功能说（潘海华等，2009）、划分算子说（袁毓林，2012），等等。其中持有全称量化说的学者居多。

例如，黄瓒辉、石定栩（2013）探讨了全称量化词"每"的结构，区分了全称量化个体的"每"结构和全称量化事件的"每"结构。前一类的结构为"每+（数词）量词+名词短语"，如"每个学生"，后一类的结构为"每+（数词）次/回+事件表达成分"，如"每次回家"。从句法上看，"事件表达成分"排斥复杂结构，对时体成分、宾语形式、谓词语义类型有选择，偏爱条件成分；从语义上看，"事件表达成分"表示事件类别。作者比较了两类"每"结构，发现两类结构具有平行的内部结构，都指称类别，都将复数性成分映射为单数可数的成分。作者也比较了汉语的"每"结构与英语中对个体量化的"every+可数名词"结构和对事件量化的"every time+小句"结构，认为二者有相同的结构。然而，"每"与英语中的every是否相同？冯予力（2019）对比了英汉全称量化词every和"每"的语义差异，发现全称量化逻辑能较好地描写英语全称量化词every的语义特征，但无法准确描写汉语全称量化词"每"的意义。这是因为"每"具有多义性，可以表达全称量化，可以表达针对单一集合的加合操作或仅引入变量。作者由此得出，直接借用量化逻辑来研究自然语言特别是汉语量化成分的意义不具有可行性。

张蕾、潘海华（2019）对"每"的全称量化说提出质疑。他们沿着Lin（1998）的思路证明"每"是加合算子。在"每+数量名"结构中，

"每"对其关联对象"数量名"进行加合操作,从而得到一个最大化的复数性集合,该集合包括一个加合算子"每",一个加合单位"数量"和加合对象"名"。"每"的加合单位特征使得"每NP"具有逐指性特征。当"每NP"作主语时,其逐指性特征要求谓语要具有分配性特征;当"每NP"作宾语时,谓语部分的语义特征无特别要求。作者由此提出,汉语很有可能缺少限定性全称量化词。不过,作者在质疑全称量化说的同时,又称"每NP"具有"全称解读"(张蕾、潘海华,2019:513)。张蕾等(2009)也认为出现在主语位置上的"每"是全称量化算子。

3. 其他全称量化词

除"都""每"外,汉语中还存在其他全称量化词,如现代汉语中的"所有""全""总"等,古汉语中的"群""众""凡"等、粤语中的"晒"等。

张蕾等(2009)对比了"所有NP""每NP"以及"全NP",得出当这些表达式单独使用且出现在主语位置上时,"所有"和"全"是加合算子,而"每"是量化算子。从语义上看,"每"强调个体性;"所有"和"全"都强调整体性,二者的不同之处在于"所有"只强调整体不看例外,而"全"强调整体中没有例外。

黄瓒辉(2013)、熊仲儒(2016)比较了全称量化词"都"和"总"。黄瓒辉认为二者的区别在于量化方向:"都"是左向量化,量化对象位于"都"的左边;"总"是全局量化,量化对象不是位于量化算子的左边或右边的某个位置,而是涉及量化算子所在句子的整体。很明显,黄瓒辉否定了"都"的右向量化。黄瓒辉和熊仲儒都认为,"总"只能量化事件,不能量化个体,而"都"只能量化个体。量化对象的不同也有助于解释"总"和"都"的不同句法表现以及二者的共现语序。

黄芳(2016)分析了先秦汉语中常见的全称量化词"群""众""凡"。这些全称量化词具有"类聚性、总括性"等语义特征。"群"出现在表人物的名词短语前,形成"群 + 人物NP",只能右向量化;"众"常常出现在名词后面,形成"NP + 众",只能左向量化;"凡"居于名词短语之前,属于右向量化。

李宝伦(2012)讨论了广东话中的修饰语全称量化词"晒"。"晒"属于全称量化词缀,附着于动词,给予关联成分全称义,且要求该关联成分必须满足复数条件,如"我解决晒啲问题啦(我解决了所有/全部问题了)。"作者提出了"晒"的量化可及性层级:直接宾语 > 动词后介词词组/间接宾语 > 动词前介词词组 > 主语 > 谓语,并证明无论句中是否有焦点,"晒"选择的量化对象都会由量化可及性层级来决定。Partee(1991,1995)区分了限定词量化和修饰语量化。前者极度句法化,是对焦点不敏感的量化;后者对焦点敏感,可推翻句法因素。李宝伦推翻了 Partee 非此即彼的认知,认为修饰语全称量化词"晒"对焦点不敏感,但是"晒"的成分关联由量化可及性层级决定,而这显然属于句法因素。

学者们除了探讨单个全称量化词的句法和语义外,还对多个全称量化词的共现展开研究。例如,李宝伦等(2009)探讨了"都""各""全"的共现,牛长伟、潘海华(2015),张蕾、潘海华(2019)探讨了"每"和"都""各"共现的情形。这些词的共现是属于同类语义词汇的共现,还是属于不同类别词汇的共现?如果是前者,是否会造成语义上的冗余?如果都是量化词,为什么一个成分可以受到双重量化?如果是后者,这些共现的词汇又分别属于什么?例如,李宝伦等(2009)认为,"都"既是量化算子又是分配算子,"各"是分配算子,而"全"是个双功能算子,既可以用作范围限定词,又可以用作量化副词。张蕾、潘海华(2019)认为"每"是加合算子,而"都"是全称量化副词。

5.3.2 复句研究

量化词的研究更偏向于静态形式语义学,研究这些词在单句语片中的句法语义表现。相反,对复句的研究则超越了单个语句,是在话语/篇章层次对语义的探讨,属于动态语义学研究范畴。20 世纪 80 年代后期,各种动态语义学理论层出不穷,其中最有影响的就是话语表征理论(Kamp,1981)以及分段式话语表征理论(Asher,1993;Asher &

Lascarides,2003)。纵观国内十年来的研究,无论是汉语回指现象还是驴子句或违实句,多数研究是在话语表征理论框架内进行。处理这些超单句语片首先需要处理小句 S_1,得到其话语表征结构 DRS_1,再把小句 S_2 添加到 DRS_1 上,得到新的话语表征结构 DRS_2,如此下去,直到处理完最后一个小句 S_n,这样就得到该语句序列 S_1, S_2, …, S_n 的最终话语表征结构。话语表征理论有其固有的理论模块和操作步骤,主要包括句法规则、话语表征结构的建构规则和话语表征结构的语义解释,详细介绍可参看潘海华(1996)、邹崇理(1998)、高芸(2013)等。本节仅选取学界十年来关注较多的几类句式来介绍话语表征理论在汉语相关句式上的应用。

1. 驴子句研究

驴子句也是形式语义学研究的热点话题。这类句式最早由公元 5 世纪斯多葛派哲学家 Chrysippos 提出,20 世纪 80 年代进入语言学家的视野。

> **例 1**
> If a farmer owns a donkey, he beats it.

> **例 2**
> Every farmer who owns a donkey beats it.

以例 1 为例,这类句式的典型特征是 a farmer 和 a donkey 这两个不定名词短语具有全称量化义,代词 he 和 it 分别指 a farmer 和 a donkey。依据罗素的分析理论,这类不定名词短语属于存在量词,但是例 1 中的不定名词短语却获得全称量化意义,属于全称量化词。代词 he 和 it 与两个不定名词短语存在照应关系,是一个受约于该量化词的非自由变项,但从句法角度看,代词 he 和 it 在小句不受约束,不可能用作非自由变项(温宾利,1997)。传统逻辑语义学无法解释不定名词短语如何具有全称量化义以及不定名词短语如何与代词形成照应关系。英语典型的驴子句有两类:条件句驴子句(如例 1)和量化关系句(如例2)(英语驴子句的详尽特征介绍可参看文卫平(2006)博士学位论文《英汉驴子句研究》)。为了解释这种矛盾现象,Evans(1980)提出了"E型代词理论",Kamp(1981)和Heim(1990)基于"话语表征理论"提出了无选择性约束理论,Chierchia(1992,1995,2000)提出了动态约束理论(各理论的详细介绍参见王梦、武文斌,2012;温宾利,1997;文卫平,2006;文卫平、方立,2008)。Cheng & Huang(1996)将驴子句概念引入汉语,区分了光杆条件句和"如果/都条件句"。自此,驴子句成为汉语句法和语义研究的热点。学者们从生成语法(温宾利,1997,1998)、类指理论(文卫平,2006;文卫平、方立,2008)等视角描写、分类、解释英汉语中的驴子句。

陈琳琳(2013)则在话语表征理论框架下讨论了汉语三类驴子句:条件句驴子句、关系句驴子句以及类指隐性驴子句,并解释了各类驴子句的省略情形。作者首先修正了话语表征理论,包括:(1)改造了话语表征理论的句法规则,把汉语特殊句法形式融入规则体系。例如,汉语中没有关系代词,但有"的"字结构,作者就把这一结构写进句法规则,同时细化了词项插入规则。(2)改造了话语表征结构,融入了汉语驴子句中的不定名词短语"一+(量词)名词"结构和表"非疑问"的疑问词"wh...wh"结构。其中,不定名词短语可以表存在,也可以表类指,而"wh...wh"结构中的疑问词并不是表存在,而是表泛指。这两类结构的语义不同,处理方法也不尽相同。同时也添加了"的"字结构相关的句法构造规则,代词PRO的构造规则,否定句、条件句、全称量词规则等。最后作者以模型M为参照解释话语表征结构,把条件句驴子句放在条件句的模型解释中加以说明,把关系句驴子句和类指隐性驴子句放入全称量词模型解释中加以说明。陈琳琳(2013)把学界曾讨论过的各类驴子句包括有争议的驴子句都纳入关注范围,可以说是一项截至目前讨论最全面、最深刻的形式语义学研究。

2. 条件句

条件句是汉语常见句式之一,受到逻辑学和语言学的广泛关注。逻辑学偏向的研究对条件句的逻辑本质、句法语序特征等做了有意义的探讨(陈晶晶、石运宝,2019;娄永强,2012;邹崇理,1996,2000)。

语言学偏向的研究对这类复句的特征形成了一些共同的认知，如条件句是因果复句，包括假设的条件、充分条件、必要条件和无条件的条件，但尚未对这类句式的深层逻辑语义结构做更为翔实的解释[相关评述见佟福奇（2012）]。

佟福奇（2012）在其博士学位论文《条件关系范畴的语言表达》中以逻辑理论、话语意义建构理论、关联理论、话语表征理论、情境语义学等理论为背景，以条件关系范畴为研究对象，梳理了条件关系范畴的四类逻辑推理结构：假言推理范畴、选言推理范畴、负命题推理范畴、与模态有关的推理范畴，并依据蒋严、潘海华（1998）的部分语句系统 C_P 构建了条件关系范畴的语句系统 CC_P。该系统包括四个句法规则、四个翻译规则以及基于真值条件的语义解释。作者探讨了条件范畴语言表达格式的整体意义，认为这些意义并不依据笼统的、简单的条件关系如蕴含、逆蕴含或充要条件等就能够做出充分的解释，而是必须从整体着眼，这些意义是从底层逻辑语义基础上升到表达层面经过语用化而获得的。例如，表达充分条件假言范畴的"因为……所以……"格式的整体意义是述说因果、否定某种情况或事实的可能性、强调某种联系等。基于各类语言表达格式的整体意义，佟福奇（2012：115）绘制了一幅条件范畴语义地图，图中清晰地勾勒了不同义项间的亲疏关系。最后，作者分析了条件句的交际意图并构建了关系范畴的语义生成模型。显然，佟福奇的研究打破了原来对条件句的纯逻辑分析或纯语法结构描写，而是把逻辑、语法、语义、语用、认知等要素融合起来综合考查，为我们构建了一幅翔实的条件句全景图。

不同于佟福奇采用经典逻辑理论处理条件句中前件和后件之间的关联，邹崇理（2014）转而运用话语表征理论来解释前件和后件的关系。因为依据经典逻辑（真值逻辑），自然语言的条件句会制造"蕴涵怪论"，条件句的前后件可能说的是不相干或不搭界的事。然而，条件句不仅依靠前后件的真假组合，更重要的是依赖条件关联。在这种关联下，前件可以转化成具有真值的语句，后件的转化随之而来。这就体现了动态语义学的分析方法，即首先生成前件话语表征结构，把该结构基础上递增到后件上，话语表征理论模型中的嵌入确认函项随之进行动态扩张（邹崇理，2014）。邹崇理以"若马是哺乳动物，则它是脊椎动物""If

Jones owns a book then he uses it"等为例,描述了条件句的句法规则、话语表征结构。在参照嵌入确认函项进行语义解释时,作者提出需要给话语表征理论模型中添加认知因素。例如,给嵌入确认函项的扩展设定认知依据,具有认知依据的可以扩展,没有认知依据的则不能扩展。例如,"如果1是整数,那么雪是白的"这样的语句就缺乏认知依据。该文以自然语言条件句为研究对象,以动态语义学为理论依据,但涉及的条件句类别较少,未能全面概括解释条件句的多种条件关联模式。

3. 违实句

自 Bloom(1981)提出汉语缺乏表达违实语义的语法范畴以来,违实句、违实范畴就成为语言学研究的热点。经心理现实性、语言本体、语言类型学等多视角的研究证实汉语中存在违实范畴,只不过这种范畴是语义的,而非语法的(蒋严,2000;雍茜,2014,2015;袁毓林,2015;周思敏、张绍杰,2019)。古代汉语、现代汉语中的违实标记可以分为特定违实标记和非特定违实标记。前者包括假设连词、动词、副词、小品词、附着词、词缀,后者包括词汇动词、时态、体貌、情态、语气等(王宇婴,2013;雍茜,2017,2019;袁毓林,2015)。

雍茜(2014:62-63)通过语用途径确立了三类违实条件句(counterfactual conditional)中命题的真假值:(1)已知 p → q,p 为假,求证 q 为假。例如,"如果一加一等于三的话,我就跟去见她。"这类条件句的语用目的是用一个既定的假事实 p 去否定另一个真假难测的事实 q,判断既定事实的真假依赖于语境因素。(2)已知 p → q,q 为假,求证 p 为假。例如,"如果你能考得上博士,太阳就会从西边出来。"这类条件句的语用目的是通过一个确定的假命题 q 去否定真假未明的命题 p。(3)已知 p → q,p 为假,求证 ¬ p → ¬ q。例如,"如果我刚才不在这儿,我就不会听见你骂我的话。"这类条件句的语用目的并不是确立命题 p 和 q 的真假,而是寻找 ¬ p 与 ¬ q 之间的因果关联。在三类违实条件句中,命题 p 和 q 真值的判断都依赖语境或语句。

林若望(2016)基于模态语义学在 Chen(2015)基础上探讨了道

义模态命题"应该∅的"（如"你应该通知她的"）句式的三种违实义：与过去事实相反、与现在事实相反、与未来可能性相反。"应该∅的"也可以表达未来非违实义。不同时间的解释和事态类型之间有密切的关系：有界动词短语会得到与过去事实相反的语义，无界动词短语则会得到与现在事实相反的语义。作者把"应该∅的"句式的违实及非违实两种语义归结为"的"的语法意义："的"引介出一个非未来时段，确认它所修饰的命题在它所引介出的非未来时段里为真，也预设动词短语的所指是语境中的旧信息。违实义的产生源于模态命题的事件真实性强度弱于直接断言一个过去或现在的事件。依据 Grice 的语用原则，推论出事件不为真。违实义不可以取消是因为"的"具有广义的确认功能，用来确认其辖域底下的断言和蕴含为真。

朱庆祥（2019）对林若望（2016）的分析提出质疑。通过语料库检索，朱庆祥发现"应该∅的"结构不仅可表达违实义，还可以表达过去和现在属实义，且"应该∅"不仅可以表达属实义还可以指向过去事件，表达违实义。由此看来，有没有"的"都可以表达违实义，林若望认为"的"引介出一个非未来时段的观点就值得商榷。朱庆祥依据 Palmer（2001）对道义情态的分析，提出道义情态"应该∅的"的使用受到［恒常性］［须履行性］两个语义语用特征的影响。当"应该∅的"属于恒常性道义事件时，并不存在违实性与否的问题。因为此时谈论的不是具体的一次性事件，也不针对具体对象，而是在一定时间范围内具有相对恒常性的道义，这类道义对该范围内的成员具有普遍适用性。相反，当"应该∅的"谈论的是具体事件、针对具体对象时，就有"违实""非违实""属实"的区别。作者细分了四种情形：应该履行而没有履行或履行错了，事件并没有发生或与事实不符，就是违实；应该履行的，且存在履行的机会，可以马上或将来实施的，属于未来非违实；符合道义的，该履行的且已经履行，事件确实发生了，可以得到道义上的肯定，就是属实而非违实；做了不应该做的、违背道义的，事件已经发生了，要受到道义层面的谴责，就是属实而非违实。

对于违实条件句中前件和后件命题 p 和 q 真值的判断不仅需要依赖语句本身，还需要依据语境。语境成为违实条件句语义确定的关键。王宇婴（2013）构建了三层语境系统解释违实句：（1）局部语境，句中的违实成分贡献语句的事实意义和否定意义;(2)复合句子语境,负责前件和后件的语义解读,其中前件违实成分的语义对整句的语义解读起决定作用;(3)宏观语境/话语语境,包括上下文、百科知识、交际情境等。这三个层面相互作用,产生两种推理模式:(1)从违实成分到复合句子自下而上的推理,前件违实成分提供了充足的违实信息,触发后件产生违实解读,此时无需依赖宏观/话语语境;(2)从宏观语境/话语语境到复合句子自上而下的推理,当宏观语境/话语语境与前件的违实信息产生矛盾,或前件缺少帮助表达违实的信息时,就要诉诸宏观语境/话语语境。王春辉(2016)也构建了汉语条件句违实义达成的复合系统,主要包括五种因素:百科知识、语境、标示过去时间的词语、否定、结果小句中的句尾"了"。其中,语境和否定出现频率最高,而百科知识和语境是达成违实义的最可及因素。

5.4 形式语义学研究展望

对语言开展形式化研究是现代语言学的重要特征之一,各种学派与理论层出不穷。其中最有影响力的就是以乔姆斯基为代表的形式句法学和以蒙塔古为代表的形式语义学。作为一门逻辑学和语言学的交叉学科,形式语义学经过五十年的发展,已经成为当今国际哲学、逻辑学、语言学、信息科学、自然语言处理等领域的一种主要的研究方法。然而,正如沈园十年前指出的那样,形式语义学在国内语言学界远未成为主流(沈园,2011)。或许我们可以从 Partee 十年前的分析看出其中的深刻缘由。Partee(2011)指出,逻辑学家创造了形式语言,并采用形式化手段研究这种语言的句法和语义。然而,形式语言的结构不同于自然语言的结构,语言学家自然就把形式语言排除在人类可能语言的范围之外。以模型理论语义学为例,逻辑学家们习惯了设计形式语言,其中充满了未诠释的非逻辑术语。尽管这些理论框架为解释形式语言提供了另一种可能,但是秉承语言学传统的语义研究者们视自然语言为独立存在的经验现象,模型理论语义学所提供的另类解释极不自然。此外,逻辑学家回避了语言的心理现实性,但是对于语言学家来说,心理现实性又至关重要。

然而，十年过去了，我们看到这种学科壁垒、学科界限依然存在。形式语义学作为一个以自然语言为研究对象的学科群，包含了蒙塔古语法、广义量词理论、动态语义学、情境语义学、博弈论语义学、类型逻辑语法、范畴组合语法、动态句法学等。纵观国内形式语义学研究文献发现，偏向逻辑学的形式语义学研究涉猎话题广泛，前述议题多有触及，例如高芸（2011，2013）运用分段式话语表征理论研究汉语复句、句群，把修辞结构引入到话语的逻辑形式之中，力图解决更多的语义问题，促使汉语语义研究与国际接轨。相反，从语言学类期刊所刊载文献上看，我们发现语言学偏向的形式语义学研究还有更广阔的疆土等待着我们去开辟、去探索。

（1）关注典型议题的同时向更广的话题延展。现有研究关注量化与辖域、驴子句、违实句，也有研究关注极项词（如陈莉、潘海华，2020a，2020b；文卫平，2013）、时态逻辑（如王媛，2011a，2011b；于秀金，2013；于秀金、张辉，2017）、汉语虚词（如王欣，2012）、疑问词（如刘明明，2018）、副词（如蒋勇、廖巧云，2012；石定栩、孙嘉铭，2016；姚瑶、石定栩，2015）、焦点与辖域（李宝伦，2016；刘丽萍，2014）等。但是相比于全称量化的丰硕成果，这些议题论及较少。

（2）关注静态语义学研究的同时要走向动态语义学研究。现有议题集中于量化，例如全称量化词的研究或与量化相关的极性敏感词研究（以潘海华与合作者开展的大量研究最具有代表性）。量化研究是蒙塔古语法的核心议题之一，但是蒙塔古语法也存在很大的局限性。例如，无法恰当处理不定名词短语，无法刻画语篇中代词的照应关系等。以话语表征理论、分段式话语表征理论为代表的动态语义学应势而生。这些理论不仅能清晰刻画话语的语义结构，还能在修辞结构基础上处理话语的连贯性，以形式化的方法呈现并刻画自然语言语篇的语义，因而具有强大的描写力和解释力。这些新的理论在语言学领域早有译介，例如潘海华（1996），但是尚未成为主要研究议题，鲜有研究将之运用于汉语语义研究或以汉语事实去修正、挑战这些理论模式。

（3）关注形式语义学学理探究的同时开展实验语义学研究。沈园（2017）探讨了实验对形式语义学研究的意义，我们也看到国内已有学者如刘慧娟等（2011），吴芙芸、李立园（2015），周思敏等（2018）采用实证主义方法研究诸如量化词、辖域、违实义等。但是，相比文献梳理、理论探究、学理思辨等研究，围绕形式语义学的基本假设与理论等开展的实证研究在国内尚未盛行开来。开展实证研究无论是对深入理解形式语义学本身还是构建形式语义的心理现实性抑或理解语言习得规律都具有重要的现实意义。

（4）关注形式语义学的同时积极开展形式语用学研究。Montague在1974年的论文集中以《语用和内涵逻辑》为题讨论了指示语的形式化研究，开辟了语用学研究的形式化路径。之后学者们提出的文档更新语义学、情境语义学、话语表征理论等都将语境因素纳入语义研究，目的在于对语境、指示信息、显性意义、隐含意义、前提、命题态度等语用现象、语用机制进行形式化操作（冉永平，2005）。21世纪第一个十年见证了国内形式语用学从引进到与汉语事实相结合的过程，如吕公礼（2003）的《形式语用学浅论》、蒋严（2005）的《形式语用学与显义学说》、刘根辉（2005）的《形式语用学研究综论》、张韧弦（2008）的专著《形式语用学导论》、曾凡桂和毛眺源（2010）的《形式语用学发展脉络概略》、黄振荣（2010）的《条件句的强化与显义学说》、于林龙（2010）的《形式语用学的意义理解问题》、蒋严（2011）的专著《走近形式语用学》等。然而，过去的十年，国际形式语用学研究热情高涨，反观国内的研究对此话题涉猎甚少。

5.5 结语

形式化作为自然语言探究的一种主要手段，已经成为句法学、语义学、语用学、人工智能、计算机语言处理等研究领域的核心方法与理念。然而，从整体上看，我们可以说形式化研究在我国的发展整体落后于语言学其他分支学科、研究范式或研究路径的发展。我们期待国内语言学习者、研究者对形式化研究少些抵触，多些认识。唯有如此，才能迎来形式化研究的稳步发展。

第 6 章
认知语义学研究

6.1 引言

认知语言学是20世纪70年代开始出现的一种现代语言思想流派，代表了近四十年来语言学研究的一种新动向，其以经验主义的体验哲学为理论基础，从全新的概念化视角对众多语言现象和语言问题进行描写、分析与解释。作为认知语言学运动的一部分，认知语义学摒弃了纯粹语言形式研究的传统，将语义（意义）问题纳入语言研究的核心课题，尤其关注意义建构和知识表征问题，将传统的语用学和语义学两个彼此分割的领域统一起来。认知语义学并不是一个单一的语义学理论，而是一种新的语言观或意义观。认知语义学理论通常以"意义是概念性的"为基本理论主张。就词汇而言，其意义并不是词汇所指称的"现实世界"中的实体或关系，而是基于与该实体或关系的经验在头脑中形成的概念。这意味着语义学不是客观的，语义知识也不是孤立的，而是具有百科知识的属性。因此，认知语义学理论一般都是一种基于互动体验和认知加工建立"认知方式、概念结构、语义系统"的语义分析框架，以此研究和描述词句意义的形成、理解和心理表征。

认知语义学是继形式语义学后语义学领域的又一重点研究方向。虽然二者都关注意义问题，但二者在对意义的理解上以及所关注的具体问题上有很大差别。形式语义学是以逻辑学和结构语言学为框架建构的研究自然语言的意义问题，横跨逻辑学、形式语言学、语言类型学等多个学科领域。经典的形式语义学运用逻辑和数学形式化的方式研究自然语言，研究句法与语义之间的对应关系，在句法规则一定的情况下研究语义运算的规律，重点关注语言形式的真值条件，强调意义的组合性原则。

认知语义学更多从人类认知能力和方式的角度来说明阐释语义结构的概念基础，与形式语义学有以下区别：第一，强调语境在语义生成与理解中的作用。形式语义学由于受最简主义理论的影响，尽量将语境对语义的影响限制到最小（沈园，2011），这受到语境决定论的巨大挑战。认知语义学有一条基本理论主张，认为语义结构的本质就是百科知识，词汇的意义要依赖于语境信息。第二，认知语义学强调概念隐喻、概念转喻在语言中作为认知工具的作用，而形式语义学则忽略自然语言极为普遍的隐喻、转喻现象，对它们缺乏足够的理论阐释。第三，形式语义学更多配合形式语言学对语言本质的认识，尤其是坚持语言模块论的基本主张，而认知语义学则从根本上反对语言模块论，反对脱离实际语言运用的纯粹逻辑上的演算。

近十年来，国内认知语义学最开始的理论引介到一步步走向汉语的实际语义问题研究，研究范围不断向综述扩展，一方面用汉语的语言事实验证了认知语义学的理论主张，另一方面以汉语的特殊性丰富了语义学的研究视野。因此，我们对近十年来国内认知语义学的发展进行梳理，总结我国学者对认知语义学研究的贡献，同时又可看到国内研究的不足之处，对未来认知语义学的研究趋势加以展望，这是大有裨益的。

6.2 认知语义学基本理论主张

6.2.1 认知语义学的指导原则

在认知语义学中，尽管学者们的研究重点及其兴趣点各有不同，但他们都遵循着一些基本的指导原则，这些基本原则由认知语言学秉承的两个"承诺"得来。首先我们先简要说说两个"承诺"。两个"承诺"是指概括的承诺和认知的承诺。概括的承诺表示应寻求可概括人类语言各个方面的一般原则，人类语言间的各个方面是有共同的结构的，而语言学的功能就是要找出这些共同的原则;认知的承诺则表示在描写语言理论时应该吸收借鉴其他学科的知识和理论,语言描写也应该反映其他学科中已证实的人类认知原则。根据这两个"承诺",认知语义学中又有四个基本原则:概念结构是体验性的、语义结构是概念结构、意义表征是百科知识、意义建构是概念化。为了更好地理解认知语义学,国内学者针对这四条原则展开了积极的讨论。

1. 概念结构是体验性的

认知语义学家们最关心的就是概念结构与对外部世界的感知体验之间的关系。体验认知假说认为,概念组织的本质就来源于我们的身体体验(bodily experience),概念结构也是因和它相联系的涉身的经历而获得意义。为了更好地理解这一基本原则,我们以意象图示为例,解释体验认知假说。Johnson(1987)解释了意象图示的本质。他认为身体体验在概念系统中会产生意象图示;意象图示来源于人类与世界互动过程中产生的感官体验(sensory experience)和知觉体验(perceptual experience)。Johnson(1987)将意象图示定义为感知互动和运动活动中持续再现的动态模式,这个结构赋予我们的经验以连贯性和结构性。意象图示是概念结构的基础,也是十分抽象的一种特殊概念,但其可以产生更为具体的概念。例如,我们以"容器"为例子。容器由边界、内部和外部组成。我们经常会说"我从家里出来""从梦中醒来""走进超市"。在这几个句子中,"家"和"梦""超市"都被视为容器。我们每天"出入"不同的容器中,反复进行这一活动,脑子里便有了"容器"这一概念。

2. 语义结构是概念结构

语义结构是与词汇和其他语言单位相关的意义。此指导原则认为,语言表示的是人类大脑中的概念,而非直接表示外部世界的物体。也就是说,语义结构等同于概念,但这并不意味着两者之间是完全相同的。语言的意义只构成概念的一部分,未能体现出大脑中的全部概念。比如在英语中,没有专门描述鼻子和嘴巴中间长小胡子的这一区域的词,所以词汇概念只是我们大脑思维中的概念的一小部分。并且，语义结构不仅与词汇相关，还与所有的语言单位相关，如粘着词素、句子的主动及被动等。例如：

例 1

William Shakespear wrote *Romeo and Juliet*.

例 2

Romeo and Juliet was written by Shakespear.

例 1 表示主动句，强调我们的焦点在于动作的实施者；而例 2 为被动句，意味着句子的重点在于承受者。认知语义学家认为，语言单位，大到某个句子，小到词素，冠词等，本身都是富有意义的。认知语义学的一个特点就是旨在为词汇和语法结构提供一个统一的解释，而不是将两者分开单独研究。

3. 意义表征是百科知识

受到框架语义学的影响，认知语义学不赞同词汇概念的字典观，而接受语义的百科观，认为语义结构的本质是百科知识。词汇并不是装意义的容器，而是提供了一个入口，里面有大量的与某个概念或概念域相关的知识存储。例如，英语中的"bachelor"一词，其字典意义是"未婚成年男性"。但是，人们的大脑思维中也会有一些关于"bachelor"的文化性知识，经常将这个词与某些行为联系起来。例如"不爱卫生""感情随便"等。百科意义并不否定词汇具有约定俗成的意义。但是这些约定俗成的意义只是进行意义建构的一个提示，真正理解词汇的意义还需要依赖于对话中的语境信息。例如：

例 3

The child is safe.

例 4

The beach is safe.

我们可以想象一个小孩子在沙滩上玩耍，例 3 表示这个小孩子是安全的，意味着小孩子没有受到任何伤害；例 4 表示沙滩是安全的，说明沙滩这个环境对小孩子不会造成伤害。这两个例句表示，"safe"一词，和"child""beach"搭配，并没有统一固定的属性，要明白"safe"的意思，我们必须将百科知识同"孩子""沙滩"联系起来，在语境中建构意义。

4. 意义建构是概念化

认知语义学认为，语言本身不会编码意义，词汇或者其他单位结构都只是意义建构的"提示"，语义结构即是概念结构。因此，意义建构就是概念化，是一个动态的过程。在此过程中，语言单位只是作为一系列的概念操作以及背景知识补充的一个入口点。Fauconnier（1994）认为，在意义建构中最重要的就是映射（mapping），即在意义建构的"即时"过程中，不同的心理空间之间的局部联系，信息的概念性集中。下面我们介绍认知语言学中关于意义建构的新概念整合理论。

概念整合理论是关于意义建构的十分具有影响力的认知语言学理论，由 Fauconnier（1994，1997）提出并发展完善，前期阶段称为心理空间理论（Mental Space Theory）。Fauconnier 认为，意义建构包含两个过程：心理空间的构建以及不同心理空间之间映射的建立。尤其是，映射关系会受到局部语篇语境的约束，所以意义建构也通常是局部性的，与语境息息相关。心理空间是心理空间理论的基本范畴，它并不是语言形式结构本身或是语义结构本身，而是语言结构中相关信息的"临时性容器"，"是人们在进行思考、交谈时为了达到局部理解与行动之目的而构建的概念包"（孙亚，2001）。心理空间由空间建构语（space builder）建立，空间内有各种语义元素（element），一般是名词短语，通过映射建立对应关系。空间建构语会说明一个心理空间内元素之间的属性和关系。随着话语推进，越来越多的空间结构被建立，形成了一个心理空间网络（mental space lattice）。在一个网络空间中，不同心理空间之间的元素会产生联系，通过对应和连接符（counterpart and connector），相应的元素间会进行跨空间投射。

概念整合理论是心理空间理论研究的进一步发展，其解释了心理空间理论中的两个输入空间通过何种方式将某些成分压缩至合成空间中的。其最主要的观点就是意义建构一般会涉及结构的融合，比其各个成分之和的体现的内容要更多。Fauconnier & Turner（2002）认为，一个完整的概念整合网络至少包含四个心理空间：两个分别的输入空间（input space），一个类属空间（generic space）以及一个合成空间（blending space）。两个输入空间共有抽象信息和结构可被投射到类属空间中，同时两个输入空间的通过部分映射，匹配对应物，有选择地投射到合成空间中，并在此空间形成层创结构（emergent structure）。这四个空间就通过投射连接起来，组合成了一个完整的概念整合网络。

6.2.2 "基于使用"的语言观

后期维特根斯坦思想提出的"用法论"，提出"意义即为用法"的思想。其认为语词乃至整个语言在一定意义上就是一种工具，依据不同的目的，具有不同的用途，其意义就在于它的具体用途（刘龙根，2001）。"意义用法论"强调语境的重要性，强调语言的意义是在使用中被赋予的。这一观点与认知语言学中的"基于使用的"语言观不谋而合。认知语言学认为，语言知识源于语言的使用模式，就是指如何使用语言。若不考虑语言使用，就不可能研究语言结构。Langacker（1987）首先提出"以用法为基础"这一概念，在此基础上衍生了各种理论以及模型，例如其抽象化，图示化等等。"基于用法"的语言观也成为了认知语法、构式语法的核心概念（王天翼、王寅，2010）。

基于使用的语言观的核心观点是具体语言用例（usage event）。一个语言用例类似于一个单位，运用语言的规约性表达一个连贯一致的观点。一个具体语言用例就是一个话语，是语言使用的实体，体现文化特性和语境特征，也是语言使用者的言语行为的一部分。

基于使用的语言观在语言习得研究方面也有自己独特的观点。与生成语法的观点相反。也就是说,基于使用的语言观认为是语言知识源于语言的使用。人类获得语言不是激活已有的语言系统,而是在使用语言的过程中,依靠认知能力,提取出语言单位和语言结构。

基于使用的语言观也强调语境作用,认为语境对词汇意义具有重要影响。词虽然本身带有约定俗成的意义,是其典型的意义,但是通过不同语境,某个词会被赋予局部语用意义。语境分为话语语境和背景语境:话语语境与句子中的其他元素相关,而背景语境则与话语产生的背景知识相关。由于语境的作用,话语中的歧义性和模糊性增强。在现实的语言现象中,语境与词汇的典型意义相结合,赋予词汇语用意义。在语言使用理论中,语用意义才是真正的意义,此观点也与认知语义学的百科观相合。

6.2.3 概念隐喻与概念转喻

1. 概念隐喻

隐喻一直以来都只被当作修辞性语言,但 Lakoff & Johnson (1980) 认为,隐喻性的语言是建立在隐喻系统之上的,我们不仅用隐喻性的语言交流,我们的思维也是隐喻性的。因此,我们思维中的概念也是隐喻性的。因此在认知语言学中,我们将隐喻称之为概念隐喻。概念隐喻建立在人类与外部世界的交互过程中,具有经验基础。在一个概念隐喻中,包含一个源域和一个目标域,通过映射,使得我们可以用源域理解目标域。因为目标域更为抽象,因此我们用比较具体的概念作为源域,帮助理解抽象性的事物。这就是概念隐喻理论,有别于传统的隐喻修辞观。隐喻研究从此被赋予揭示人类认知思维的新任务。在认知语言学家看来,隐喻不仅仅是语言层面上的修饰,而是一种认知手段或工具,其使用是潜意识的,隐喻的本质是概念性的,是跨概念域的遵循恒定原则的映射。在此我们以一个经典的概念隐喻作为例子:

例 5
Love Is a Journey
We have to go our separate ways.
It has been a long road.
They are at a crossroads in their relationships.
We can't turn back now.
They are in a dead-end relationship.

我们以第一个句子中作为分析对象，在这个概念隐喻中，我们用旅途来代表爱这一抽象的名词，因为爱而在一起的两个人会有相同方向、终点。第一句话直译为"我们要走上不同的路"，其实表示的是"我们将会分开"。

其后，Grady（1997a）提出基本隐喻理论（Primary Metaphor Theory）。根据这一理论，隐喻被分为基本隐喻（primary metaphor）和复合隐喻（compound metaphor）。基本隐喻就是来源于我们最初的那些身体体验，因为每个人基本上都有一样的身体和大脑，并且生活环境也基本相同，那些直接来源于我们最初的那些身体体验的基本隐喻大多不可避地都具有普遍性；其只涉及两个域中的某两个简单概念，具有跨语言共性，并且基本的目标概念会反映出主观性，呈现的是关于判断、评价、推测等方面的概念；在此我们给出一个基本隐喻的例子：

例 6
Similarity Is Nearness
That color is quite close to the one on our dining-room wall.

这里的一个基本隐喻是用距离的远近来表示相似度，相似度高，则用近距离表示，相似度低则用远距离表示。这个例句直译为"那个颜色与我们客厅墙壁的颜色距离很近"，实则是说"那个颜色与我们客厅墙壁的颜色非常相似。"

而复合隐喻是若干个基本隐喻组成的统一体，但是其缺乏基本隐喻的特征。复合隐喻并不来源于经验，更具文化特性；并且复杂隐喻并非单一映射，源域中的元素并不能直接映射到目标域中。例如 Grady（1997b）认为"Theories Are Buidings"是一个复杂隐喻，一个建筑是有很多成分构成的，如窗户、大门等，但是这些成分于源域之间是没有映射关系的，因此我们不能说"This theory has French windows."。

2. 概念转喻

与概念隐喻一样，概念转喻也是一种反映人类思维和人类语言的一种概念机制，转喻的本质也是概念性的。过去转喻只被当作一种修辞手法，Lakoff & Johnson（1980）首次提出了在认知语义学中研究概念转喻的方法，与概念隐喻的跨域映射不同，转喻的映射发生在同一个域中，是强调显现单域中的某个不太突出的方面。由于邻近性（contiguity），可以用载体（vehicle）代表目标（target）。也就是说，在概念转喻中，人们用事物 A 表示事物 B 来帮助理解。载体的选择有很多倾向性和原则，一般认为选择载体时遵循两个原则：人类高于非人类和具体高于抽象，即人们更加倾向于用人类载体和具体的载体。转喻的类型也多种多样，如部分代整体，整体代部分等。下面是一个概念转喻的例子：

例 7
Place for Institution
Buckingham Palace denied the rumors.

在例 7 中，"白金汉宫"是载体，用来表示"英国皇室"，因此本句话直译是"白金汉宫否认这些谣言"，实际表示"英国皇室否认了这些谣言"。

概念转喻和概念隐喻之间既有相同也有不同。首先，两者都是概念性的机制，反映了人类的认知思维。但是，它们的认知结构不同。概念转喻是借助事物 A 来帮助理解事物 B，而概念隐喻是以事物 A 表示事物 B。这是由于两者的映射基础不同。概念隐喻的映射基础是两个域的相似性，而概念转喻是载体与目标之间的邻近性。

6.2.4 原型理论和典型效应

Wittgenstein 的家族相似性的理论提出后，启发了一众语言学家对语言中的范畴的认识。心理学家认为，范畴化是人类最基本的认知行为，人类根据事物之间的相同点与不同点将认识对象分门别类，以便形成对外在世界的系统认知。范畴化是概念系统的核心。认知语义学中采用范畴化的原型理论（Prototype Theory）。原型理论由 Eleaor Rosch 及其同事在实验的基础上提出，反驳了亚里士多德的古典理论。原型理论认为：

范畴不能由实体间共有的重要特征，而是用其家族相似性进行定义；

范畴之间的边界是模糊的；

范畴中的实体间的地位是不平等的，其地位由典型性决定；

范畴围绕原形建立，呈放射状。

首先，原型理论采用了 Wittgenstein 的家族相似性的思想，揭示了语义范畴具有"中心"（典型）和"边缘"（非典型成员）的内部结构。一个范畴的中心是范畴的典型成员即原型，与原型相似性较低的成员即属于非典型成员（吴世雄、陈维振，2004）。原型范畴也否认了经典范畴中人类通过充分必要条件将事物进行范畴化的思想，而是通过一个原型将与其相似的事物纳入一个范畴中。

原型理论给予了认知语言学家们诸多启示。Lakoff 在罗施的实验结果以及原型理论的启发下，又进一步提出了理想认知模型，解释了典型效应的来源以及典型效应内部结构。Lakoff（1987）认为范畴与理想认知模型有关，理想认知模型是相对稳定的心理表征，其展现的是外部世界的抽象结构，由人类在世界中的体验抽象而来。首先，认知理想模型提出了典型效应的来源，认为典型效应来源于认知理想模型和某些人们思维中的概念的不匹配性。例如在人们的思维中，"单身汉"一词的理想认知模型中会包含一夫一妻的社会，人们拥有婚姻的概念以及结婚年龄的标准等信息。但是，像"罗马教皇"在这个模型中就不算一个典型的"单身汉"，因为"罗马教皇"虽然在此"单身汉"模型中，"罗马教皇"是单身，但是人们一般以宗教的理想认知模型来理解"罗马教皇"

一词的概念,即"罗马教皇"不能结婚,因此"罗马教皇"不能算是典型的"单身汉"。并且,Lakoff 还提出了各种能构成典型效应的模型,例如群集模型等。此外,转喻,辐射范畴等都可以构成典型效应。

6.3 近十年国内认知语义学研究状况

近十年来,国内针对认知语义学研究的热度越来越高。在本章节中,我们先对传统研究话题(即概念隐喻、概念转喻、范畴理论以及心理空间和概念整合)进行了探讨。在近十年中,概念隐喻和概念转喻依旧是学者们探讨的热门话题。多数学者利用概念隐喻理论对英语或汉语中的语言现象进行探究,或是应用于翻译或教学中。同时,范畴理论、心理空间和整合理论也开始引起学者们的兴趣,范畴理论被广泛用于解释一词多义现象,而心理空间和整合理论则被用于翻译、语用等方面的分析。其次,我们也注意到,国内的学者也探讨了一些其他话题,并提出了自己的理解和理论,如提喻的认知探析、体认语言学下的语义学研究以及多模态隐喻的语义建构等。另外,利用认知语义学解决汉语中的某些语义问题也成为学者们关注的要点。典型的研究就是汉语与其他语言的认知机制对比,以及汉语自身的词义演变以及新"被"式句问题。这些研究使得我们对于汉语的认识更为深刻。

6.3.1 传统研究话题

为探讨近十年来国内学者在认知语义学中的热点研究领域,我们按"国内认知语义学研究述评"(张明辉、崔香宁,2017)的统计方法,以中国知网所属的"哲学与人文科学"一栏下的"中国语言文字"和"外国语言文字"为搜索范围,分别以"隐喻""转喻""范畴""概念整合""心理空间"为主题,并以"认知"为并列主题,搜索于 2010—2020 年期间发表的核心期刊中的 CSSCI 论文数量。其结果如下(见表 6-1):

表 6-1　2010—2020 年核心期刊关于认知语义学领域的论文统计结果

转喻	375
隐喻	819
范畴	395
概念整合、心理空间	184

根据搜索结果，我们可以看到，认知语义学近年来受到了语言学界极大的关注，研究热度很高。相比于 2000—2008 年的情况（张明辉、崔香宁，2017），关于概念转喻、隐喻和范畴理论的认知语义学研究论文明显增加。其中，概念隐喻方向的研究更是近十年来国内学者们关注的重点，发表的论文数远远超过其他方向的论文数量，达到了 819 篇。概念转喻研究热度也比 2010 年前明显增加。此外，范畴类研究也是学者们重点关注的领域。虽然关于概念整合和心理空间研究方向的论文相对比较少，但已有不少语言学家开始关注此方面的研究。接下来，我们将从理论研究和理论应用两大方面——分析热点研究领域和重要话题。

1. 概念隐喻

近十年来，概念隐喻是国内认知语义学研究中最重要的话题。学者们从概念隐喻的定义及其理论出发，既探讨了自己对概念隐喻及其理论的见解，又将概念理论运用到教学及翻译等方面。我们将国内学者对于概念隐喻的探讨大致分为语义认知机制、语言教学、翻译三个方面进行探讨。

1）语义认知机制

国内很多学者在探讨各类词语的语义机制，如词义演变、语义衍生等时，大部分都提到了概念隐喻作为其主要的认知机制。张绍全（2010）讨论了词义演变的动因及其认知机制，提出推动发话人进行词义创新的三个动因：客观动因、主观动因和语言动因，认为其认知机制主要是隐喻、转喻和主观化。白解红和陈忠平（2011a）对比了 20 世纪英汉词语的来源和语义认知机制，认为两者的认知机制都主要是概念整合和概念隐喻，英汉新词语从构成方式到语义认知机制都具有趋同性。

2）概念隐喻的语言教学应用

在教学方面，国内学者大多关注将隐喻理论应用于英语教学或者二语习得中。既有学者关注认知隐喻的概念在二语教学方面的的研究，如陈朗（2010）等，认为教师不仅应该注重隐喻的讲解，并且要培养学生自主分析隐喻的方法。也有学者通过实验证明运用概念隐喻进行外语词汇教学的可能性，如刘艳、陈海燕等。实验证明，运用概念隐喻进行词汇教学，有助于学生对于词汇的长期记忆，在一定程度上可以解决一词多义等问题（陈海燕、汪立荣，2013）。还有学者关注了概念隐喻对英语习语的理解的影响。唐玲、王维倩（2014）通过实验证明，显性的概念隐喻教学模式更能促进学生对于英语习语的理解和短时记忆；同时，学习者如何将母语隐喻能力恰当迁移为二（外）语隐喻能力也是影响理解与记忆隐喻表达的重要因素。

3）概念隐喻视角下的翻译研究

在翻译方面，有的学者从概念隐喻理论视角，针对某本书籍、诗歌等，具体探讨其翻译方法。如孙凤兰（2016）通过展示三类概念隐喻在《黄帝内经》英译本中的体现，分析不同翻译版本的成因，并借此探讨概念隐喻的翻译策略；另有曹灵美和柳超健（2018）通过比较四个版本的《水浒传》的翻译，探究了"草"隐喻的认知分析，并提出直译喻体、转换喻体、直译喻体 + 释义、转换喻体 + 释义的英译方法。也有学者从宏观方面，借助认知隐喻概念，探讨翻译策略。如余高峰（2011）认为，译者应根据不同的隐喻认知方式，采取不同的翻译手段，以达到文化传真的最理想的效果。

2. 概念转喻

转喻研究近十年来在国内也受到了越来越多学者的关注。同概念隐喻研究一样，国内学者们在进行隐喻研究时，既关注转喻的理论内涵、认知基础，也运用概念转喻的基础进行教学或翻译等方面的应用研究。并且，在提及转喻的研究时，学者们也常常将概念转喻与概念隐喻作比较。我们将从概念转喻的本体研究、翻译应用及其与概念隐喻的对比关系研究三个方面，对国内学者关于概念隐喻的研究进行分类叙述。

1）概念转喻的本体探究

在关于概念转喻的本体研究上，在探讨转喻的理论的方面，程琪龙（2010）从符号本体、概念构造、域关系、言语行为以及概念整合等视角，对转喻进行不同的分类。魏在江（2010）也结合概念转喻和功能语言学，在语篇层面对概念转喻的功能进行探讨，发现概念转喻具有明显的语篇衔接功能。而后，魏在江（2016）又讨论了概念转喻的体验哲学基础，发现概念转喻具有体验性，是无意识的、自动的思维模式，转喻推理使得大部分抽象思维成为可能。

2）转喻与隐喻的关系研究

概念隐喻和概念转喻常常联系在一起，多数学者们会比较两者之间的异同或是将两者共同应用到某一研究方面。朱建新、左广明（2012）从认知的视角，系统地阐释隐喻和转喻在认知结构、映现基础、认知功能、认知机制、认知理据、思维方式等各个方面的区别性和关联性，进一步揭示了两者的认知本质。龚鹏程、王文斌（2014）运用体验哲学视角，尝试分析转喻与隐喻的区别，二者的连续体关系及其两者的界面实质。发现体验哲学下人类存在认知相对性，因此隐转喻可相互转化，并因隐转喻的界面而存在连续体关系。

3）概念转喻视角下的翻译研究

在翻译方面，以卢卫中为代表的学者提出关于转喻翻译（translation of metonymy）的有效方法，并探讨了翻译过程中语言转换的转喻机制。卢卫中（2011）认为，"目的语对应喻体翻译""目的语特有喻体翻译""源语喻体 + 喻标""源语喻体 + 注解 / 按语"和"源语喻体的舍弃"是转喻翻译的有效方法，而这些方法的采用取决于转喻使用的具体语境。李克、卢卫中（2017）通过实验证明，转喻能力对翻译能力具有一定影响，影响要素包括识别与创造转喻能力、转喻转换次数等。并提出教师在教学翻译时应采取的干预机制，以提高学生的翻译能力。另有王寅（2019）以英语电影名汉译为例，建构了"翻译的隐转喻学"，认为翻译并不是只单单涉及隐喻或转喻，两者是共同运作关系，借助隐喻可纵向选择词语的操作，借助转喻可横向组词成句，两者结合，可建构原文与译文的比邻关系,以及文学、文化、民族、习俗等的联结关系,且两者作为一种认知机制始终控制翻译的整个过程。

3. 范畴理论

国内学者对于范畴理论的研究主要集中在外语教学启示、一词多义以及词类等方面。因此本文中我们也主要探讨这三大方面的国内学者们的研究成果。

1)范畴理论的语言教学应用

国内学者对于范畴理论的教学运用一般集中于词汇教学中,学者们基本一致同意基本层次范畴词汇在外语教学中的重要性,如杨吉春、祁淑玲等都认为对外汉语教学应该将基本层次范畴的词汇作为教学重点。也有学者通过实验探讨学生对各层次的词汇的习得情况。马书红(2010)通过实验证明,介词的核心义项更容易被习得;李艳平、朱玉山(2011)在原型理论的基础上,通过实证,探讨了英语语法教学的必要性和操作性原则。

2)范畴理论与一词多义

范畴理论的兴起,引起了一大批学者对于词汇意义和词类研究的兴趣。多数学者在原型范畴的基础上,借助隐喻和转喻两个机制,讨论语言中的一词多义现象。如张建理(2010)研究了 over 的双层多义模型,认为 over 有上位概念层和下位语境层,体现 Lakoff 的辐射集原理,下层综合了 Rosch 较早的标准重合集理论。学者不光关注中英文的一词多义现象解释,也对日语、俄语甚至少数民族语言中的一词多义机理进行探讨。如张鹏(2011)基于认知语言学范畴化理论和原型理论,探讨了日语中的被动助动词"RERU/RARERU"的多义结构及其语义扩展机理。

3)范畴理论与词类研究

以范畴理论为基础的词类研究近年来正成为学者们关注探索的重点。宗守云(2011,2014)两次提出量词的范畴化研究,认为量词的最主要功能就是范畴化，并对各类量词的范畴化功能强度进行排序。马永田（2014）也用范畴理论对汉英量词中的"一物多量"和"一量多物"现象进行了认知识解。其认为，量词对所计量名词起着范畴定位功能，导致"一量多物"现象。刘越莲（2010）依据家族相似性，对委婉语与禁忌语的范畴化过程进行探讨，认为委婉语是禁忌语的上位范畴，委婉语是多义范畴。也有学者运用范畴理论针对词类的句法功能的动因及其现象进行讨论。如皇甫素飞（2010）认为程度副词＋名词结构的生成机制为范畴转换，并对范畴转换的类别、方式、动因等进行具体分析和阐释；王仁强、杨旭（2017）分析了"出版"类的词类问题以及双层词类的范畴化问题研究，认为兼顾的经典逻辑和模糊逻辑的双层词类范畴化理论有助于解决现代汉语等分析语的词类难题。虽然多数学者认为原型理论对范畴研究有着深刻的意义价值，但同时也有学者提出质疑，认为原型固然存在，却不能作为划分范畴的依据（赵彦春，2010）。

4. 心理空间与概念整合

心理空间与概念整合理论在近十年内开始受到国内学者们的关注，尽管研究热度尚不如隐喻、范畴等领域，但也有了一些突破和创新之处。由于概念整合理论源于心理空间理论，都阐释意义建构过程，且国内研究正处于起步发展阶段，对心理空间的研究还比较少，因此我们将两者放在一起讨论。我们将从翻译、运用方面以及与语言结构三个方面对两个理论的研究进行总结概述。

1）心理空间/概念整合理论下的翻译研究

首先，国内部分学者倾向于概念整合理论与翻译联系起来，苗菊、黄少爽（2014）从概念整合视角阐释了翻译准则，旨在以认知机制解释翻译过程，动态形象地体现翻译认知思维过程的复杂性、整合性和创造性，展示不同学科内容之间的联系，启发翻译研究的多学科性，发展跨学科翻译研究的思维方式和研究方法。金胜昔、林正军（2016）在概念整合理论基础上讨论译者的主体性的认知机制，认为译者主体性的构建过程主要包含解构原作和建构译作时进行的两轮概念整合。还有学者从概念整合的观点出发，分析具体的翻译案例，如王微[1]等。

2）心理空间／概念整合理论的应用

部分学者通过概念整合和心理空间试图解释一些具体的语言应用问题。汪少华、王鹏（2011）运用概念整合理论分析了汉语歇后语，认为概念整合理论可以更细致地阐释歇后语的认知动因、推理逻辑和意义建构过程。唐贤清、李洪乾（2016）研究了军事术语泛化过程的概念整合模式，认为现代汉语军事术语在其泛化的过程中，76% 采取的是单域网络型概念整合模式，剩余部分采取双域网络型概念整合模式。湛莉文、李瑞学者以心理空间和概念整合观点，对委婉语、模糊语等语用方面进行分析讨论。

3）心理空间／概念整合理论视角的构式分析

心理空间或概念整合理论还被广泛用于分析各类构式的语义认知解读中。王志英（2014）利用心理空间和概念整合理论，分析了"小心别VP"构式形成的理论机制；李思旭、沈彩云（2016）从概念整合角度，探讨构式"爱 V 不 V"中，分析了其句法功能和 V 的语义特征，按照整合度高低把构式"爱 V 不 V"分为低、中、高三个等级。另有陈文博、代玲玲等学者通过两个理论视角，探讨各类构式的认知语义或概念整合的层级性等。

6.3.2 其他研究话题

1. 关于提喻的认知探讨

语言学者们一般将提喻作为一种修辞手段。在认知语义学中，大多数学者都关注转喻和隐喻的这两个重要的认知机制，而将提喻视为转喻的一个分支，鲜少有学者留意研究。李旖旎（2011）在探讨日语"手"的语义扩展认知研究时，将提喻与隐喻、转喻并列，考查其在语义扩展

---

[1] 指继格赖斯之后，基于简约论，尽量缩减会话原则的数量，以使相关语用理论具有更大解释力和给予心理学解释的可能性，主要代表有 Horn、Levinson、Sperber & Wilson 等。

中的作用，认为提喻性理解要求具有从不同角度把握相同对象的认知能力，其关键在于在承认相同对象的细节部分存在差异的基础上找出其不同点。但此文对于提喻的认知分析较少，研究程度不深。陈新仁、蔡一鸣（2011）提出从修辞学和认知观点出发，提喻和转喻并不是纯粹的上下范畴关系，其本质不尽相同。从认知角度看，两者的认知基础相似，都是运用相邻性，用一事物的名称指代与其处于相互邻接关系的另一事物的名称。但是，提喻建立在对事物本身的认识之上，而转喻建立在对事物的联系的认识上；提喻涉及的本体与喻体内在地、天然地属于同一事物，判断二者是否构成整体与部分的关系或连接关系，反映了人们的基本认知能力。

2. 基于体认语言学的语义学研究

王寅（2014）提出的体认语言学，意在将认知语言学研究本土化，其核心要素为现实 – 认知 – 语言，即心智和语言都是来自对现实的"体"（互动体验）和"认"（认知加工）。王寅认为，当前认知语言学这一名称存在术语模糊的问题，不能突出其研究的主要问题和主要视角。而将其改成体认语言学，这可以强调心智和语言的体验性，据此便可更为清楚地认识到核心原则。"体"表示语言的客观性和语言来自生活实践，而"认"表示语言很大程度上具有客观性、差异性。基于体认语言学，王寅（2017）提出了"命名转喻观"，即人们通过"体认"感知到某事物的一个特征，就据此来为其命名，从而出现了"部分代整体"的转喻现象。体认语言学的提出，受到了一些国内学者的支持，并在体认语言学的基础上进行语言现象研究。如魏在江（2019）探究以体认语言学为基础，从整体义、凸显义等几个方面分析汉语成语中的并列结构形成全量指称意义的机制；赵永峰（2019）以汉语第一人称代词变迁为考查对象，以社会体认为基础，分析了语言主体间性及其背后的认知机制。

3. 多模态隐喻与意义建构

近十年来，由于信息技术的飞快发展，人们利用智能手机、网络媒体，接触到各种各样的资源，如广告、新闻、电视剧等。各种信息通过不同方式大量涌入，人们进入"视觉化"信息时代，这一现象开始引起语言学者们的注意。国内部分学者开始关注多模态视角下的隐喻现象。多模态隐喻研究是在人文学术界出现的"多模态"转向语境下产生的一种新的研究范式：始源域和目标域通过不同的模态或主要通过不同的模态来体现的隐喻。一种模态就是一个符号系统，可以借由一个特定的感知过程而被识解。人类可以感知多种隶属不同模态的符号系统，如图像符号、书写符号、口语符号、手势、声音、音乐、气味、味道、触觉，等等。李毅、石磊（2010）提出，教学中的多模态隐喻是隐喻研究的新模式，具有重要的理论和实践价值。赵秀凤（2011）结合 Forceville & Urios-Aparisi 在 2009 年所著的《多模态隐喻研究》一书，简要评论综述多模态隐喻研究的起源、发展、研究重点、贡献、挑战和前景等。其认为，多模态隐喻研究把概念隐喻研究推向了一个新阶段，在拓宽研究领域的同时，推动了概念隐喻理论体系的发展和完善。张辉、展伟伟（2011）探讨了广告中的多模态隐喻与转喻，其观点与李毅等相同，认为多模态隐喻与转喻可进一步揭示隐喻和转喻的本质和操作机制，对语言隐喻和转喻研究是一个有力的补充。根据广告探索多模态隐喻与转喻的学者还有冯德正、邢春燕，蓝纯、蔡颖等。政治漫画中的多模态隐喻也引起了部分学者的注意，通过研究漫画中的隐喻现象，发现背后的意识形态。潘艳艳、张辉（2011）以多模态隐喻为基础，分析了两幅漫画中的隐喻、转喻的文化内涵，并且进一步分析了多模态隐喻对于身份构建的重要作用。赵凤秀、冯德正（2017）总结了《经济学人》期刊代表中国形象的八大类源域，普遍突显了西方国家对中国的负面、刻板印象。

6.3.3 汉语认知语义学研究

1. 词汇的认知语义研究

1）汉语词的语义演变和认知机制

国内有些学者研究汉语词语时，利用认知语义学的基本理论探求某些词语的语义演变及认知机制。孙崇飞、钟守满（2013）通过认知机制研究汉语动词"拿"的原型义项和其多义演变机制。在词类研究上,学者们也借助原型理论的观点,对各个词类进行探究;白解红、王莎莎(2014)利用概念转喻和隐喻机制,解析了"萌"一词从从日语形式转换为汉语的语义演变过程;王文斌(2015)从图形和背景的可逆性角度探讨了汉语动词"吃"和英语动词"make"的一词多义的成因,认为不仅概念转喻和概念隐喻会引起一词多义现象,图形背景的相互转换也是引起语义演变的机制之一。综合来看,学者们主要集中于通过概念隐喻和概念转喻两种认知机制探讨某些汉语的语义演变成因,研究的对象是比较随机的,没有标准,也没有限制,且研究的结果也比较散乱,不能形成系统性的研究成果。

2)汉语与其他语言的词义及其认知机制对比

国内学者们在研究汉语语义演变及其认知机制时,常常将英汉词语进行对比分析研究,以探究汉语词义和其他语言之间的对应词的词义演变和认知机制是否具有共性。绝大多数国内学者都对英汉的词义认知机制进行分析比较。贾冬梅、蓝纯(2010)对比分析了"水"和"water"的认知词义,发现二者原型词义相同,多种扩展的词义中都包含了大量的隐喻,但是由隐喻扩展而来的词义在英汉中并不完全一致,说明了英汉使用者对于水的概念具有差异性和普遍性,做过相同研究并持类似观点的学者有覃修桂、黄兴运等;白解红、陈忠平(2011b)对比了英汉新词语的来源及语义演变机制,发现英汉新词的语义演变机制主要是概念隐喻和概念转喻;邓奇、杨忠(2014,2019)以英汉词语"cold"和"冷"为例,探究了英汉感官形容词的的词义认知和功能分析,发现隐喻义的语言表征与其语义功能联系十分紧密。并且,这两个词的语义演变路径不一,"cold"的"描述语"功能愈加显著,逐步成为其主要语义功能,"冷"的"属性"功能愈加突出,逐步成为其主要语义功能。除与英语词义认知机制相互比较外,有的学者还将汉语与日语、俄语等放在一起,进行词义演变的分析对比,如徐莲、宗守云、杨华等。通过汉语与其他语言的词义演变分析和认知机制比较,可以了解人类在认知思维中的普遍性和差异性,对跨文化研究具有较大的意义。但国内相关的研究与汉语词汇的认知研究情况一样,不能形成系统性的研究成果,研究的词类、对象都比较随意。

第6章 认知语义学研究

3）汉语量词的研究

汉语量词是汉语中极具特色一类词，通常用来表示人、事物或动作的数量，其不能单独充当句子成分，只有与名词组合在一起构成计数名词短语时，才能灵活运用。近年来，研究汉语量词的热度依旧比较高，国内学者们通过不同的角度研究量词的特点，属性或是语法特征等。其中获得重要研究成果的是宗守云。宗守云（2011）研究了汉语量词的范畴化途径和动因，意在推动量词的整体性研究。他认为，量词具有范畴化功能，其存在的意义就是把各种词划为一类。量词的范畴化遵循原型理论，通过绝对途径和相对途径，从中心成员，扩展到边缘性成员。而量词范畴化的动因有隐喻、转喻、图式转换和规约意象。而后宗守云（2013）又研究了量词范畴化的等级序列，发现量词范畴化的等级序列和量词类别的典型程度有关，越是典型的量词，其范畴化功能就越强。在大类中，名量词范畴化功能最强，其次是动量词，时量词不具有范畴化功能；在小类中，个体量词范畴化功能最强，其次是集合量词，度量量词不具有范畴化功能。此外，其他学者对汉语中的某些量词进行了探究，如李计伟、冯学芳等。

2. 句法的认知语义研究

汉语句法的认知语义研究近年来也取得一些突破。大多数学者致力于研究某一个特殊结构或某一类词的认知语义，选择范围比较广泛。有的学者不光关注汉语词语的语义演绎及其认知机制，还通过认知角度，思考探析了某些汉语结构的语义及其语法功能。比如，对"被"字结构、"把"字结构等传统语法学中关注的现象从认知语义的角度做出新的阐释，取得了一些成果。

以"被"字结构研究为例，"被"字结构在新的时代背景下出现了新的用法和意义，在新媒体的传播下，越来越引起人们的兴趣。语言学研究则更多关注其语义演绎过程以及认知机制。如陈文博（2010）研究了"被X"结构的语义认知解读，从概念整合角度的分析其认知机制，认为"被"的语义特征和"X"所包含的有关信息经过概念合成和推理的结果；邓云华、曾庆安（2011）也研究了英汉特殊被动句的整合方式,认为特殊被动句的认知机制为概念整合时跨空间的概念隐喻和概念转喻,并对比了英汉特殊被动句的认知模式的异同。在概念整合理论下分析新"被"式结构的还有袁红梅等学者。但施春宏(2010)认为,新"被"字式是在多重互动关系(如语言系统与现实交际的互动关系、句式构造与句式意义的互动关系、词项和构式的互动关系)作用下构造而成并发挥特殊功用的,而根本的生成机制是概念转喻。

6.4 认知语义研究发展趋势

6.4.1 数据驱动的认知语义学研究

认知语义学虽然已有不少的理论性成果,但很多理论争议众多,要证明假设是否具有合理性,必须进行实证研究。学者们也开始意识到,基于语言现象的研究应基于语言使用。在认知语义学的实证研究中,可以大量使用真实性的语言材料(邵斌等,2012)。根据王红卫(2020),认知语义学近年来开始出现实证转向,各类研究证实,采取定量的、实证的研究方法研究意义是可行的。本节中主要介绍的是以语料库为基础的语义韵(semantic prosody)的认知研究和概念隐喻和转喻的认知研究。

1. 语料库驱动的语义韵认知研究

语义韵是词项搭配行为所显示的一种语义选择趋向。一些词项会吸引某些具有相同词义特点的词项与之搭配或共现,这些具有相同词义特点的词项与关键词在文本中共同出现率极高,那么后者就有了与之相关的语义特点,整个语境就充满了某种语义氛围(卫乃兴,2002)。语义韵可分为积极、中性和消极。语义韵的研究方法主要有"基于语料库数据"的研究方法、"语料库数据驱动"的研究方法,以及"基于语料库数据和语料库数据驱动相结合"的折中研究方法。语义韵的研究是以大量数据分析为基础的。语料库语言学与认知语言学都提倡词汇和语法的一体性,因此,在认知中的语义韵研究也是非常有意义的。但目前,国内在认知维度下进行的语义韵研究还比较缺乏，少有学者关注。通过语义韵，可以了解关键词的搭配偏好，从而探析其背后的认知机制；也可以通过对比分析不同语言间的某些关键词的语义韵，考究其认知机制的异同，促进语言间的对比研究。并且，通过认知解析语言的搭配理据，对促进语言教学是有积极意义的。

2. 基于语料库的隐喻和转喻的认知研究

语料库语言学和认知语言学的并行发展，为概念隐喻、转喻的研究提供新的切入点。通过语料库隐喻、转喻研究，我们可以将真实语言间的隐喻、转喻模式进行对比，判断其异同性，对比分析不同语言的概念以及其蕴含的思维模式和文化差异。基于语料库的概念隐喻和转喻认知研究可将认知语言学置于实证研究之中，为认知语言学提供了实证证据。目前，基于语料库的隐喻和转喻研究仍然是一个新兴领域。自然语言中的概念隐喻和转喻的自动识别是一大困难。当前，关注语料库概念隐喻或转喻研究的国内学者基本都是从某一目标词语的数据分析进行研究，难以形成深层的理论成果。另外，国内学者多关注的是概念隐喻、转喻的共时研究，比较忽略历时研究的重要性，要注重概念隐喻、转喻的认知与思维的动态发展。并且，针对汉语的概念隐喻、转喻语料库研究刚刚处于起步阶段，充分利用汉语语料，进行汉语隐喻的本体研究亟待展开。如何识别、标注汉语中潜在的隐喻、转喻表达方式，依然是国内语言学家们需要思考的问题。

6.4.2 基于语言类型的认知语义学研究

当前的认知语义学研究，主要是研究某一语言，尤其是汉语或英语中的认知语义现象，或是两者进行对比，研究其背后的认知机制的异同。人类的语言具有可比性，正是研究这种可比性，才能意识到语言背后的认知模式，找寻人类共有的特性。认知类型学将认知语言学和语言类型学相结合，通过对多语的比较分析，获得人类语言的普遍性和特殊性。因此，认知语义学也可以尝试在语言类型的基础进行研究。根据语言类型学，世界语言可分为汉藏语系、印欧语系、阿尔泰语系、闪-含语系、乌拉尔语系、伊比利亚-高加索语系、马来-波利尼西亚语系、南亚语系、达罗毗荼语系，而每个语系下包含若干语族，语族下又有若干语言。我们提出基于语言类型的两个方面的研究：语系内语言的认知语义研究和跨语言类型的研究。

1. 语系内的认知语义研究

在本节中，我们将重点放在包含汉语的汉藏语系内的认知语义研究。汉藏语系包含汉语和藏缅语族，有的中国学者认为也包括苗瑶语族以及壮侗语族。首先，在汉藏语系中进行跨语族的认知语义研究，如词类、基本范畴词、概念隐喻、转喻等，通过认知角度分析异同，则可以探析不同语族背后的认知思维共性。但目前这一研究少之又少，没有形成系统比较和共性分析；而关于汉语族和其他语族的认知语义研究也基本没有。其次，在语族内的一些语言也值得我们进行思考和深入探讨。如汉语中又包含粤语、湘语、官话等语言，在这些语言中的认知语义方面的共性分析，又有哪些异同，值得我们细细研究。如陈淑梅（2015）提出，过往的量范畴研究只注意了短时量，而湖北英山方言存在着长时量范畴，并且有很丰富的表达形式，其中动作在时间上的持续是表达长时量的主要形式。

2. 跨语系的认知语义研究

跨语系的认知语义研究既可以是共时性的比较，也可以是历时性的对比研究。我们认为，跨语系的共时认知语义研究应建立在语系内部已证明的共性之上，以此可以进行跨语系的认知对比。而历时性的跨语系让我们可以对比各语系的认知起源，以及发展过程中认知模式的变化差异。现有的跨语系研究还停留在语系间同源关系的验证，缺少对背后认知机制的探索，因此，有的学者提出了跨语系历史比较语源学，试图求证非亲属语系间的共通性，以此可探究人类在发展语言时的共同点和差异点，但这一学科近年来已经没有发展。王寅于2014年提出的认知对比语言学构想，即运用认知语言学的基本原理及其所大力倡导的"认知方式",用全新角度分析对比英汉两种语言。但此学科仍然处于假设阶段,并且仍然只限于研究英汉两种语言之间的差异问题。因此,跨语系的认知语义研究任重而道远。

6.5 结语

通过上述对国内认知语义学近十年的介绍,我们可以看到,认知语义学在国内的研究正处于上升阶段,我们已经取得了一些成果,尤其是在汉语的认知语义研究方面。国内越来越多的学者们开始关注认知语义学研究,近年来的研究热度只增不减。但目前的情况依然是,大多数的国内学者还是用国外现有的理论框架对汉语进行研究,缺乏自身的思考与创新性,对理论进行批判的成果较少;结合英语语料进行认知研究比较多,而关注汉语语法本身的研究还是比较少。并且,学者们的研究对象多半还是停留在"转喻""隐喻"等典型认知问题上,忽略了认知语义学的其他方面。展望未来的认知语义学研究,我们可以利用语料库数据进行分析研究,尤其是语义韵等背后的认知机制研究还处于比较空白的阶段。针对语言类型的语义研究,我们可以考虑语系内研究同一语系中语言的认知共性,在此基础上进行跨语系的共时或历时研究,以此分析认知思维的共性。总之,认知语义学和汉语的结合研究,以及基于语言类型的认知语义学的研究,都值得我们进一步探索。

第 7 章
语义演变研究

7.1 引言

认知语言学认为，语言是用来表达与人类经验密切相关的各种概念，而人类的种种经验又会随着时间和空间的改变而相应变化，语言自然也随之改变。如果从历时视角看，语言的变化是显而易见的，例如汉语中文言文（classical Chinese）到白话文的转变，古英语（old English）到标准英语（standard English）的演变（Freeborn, 2009），然而，如果仅从共时角度看，语言变化是很难察觉并解释的，正如 Hudson（2000：392）指出：

> "如果只考虑一代人，语言的变化是很少被注意到的。但我们常常能注意到，我们之前和之后的几代人说话方式上与我们存在不同，他们对语言形式和使用规则上的偏好与我们不尽相同，甚至存在一些完全迥异的形式与规则。每当将某个时间点上的一种语言与之几百年后的形式进行比较，这种变化就显而易见了。"

语言的不断演变与发展自然包括意义的变化，历史语言学称之为语义演变（semantic change）。对于语言变化，语言学家似乎能够详细描述变化的情况，但实际却无法为语言的种种变迁构建系统、完整的框架。这一点在语义演变的描述上，尤为明显。因为，相较于语言其他方面（如音韵、拼写等）的变化，语义演变常常与具有较强任意性的社会与文化等因素的变化紧密相连，因此有不少语言学家认为，预测语义变化的方向、范围和深度等变得极为困难。也正是基于此,语义演变一度被认为是任意的(arbitrary),如 Saussure(1974:107)就指出"历时事件在性质上是偶然的,具有特殊性",并以法语单词"poutre"为例加以说明。该词原指"母马或母驴",随后获得"椽子"义。其意义的改变与环境的转变相关,但是却与同时代的其他语言演变没有任何联系,这也解释了为何当代语言学家普遍认为,词本身并没有意义,而是语言使用者在具体的语境中指定意义。因此,当语言使用者给语言表达式指定或赋予新的意义时,语义变化就发生了,又如英语单词"cart"随着现代汽车工业的兴起与发展,语义发生了巨大变化。

从20世纪初至今,国际语言学界对语义演变的研究已经从最初对语义演变结果的关注,发展到对语义演变方式的研究,例如隐喻化(metaphorization)、转喻化(metonymization)、语义转贬(pejoration)、语义转佳(amelioration)、窄义化(narrowing)、广义化(generalization)等,再到如今基于使用的(usage-based)语言观,对语义演变规律(regularity)及促使演变的各种认知因素、意义理解过程、演变机制等的探究,如对隐喻化、转喻化、召请推理(invited inference)、主观化(subjectification)和交互主观化(intersubjectification)的探究(Hilpert, 2012; Traugott & Dasher, 2002; Traugott, 2010; Traugott, 2012 等),成果丰硕。在过去十年,国内语义演变的研究取得了实质性的进展,进一步加深了学界对语义演变现象的认识和了解。本章首先从语义演变研究学科地位的发展谈起,再以近十年国内学术著作和期刊等代表性研究成果为基础,对国内语义演变研究成果进行梳理,总结其在研究语种、研究内容和研究方法等方面的成果,并借此对该领域研究的新发展趋势进行展望。

7.2 语义演变研究学科地位的改变

在对国内语义演变近十年的研究进行归纳前,有必要对当今语义演变的整体学科地位,尤其是研究起源及其学科地位的改变进行归纳。语义演变曾是19世纪源自欧洲大陆的经学传统(philological tradition)

第7章 语义演变研究

中的一个重要内容（Allan & Robinson, 2012）。在词汇语义学历史上的第一个阶段（1830—1930），学者们当时的主要研究关注点即为语义的演变，包括语义变化的识别、分类与解释等（Geeraerts, 2010）。这一阶段的语义演变研究虽为主流，但未能有一个统一的名称，或称为"传统历时语义学"（traditional historical semantics），或称为"前结构主义语义学"（prestructuralist semantics）。Geeraerts（2010）称之为"历史语文语义学"（historical-philological semantics），这一名称逐渐为众多学者接受。半个多世纪以来语义学研究逐渐复兴（Allan & Robinson, 2012），却并未使语义演变研究获得同样的关注和重视，主要原因包括（但不局限于）历史语料的稀缺，有限的历史文字材料并不具有代表性，再加上语义演变的无规律性及不可预测性等，语义演变研究愈加不受当时语言学家的重视。Durkin（2009: 222-223）对当时语义演变给语义学研究者带来的种种挑战做了如下归纳和阐释：

> "众所周知，很难对语义演变进行分类或使之系统化，因为我们还没有像历史语法这类的工具来帮助我们判断什么样的变化是可能或可信的。此外，虽然有些语义变化以集群的形式出现，比如一个词的变化会触发另一个词的相应变化，但是我们仍尚未发现可以媲美语音变化的规律性。……语义演变更类似一些偶发的语音变化，但区别在于，前者更具多变性，且易受其他因素的影响。而且，语义变化与外在非语言因素的关系更为密切，尤其是文化和技术领域的发展。"

然而，近二十年来，随着计算机科学的进步，各类大型语料库资源不断出现，基于语料库的语言学研究也逐渐成为主流。大批量的语料数据加工、处理随之成为可能，这也使得语言学家能对抽象的语言结构进行识别，并据此发现这些结构在使用中的演变。正是在这样的背景下，越来越多的以语义演变、语法化为代表的历史语言学研究开始涌现，代表性研究包括 Traugott & Dasher（2002）、Hopper & Traugott（2003）、Allan & Robinson（2010）、Glynn（2010）、Gylnn & Fisher（2010）、Kerremans、Stegmayr & Schmidt（2010）、Hilpert（2012，2013）、

Traugott & Trousale（2013）、Gylnn & Robinson（2014）、Perek & Hilpert（2017）等。以 Traugott 等为代表的语言学家将语义演变研究与形态句法（morphosyntax）结合，并将语义演变研究放在语法化（Hopper & Traugott，2003）或构式变化（constructional change）与构式化（constructionalization）框架下（Noël，2007；Trousdale & Nord，2012；Traugott & Trousdale，2013；Hilpert，2013；Trousdale，2013），取得丰硕成果。不同于前人关于语义演变是任意且不可预测的观点，Traugott & Dasher（2001）坚持认为，语义演变具有方向单一性（unidirectionality），例如语法化中常见的语义虚化（semantic bleaching）等（Hopper & Traugott，2003）。随着语法化研究的深入，语义演变的规律性被越来越多的语言学家的发现和接受。

7.3 近十年国内语义演变研究概述

7.3.1 发文数量及研究语种

毋庸讳言，相较于语法演变和音韵演变，语义演变长期以来一直是国内语言历时研究中的一个极为薄弱的领域（吴福祥，2015），这也使得对近十年国内语义演变研究的回顾及该领域今后发展趋势的探讨变得颇具意义。我们以中国知网为基础进行不完全统计，用"语义演变"和"词义演变"分别作为篇名关键词，发文时间选择在 2010 年 1 月至 2020 年 2 月区间，文献分类范围为中国语言文学与外国语言文学类期刊以及优秀硕/博士论文库，共检索到相关文献 477 篇，经手动删除不相关文献后（不相关文献主要是指检索结果中非国内学术机构的外国学者发文，例如 Brigandt, Ingo（Department of Philosophy, University of Alberta），"The epistemic goal of a concept: accounting for the rationality of semantic change and variation"等)，实际获得有效文献 460 篇。发文总体趋势如下：

由图 7-1 可见，近 10 年国内关于"语义演变"的研究整体呈上升趋势。发文数排名前三的作者分别是吴福祥（13 篇）、金小栋（6 篇）、

第7章 语义演变研究

陈曼君（4篇）、周红（4篇）。需要说明的是，没有以"虚化"这一汉语词义演变史的研究热点为篇名关键词检索，主要是出于以下考虑。实词虚化在汉语史研究中很大程度上就等同于"词汇语法化"，是"人类语言发展过程中普遍存在的一种现象"（刘坚等，1995；马清华，2003等）；沈家煊也持相同观点，认为"语法化也就是实词虚化为语法标记的过程"（沈家煊，1998：41）；杨永龙（2017）在肯定语法化与虚化共性的前提下指出，两者是从不同角度讨论语言现象，它们之间有联系且有时候能指相同的历时演变过程。

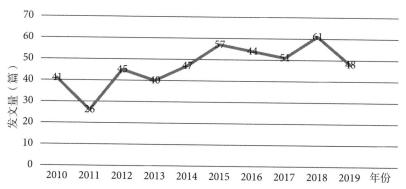

图7-1　近十年国内"语义演变"研究发文趋势分析（CNKI：2010—2020）

从研究对象所涉语种来看，截至目前统计，近10年国内语义演变研究共涉及7种语言：汉语、英语、日语、维吾尔语、满语、俄语、突厥语，其中以汉语语义演变为主要研究对象的文献占了绝大多数，共407篇，占88.48%。除5篇论文无特定针对的语种外，以外国语言中的语义演变问题为研究对象的论文为37篇，另有11篇论文涉及汉语与其他语种中语义演变的对比研究，具体各语种分布见图7-2。

由图7-2可见，近十年国内"语义演变"研究以汉语为主要研究对象，而在外语的研究中，英语仍然是主要研究对象，这也符合英语在我国外语教育研究领域中的地位。此外，在汉语语义演变研究中，有17篇是针对方言的研究，占比约7.5%。

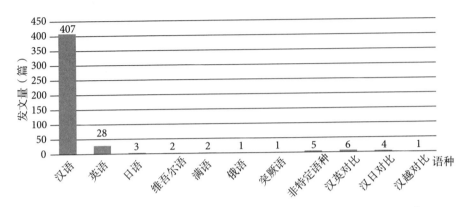

图 7-2 近十年国内"语义演变"研究语种分布（CNKI：2010—2020）

7.3.2 实词语义演变研究

1. 实词虚化

汉语缺乏形态变化，虚词成为汉语最重要的语法手段之一（吴福祥，2015；杨永龙，2017），因此其来源及虚化过程在汉语历史语法研究中理所当然备受关注。实词虚化是虚词产生的重要手段，相关研究成果丰硕。不少学者认同，实词虚化概念的提出，在中国较早可以追溯到元代周伯琦的《六书证讹》（沈家煊，1994；Sun，1996；文旭，1998；王士元，2011）。周伯琦在书中提出：

"大抵古人制字，皆从事物上起，今之虚字，皆古之实字。[（元·周伯琦《六书证讹》卷一）]"

书中类似的表述还有："大抵古人因事物制字，今之语助，皆古人器物之字"（《六书证讹》卷一），"大抵古人制字，多自事物始，后之修辞者，每借实字为虚字，用以达其意"（《六书证讹》卷五）。

由上可知，古人是从表"事物"或"器物"名称的词入手来创制文字。降至元代，出现了我国第一部虚词专著——卢以纬的《助语辞》。清代袁仁林的《虚字说》、王引之的《经传释词》和刘淇的《助字辨略》

第7章 语义演变研究

等也是我国传统语文学研究实词虚化的专著。其中，袁仁林也有类似的观点：

> 虚字者，语言衬贴，所谓语辞也。在六书分虚实，又分虚实之半，皆从事物有无动静处辨之。（清·袁仁林《虚字说·序》）

著名波兰历史语言学家 Kuryłowicz（1965）指出，虚化就是指一个语素的使用范围逐步增加较虚的成分，或演变为一个较虚的语素，或从一个不太虚的语素变成一个更虚的语素。解惠全（1987）认为，实词的虚化，就是某些词由实词向虚词的转化。但是，本文所回顾的"虚化"研究主要是指语法化过程中，某一语言单位由意义较实向意义较虚逐渐发展的语义演变过程，也就是语义虚化，即实义的丧失（the loss of contentful meaning）（Traugott，2017；Sweetser，1988），例如英语中 pretty 从表示"好看（good-looking）"到获得副词词义"相当，颇为（fairly, to some extent）"。

汉语虚词的来源主要包括动词（虚化为介词、副词、连词、助词等）、形容词（虚化为副词）、名词（虚化为副词、代词等）和代词（虚化为副词、连词等）。近年实词语义虚化研究主要体现在以下三个方面：动词虚化研究、形容词虚化研究和名词虚化研究。

1）动词虚化研究

历时研究表明，很多实词虚化都是从动词开始，主要是由动词句法位置的灵活性、关联句法成分较多等原因造成（孟凯，2018）。武振玉、梁浩（2013）的《殷周金文实词虚化研究》以出土文献为研究对象，探讨了殷周金文的实词虚化现象，指出其较为明显的实词词义虚化路线主要是"动词→介词→连词"和"动词→副词"，这也是传世文献中常见的两条虚化路线，为探讨上古汉语实词虚化提供了很好的参证语料。张宏国（2016）的《"糟了"的语义演变与语法化》以"行域、知域、言域"这"三域"概念（沈家煊，2003）为概念基础，对汉语"糟了"语义虚化的过程展开探讨。在"行域、知域、言域"这"三域"中，"行"指行为、行状，"知"指知识、认知，"言"指言语、言说。据此可见，从"行"到"知"再到"言"，三个概念域在抽象程度上逐级递增。"糟了"一词由最初的松散结构(动词"糟"+动态标记"了"),语义泛化为"糟蹋义",从而进入"行域"范畴,最后再到表达"糟糕义",具有评价型功能,属于"知域"范畴。以《现代汉语词典》第7版收录的复音动词中选取了104个作为考查对象,如"不论、居中、比较",基于现代汉语共时语料,孟凯(2018)的《现代汉语复音动词虚化的语义条件》分析了这类词的动词义与虚词义,全面考查不同动词的语义虚化方向,虚化的语义基础,词内虚词性成分对复音动词虚化的制约,以及词内成分之间或词际同位成分之间的语义关系对复音动词虚化的影响等。文章考查发现,现代汉语复音动词虚化具有单向性(unidirectionality):由主要词汇范畴(动词)向中间范畴(副词)或次要范畴(连词、介词等)演变。语义则是由具体向抽象、由客观向主观发展,这也印证了 Traugott & Dasher(2002)、Hopper & Traugott(2003)等的观点。研究还指出复音动词的成分义(主要是虚词义)、词内成分之间或词际同位成分之间的同/近义、反义等语义关系可能影响整个词的语义演变或虚化方向;否定性成分是促使复音动词发生虚化的一个可能因素。

2)形容词虚化研究

形容词的主要句法功能是用来修饰名词(如前置或后置定语)以及充当谓语,汉语中的形容词自然也具有这样的功能。然而,不同之处在于,汉语形容词还可以出现在状语位置,用作动词的修饰语,如:

例1
a. 开心地笑
b. 自由地奔跑
c. 悲伤地哭

苏颖、吴福祥(2016)的《上古汉语状位形容词的用法及其虚化》认为形容词用于状语位置充当动词修饰语,在上古汉语中非常普遍,这应该为汉语中形容词虚化为副词提供了句法环境及语义基础。论文考查了古汉语状位形容词的用法及其语义虚化过程,认为上古汉语中有些形容词进入状语位置后,一部分用法会向副词分化。同时,在历史语料分析的基础上,作者提出不同语义基础的状位形容词虚化的方向也不同,饰物形容词转化为饰行的形容词并进入状位后,容易虚化为副词。

3)名词虚化研究

在虚化过程中,名词参与的比例虽远远低于动词和形容词,但也同样得到不少学者的关注。匡鹏飞、胡茜(2013)的《"大力"和"死力"的语法化》以"大力"和"死力"为例,探讨了名词语义虚化为副词的一种类型。通过历史考据,作者认为这两个名词的语义虚化是通过频繁充当状语而获得了副词的句法语义特征,分别在清代中后期和明代虚化为副词。该过程可以概括为:名词→名词直接作状语→副词。论文还指出,这样的语义虚化方式在名词虚化中具有一定的普遍性,当然也存在其他方式,如名词通过词义的引申导致词性转变,从而产生形容词性或动词性意义,再由这一意义虚化为副词。石慧敏(2016)的《量度义双音复合词"深浅"的语义演变及语用动因》以现代汉语中一种比较独特的语言现象——量度义双音复合词"深浅"为考究对象,从历时角度,探究了该词从并列短语到名词性成分,再到典型复合名词的演变中,语义由"深和浅的程度"到"分寸义"的引申和虚化演变。此外,数量名词语义的虚化也引起关注。董正存(2017)的《汉语中约量到可能认识情态的语义演变——以"多半"为例》通过探究汉语中"多半"一词的语义演变,认为汉语中存在着"约量 > 可能认识情态"的语义演变序列:

例2
a. 郭外相连排殿阁,市中多半用金银。(张籍诗)
b. 更有仙花与灵鸟,恐君多半未知名。(方干诗)

例3
a. 天气这样闷热,回头多半下雨。(曹禺《雷雨》)
b. 如果在这个事上法庭打官司,证据也许不那么足够,但是多半这个事是有的,就看你认不认。(凤凰卫视\锵锵三人行\2009.08.12)

相关的研究还有黄刚（2014）的《西周诗歌中"维"字的实际所指及相关的物类事象——《诗经》解读中实词虚化倾向举要》，张丽莉（2012）的《甲金文中实词虚化问题研究——以现代汉语常用单音节虚词为例》。

2. 实词非虚化

实词虚化固然是历史语言学，尤其是实词语义演变研究中的一个重要领域，但实词语义的非虚化现象同样不容忽略。玄玥（2010）的《"见"不是虚化结果补语》认为及物动词"见"从表示有结果的视觉动作（如"仁者见之谓之仁"），发展为表示其他感觉动作的结果（如"闻见楼上歌声嘹亮"），以及一般动作的完成结束（如"你找见他偶尔得到他的消息"），不是虚化过程，而是词义的引申和扩展。匡鹏飞（2010）的《"地位"和"地步"的词义演变及相互影响》从"地位"和"地步"这对近义词各自的语义演变入手，指出，在汉语史中，尤其是近代汉语时期，这两个词一度出现了不同词语主要义位严重重叠现象。吴宝安（2011）的《小议"头"与"首"的词义演变》认为"首"由表示"头部"概念的主要语言单位发展到只作为构词语素出现在固定搭配中，即被"头"取代，其背后主要原因是"表义明晰性需要"和"同音替换"。张言军（2015）的《"后来"的词汇化及其词义演变》认为汉语中时间词"后来"的词汇化经历了两个阶段，显示句法层面的同形短语固化为普通名词，进而发展为时间词，而从语义发展来看，时间词"后来"的词义由指示未来时间转向指示过去时间。

实词语义的非虚化还可以体现在诸如表人体的名词向时间义或方所义的演变过程中。汉语中一些表示人体或物体部位的词语，往往有表达空间方位和时间的用法（何亮，2016），如：

例4
a. 颎追之，且斗且行……四十余日，遂至河首积石山。（《后汉书·段颎传》）【首：表方位义】
b. 夏，汉改历，以正月为岁首。（《史记·孝武本纪》）【首："起始"，表时间义】

c. 三月生天枪，两头锐。(《史记·天官书》)【头："前面的部分"，表方位义】
d. 说在头上，就是多赏的这银子，小媳妇也不敢领去，宁可领了多言语，对太太说就是了。(《金瓶梅词话》第六九回)【头上："先前"，表时间义】

何亮（2016）的《汉语人体／物体部位词语的空－时语义演变》进而提出，此类人体／物体部位＞方所义＞时间义的语义演变非汉语所特有，同样也出现在其他许多语言中，如马塞语、泰语、基库尤语、阿兹特克语等（Heine & Kuteva，2002）。类似实词非虚化研究还有姜黎黎（2014）的《中古汉语"逮捕"概念场动词词义演变研究》，姜黎黎、方一新（2014）的《中古"雇赁"概念场词汇系统的词义演变》，陶磊（2015）的《试论动词"译"首见书证及其词义演变》等。

7.3.3 构式语法视域下的语义演变研究

构式语法采用非模块观，并以构式（形－义配对体）为语言基本单位（Goldberg，1995，2006）。构式语法理论打破传统的"词汇－语法"语言知识观，提出了"语言构式观"：构式是通过心理固化，从语言使用中抽象出来的形义配对或联结，而语言使用者的语言知识（linguistic knowledge）通过构式得以表征。语言从最底层的语法单位语素到传统语法中的句型都可以看作是构式，而整个语言系统则被视为一个由具体的词素、词、部分图式化构式（partially schematic construction）、完全抽象的图式（schema）等构成的具有层级性的构式网络（construction）(Hilpert，2014)。近年来，构式语法理论逐渐为历史语言学家所重视，被用来重新审视语言演变现象（如 Hilpert，2013；Israel，1996；Noël，2007；Peng，2017；Traugott，2008；Traugott & Trousdale，2013；文旭、杨坤，2015；文旭、杨旭，2016)。作为一门显学的构式语法理论为语言演变研究带来了全新的视角，可谓是近年来历时形态句法研究的最重要发展（彭睿，2016）。构式语法理论视域下的语言演变研究既能从局部、细微方面对构式内部任一维度变化进行描写，又能对构式网络中新节点的形成做出解释，做到整体与局部、宏观与微观的统一。正是由于构式语法认为语言的基本结构单位是形义配对，即构式，因此绝大多数构式语法框架下的语义演变研究是在构式化框架下展开，既有构式形式上的变化又涉及构式意义的演变。当然也有在构式语法框架下，专门对构式意义演变的探究，属于构式演变范畴（Traugott & Trousdale，2013）。

综观国内历史语言学界，传统语义演变研究主要是在词汇学或训诂学的框架内展开，研究对象自然是词语语义。这样的研究视角使得不少学者很大程度上将词义演变等同于语义演变，致使传统的汉语语义演变研究存在很多研究空白（吴福祥，2015）。构式语法理论框架下的语义演变研究则很好地解决了这一困境。王雅刚（2010）的《Thanks to 语法化过程中的语义演变》指出"Thanks to"经由语法化演变为一个功能构式，在句法再析（reanalysis）的作用下，其构式义演变经历了"致谢"到"受益"，最终表示"究因"三个阶段，构式语义逐渐中性化。董秀芳（2016）的《从比较选择到建议：兼论成分隐含在语义演变中的作用》以汉语中表示建议副词（如"不如""还是""其"等）的演变为研究对象，指出汉语中这类副词是从表示比较或选择的用法发展出来的。论文认为"比较、选择＞建议"语义演变的背后的机制是：构式中部分成分由于语境明确而隐去，从而造成了其他部分的凸显，进而引起构式意义的变化。毕晋、肖奚强（2017）的《"说好的X呢"构式的语义演变与语用价值》从构式的构件、构式的语义演变及构式的语用价值三个方面对"说好的X呢"构式进行考查。作者指出，在实际运用中该构式具有表面协商、实含讽刺的语用含义，委婉性和讽刺性相结合的丰富内涵。在构式意义演变中，构式"说好的X呢"的发展经历了"他人言论类""社会言论类""自我言论类"三个阶段。在这个发展过程中，"说好的"的意义逐步虚化，"X"由具体演变为抽象，构式的主观性逐渐增强。吴春相、曹春静（2018）的《当代汉语"最高级"从序列到程度的意义演变》以新兴构式"最高级的X"为例，如"最高级的恐怖""最高级的情商""最高级的爱"等，探讨了"最高级的X"和"X的最高级"构式中，"最高级"语义功能的演变、演变条件及其驱动因素。论文指出,在"最高级的 X"构式中,"X"成分由原型的名词性成分,逐渐扩展为动词短语,如"最高级的研究""最高级的治疗""最高级的自养""秀恩爱的最高级",进而扩展为形容词短语,如"最高级的奢华""最高级的快乐""孤独的最高级"等。随着"X"成分的扩展,构式的语义功能由表示序列首位的单一语义功能扩展为兼表程度极量和序列首位的双重功能。这一构式义演变是由构式中两个组构件"X"与"最高级"的互动来实现的:一是构件"X"的扩展,同时构件"最高级"的语义成分"阶段/级别""质量/水平"等属性发生剥离,并由原来的"最高阶段/级别"或"最高质量/水平"演变为"最高程度"。类似的研究成果还有徐式婧(2017)的《汉语条件句的构式化和历时演变》,李艳芝、吴义诚(2018)的《[V + 非受事 NP] 表达式的构式演变》,康小明、吴婷婷(2019)的《修辞构式"尬 + X"的竞争演变与定型》等。

7.3.4 语义演变规律与路径研究

历史语义学的主要目标是对语义演变进行解释,而要解释语义演变,前提是需要发掘和总结出语义演变的模式(吴福祥,2015),因此,语义演变路径或模式的探究是语义演变研究的重要基石。此处的模式可以理解为语义演变中具有跨语言或同一语言内反复出现的演变路径(同上)。但是历史上,关于语义演变是否具有规律性,一直是个具有争议的问题。持否定态度的学者也大有人在,这一观点在 20 世纪 80 年代之前的历时语言学界尤为普遍。Arlotto(1972)就认为,迄今研究尚未形成能概括语义演变的抽象模式(abstract model),甚至未能得出类似音系、形态、句法演变研究中常见的合理猜测。Anttila(1972)也断言还不可能真正概括出语义演变的一般规律(general laws of semantic change)。Hock(1986)也持有这样的观点:语义演变,在多数情况下是模糊的、毫无规律且极难预测。然而,进入 20 世纪 90 年代后,受到功能主义影响,越来越多的语言学家认识到,语义演变是有规律可循的。代表研究者有 Sweetser(1990)、Traugott(1999,2002,2003)、

Traugott & Dasher（2002）、Bybee（2006）、Bybee et al.（1994）等。Traugott & Dasher（2002）的专著 Regularity of Semantic Change 可谓这一研究领域的代表之作。两位作者在开篇就明确指出：

> "在本书中我们将证明，跨越不同概念结构和语言功能领域的语义演变，具有一些可预测的演变路径（predictable paths for semantic change），……事实上，当我们跨语言地追溯一些词汇的历史时，可反复见到单向演变的证据（unidirectional change）。"（Traugott & Dasher，2002：1）

当然，Traugott 与 Dasher 也认为我们能够观察到的语义演变规律会因词性不同而不同，尤其指出"无规律的语义演变主要是发生在名词身上，因为这些词很容易受到非语言因素的影响，例如社会结构中，名词所指对象本质的改变等"（同上：3-4）。

语义演变的模式主要是指演变具有非任意、有理据、模式化的路径，亦即语义演变过程中有规律性的变化和演变路径（吴福祥，2015，2017）。前文所讨论的语义虚化其实也可看作是从实义到虚义转变的一种语义演变的规律路径，而且在汉语中普遍存在。罗堃（2011）的《甘肃宁县方言起始体标记"开"的多角度研究》通过描写、比较甘肃几种方言中"开"的句法、语义特点，以及"开"语义虚化的相关问题，将"开"的语义演变路径概括为："本义-空间义-时间义"，这一发现也得到王宜广（2015）的《动趋式"V开"的语义扩展路径》和刘利（2016）的《动词"开"的语义演变路径》的支持。马云霞的两篇论文《从身体行为到言说行为——修辞动因下言说动词的扩展》（2010）和《从身体行为到言说行为的词义演变》（2012），揭示了汉语史中一些表示身体行为的动词获得言说语义，从而演化为言说动词的演变路径，如倾、淘、提、挂、操、切、刮、举、指。

后来的研究也证明了这一语义演变路径的存在，如谢书颖（2013）的《从手部动词到口部动词的历时演变研究》进一步细化了手部动词到口部动词的演变路径，并将之归纳为五类：第一，手部动词→口部动词（无言说义）→口部动词（带言说义）→言说动词；第二，手部动词→口部动词（带言说义）→言说动词；第三，手部动词→言说动词；第四，

第 7 章 语义演变研究

手部动词→口部动词（无言说义）→口部动词（带言说义）；第五，手部动词→口部动词（无言说义）。张宏国（2016）的《"糟了"的语义演变与语法化》运用"行域、知域、言域"认知三域的分析框架，探讨了汉语"糟了"这一词组语义演变的过程和路径，清晰明了地阐释了"糟了"一词的语义经历了从"行域"到"知域"再到"言域"的演变路径。这一研究也印证了肖治野、沈家煊（2009）的《"了$_2$"的行、知、言三域》的相关结论，后者将"了$_2$"的语义刻画为表示"新行态的出现""新知态的出现"和"新言态的出现"，而"了$_1$"则属于行域。那么从"了$_1$"到"了$_2$"语义演变路径恰好符合"行、知、言"三域的分析框架。

整体而言，语言演变的规律不应该是绝对的，而应具有梯度性与灵活性。金小栋、吴福祥（2019）的《汉语中若干双向性的语义演变路径》在肯定语义具有规律性的基础上，结合古汉语以及汉语部分方言中介词和副词演变的历史证据，进一步提出，汉语中存在一些双向性的语义演变路径，它们主要见于某类词内部（如介词或副词内部）相近的语义之间的演变，也见于两类词之间双向的语法化中（如介词←→动词、介词←→连词）。论文研究表明，这些双向性的语义演变的产生，是有一定的条件的，也与汉语的类型学特征有关。Li & Xiang（2019）的"Semantic Evolution at the Microscopic Level: The Case of *suoyi*"在对语义演变规律的探讨上可谓另辟蹊径。论文认为过往语义演变规律的探究主要是停留在宏观层面（macro-level）（Traugott & Dasher, 2002），而缺乏微观（micro-level）视角，主要是因为宏观层面探究更容易发现语言之间或语言内部经常性出现的语义演变规律，而微观层面的规律容易受到词汇本身特质属性或语言内更广范围内的词汇、语法体系的影响（Traugott & Dasher, 2002）。论文以框架语义学为理论基础，对汉语"所以"一词的语义演变展开探究，从微观层面发现了三种语义变化的规律：框架→框架元素、框架元素→框架元素、框架元素→框架。论文还指出，忽视语义演变微观层面的规律将会影响对演变机制的充分认识。

7.3.5 语义演变动因和机制研究

正如前文所言，历史语义学的主要目标是对语义演变进行解释，并发现和总结演变的规律、模式或路径。然而，如果要回答语义演变规律是如何形成的这一问题，必然需要对语义演变的动因（motivation）和机制（mechanism）展开探究。前者回答语义演变为何发生，后者则是关于语义演变是如何发生的。Bréal（1964，转引自 Li & Xiang, 2019）较早提出了语义演变的五类动因：回避困难（avoidance of difficulty）、确保更清晰（securing of greater clarity）、禁忌和委婉（taboo and euphemism）、褪色和变色（fading and discoloring）以及文化变化（cultural change）等外部因素。Hopper & Traugott（2003：92）指出，语义演变是以问题解决（problem solving）为驱动的。问题可以分为两类：一类是如何用另一语义域的成员来代表某一域的成员，此处涉及隐喻策略；另一类则是寻求言语交际过程中，协调说话者与听话者的方式，涉及转喻策略（同上）。关于语义演变机制的探索同样众多。最为常见的语义演变机制涉及隐喻和转喻（如 Bréal, 1964; Nerlich & Clarke, 1992）。Traugott & Dasher（2002：27）提出使用"隐喻化"和"转喻化"这两个术语作为语义演变机制，以区别共时与历时概念。例如英语中 while "during the time that" > concessive while "although,"; grasp "seize" > "understand"，汉语中闻"听" > "嗅"等就涉及隐喻化，而转喻化语义演变机制包括法语中 Place de Greve "square where strikers met" > greve "strike"，澳大利亚土著语言中 Fingernail > Finger > Hand 等。在肯定语用因素对语义演变作用的基础上，Traugott（1999）和 Traugott & Dasher（2002）提出了语义演变的召请推理理论（the Invited Theory of Semantic Change）来解释语义的演变与发展。依据这一理论，新的语义始于召请推理，进而演变为一般性召请推理（Generalized Invited Inference or GIIN），最终成为语言单位的语义成分（Semantic Meaning or SM）。IIN 与 GIIN 分别属于 Levinson（2000）的特殊性会话含义（PCI）与一般性会话含义（GCI）。

张绍全、左娅菲娜（2015）的《法律词汇语义演变的方式与认知

第7章 语义演变研究

机制》提出法律词汇语义的演变方式主要表现为：词义扩大（generalization）、词义缩小（narrowing/specialization）和词义转移（semantic shift）。论文进而从认知的角度，提出法律词汇语义变迁的机制涉及隐喻和转喻两类。石慧敏（2016）的《量度义双音复合词"深浅"的语义演变及语用动因》从"深浅"成词的语义基础、构词的认知理据、成词的修辞动因、文化及韵律等角度对量度义双音复合词的形成机制及语用动因进行分析。论文最后指出，"深浅"语义的虚化除了具有自身的语义基础外，还体现了人类共同的认知规律，是认知、修辞、文化及韵律等因素共同驱动的结果。值得注意的是，论文指出"深浅"成词及语义演变的一个重要机制是双音化。双音化即两个音节构成基本韵律单元（音步）的倾向，并在这个韵律单元的作用下，两个紧邻出现的单音节词就有可能"复合"成一个语言单位（吴为善，2003）。双音化可谓汉语发展过程中比较特有且具有重要历史意义的现象。王力（1980）就曾断言，"双音化是汉语史上最重要的五个变化之一"，可见双音化在汉语发展进程中的重要作用。石毓智（2002）认为双音化趋势的意义远远超出了构词法的范围，它对促使汉语整个语法系统的改变起了关键作用，并把双音化趋势作为动补融合的重要原因。由反义单音量度形容词"深"和"浅"组成的并列短语，在使用过程中经常紧邻、高频共现，语义发生融合，逐渐从并列短语词汇化为语义具体的复合词，再虚化为语义抽象的复合词"深浅"，这一历史演变过程正符合双音化特征。

李广瑜（2014）的《主观化视角下"不得"的语义演变》认为促使"不得"语义演变的因素涉及语言内部和语言外部两个方面。语言内部因素主要是指句法分布的影响，因为语言单位的语义演变常常与某一实词句法位置的改变相关；语言外部因素主要是指认知语用因素的影响，这里主要包括完形、隐喻和语用推理等。"不得"由"没达成"到"不能"义，再到"不许"义的转变，主要演变机制包括主观化（subjectification）与交互主观化（intersubjectification）。董正存（2015）的《汉语中序列到量化的语义演变模式》认为汉语中诸如"随""逐""列""排"等发生从序列义到表量化限定功能的语义演变，主要是受到完型认知因素驱动。董正存（2017）的《汉语中约量到可能认识情态的语义演变——以"多半"为例》认为"多半"一词语义虚化，即从约量用法到认识情态用法的语义变化，是通过隐喻这一重要机制。约量到可能认识情态的发展属于概念投射，且不具渐变性。吴春相、曹春静（2018）的《当代汉语"最高级"从序列到程度的意义演变》在分析"最高级的X"和"X的最高级"两个构式语义功能的演变驱动因素时，指出演变除了受主观因素的驱动，即主观性量级序列临时建构的需求，还有客观因素的影响：英语和汉语两种语的接触密切。论文大胆地提出假设：汉语对于英语形容词的最高级的表述使得汉语"最高级的X"和"X的最高级"发生的语义演变在特定语言社团中进一步稳固，而汉语自身演变发展的"最高级的X"和"X的最高级"中X更为多元，突破了英语语法中X只为形容词的限制。杨延宁（2019）的《非组构性视角下古汉语和古英语构式演变研究》专门讨论了构式义是如何形成的这一问题，即构式义产生的机制。论文以功能语言学理论为分析框架，针对非组构性构式的构式义产生过程展开讨论，通过对古汉语中的动结构式和古英语中的使役构式的分析，论文认为独立构式义是在构式整体（语义汇合）和内部成分（语义凝聚）的有机互动推动下产生的。

7.3.6　语义演变研究方法

自20世纪后期以来，历史语料库不断出现，语义演变研究方法也随之发生重大变化，尤其是英语历时研究，当然也包括对其他语种，如汉语、日语等。在全球领域，随着新的研究方法不断为历史语言学家采用，人们进一步认识到语义演变不仅是有理据可循，也是可以解释的现象（Allan & Robinson, 2012）。国内语言学者也逐渐开始接触并尝试采用这些研究方法或范式。

1. 历时构式搭配分析

语料库技术以及统计方法的介入，使得语义演变研究更具科学性和可操作性。Stefanowitsch & Gries（2003）在构式语法框架下，革新了传统的搭配分析（collocation analysis），提出构式搭配分析法

第7章 语义演变研究

(collostructional analysis)。该方法通过分析（半）抽象构式空槽（slot）中词素的使用、分布及其与构式之间的搭配强度（collostructional strength）以探寻构式意义。构式搭配分析包括三种分析方法：简单共现词素分析法（simple collexeme analysis）、（多项）区别性共现词素分析法（[（multiple）distinctive collexeme analysis]，以及共变共现词素分析法（covarying collexeme analysis）（Gries & Stefannowitsch 2004a，2004b）。Hilpert（2006，2008）在构式搭配分析的基础上，创新性地提出历时构式搭配分析（diachronic collostructional analysis），认为历史平衡语料库中，某一构式搭配模式在不同语言演变时期的变化也能反映出该构式义的历时演变。Hilpert 采用这一方法分别对 will 以及 be going to 在不同历史阶段所搭配的动词变化进行了研究。

国内也有少数学者开始将这一方法用于语义演变研究，但整体仍处于起步阶段。孙鑫鑫（2015）的《基于 COHA 语料库 Way 构式历时区别词素搭配研究》基于历史美国英语语料库，采用历时区别性共现词素分析法（diachronic distinctive collexeme analysis）对英语 way 构式演变过程所涉搭配变化进行分析。论文首先通过邻聚类分析（variability-based neighbor clustering），得出 way 构式发展的历史阶段，进而发现，不同历史阶段出现在该构式动词空槽的区别性共现词素有较为显著差别。1830—1910 年阶段，动词空槽的区别性搭配词素主要为"筑路或清障"类动词，1920—1940 年阶段则变为"施用武力"动词，1950—2000 年阶段，区别性搭配词素主要表示隐喻路径的创建。通过分析 way 构式动词空槽的区别性共现词素的历时演变，论文发现该构式在过去两个世纪出现了明显的语义变化。这一研究结果也进一步证实了 Israel（1996）的相关结论。黄莹（2016）的《强化词"absolutely"搭配构式语义趋向与语义韵的历时变异》以英语历时语料库为基础，采用历时构式搭配分析，对 absolutely 一词与形容词和动词的搭配展开调查。研究发现，absolutely 与形容词和动词的搭配频次变化趋势一致：在中古及早期现代英语语料库和当代英语语料库中频次较低，而在晚期现代英语中频次较高。从语义趋向角度来看，与 absolutely 搭配的形容词的语义趋向在类符上未发生明显历时变化，而与之搭配的情感动词在类符上呈上升趋势。在语义韵层面，absolutely 与积极形容词搭配的比例在类符上明显上升，与 absolutely 搭配的消极动词在类符上仍多于积极动词，但积极动词在类符上呈上升趋势。

2. 语义地图

语义地图（semantic map）可以看作是对处于"概念/语义空间"中功能的几何体表达。这些空间是通过连接线相连，并构成网络（Haspelmath，2003）。语义地图是一种用于描述和阐释多功能语法词素模型的方法。这一理论建立在如下假设之上：某个语法形式若具有多重意义和用法，而这些意义或用法在不同的语言中一再出现，且以同一个形式负载，表明其间的关联绝非偶然，而应具有系统性和普遍性，进而可能反映出人类语言在概念层面的一些共性（张敏，2010）。抽象语义地图能够显示语法形式有哪些意义，以何种方式联系在一起，他们之间具有多大的相似度等（Van der Auwera，2013）。

跨语言比较正是语义地图的一大特色与优势。近年来，语义地图也被运用到语义演变研究，尤其是实词的语义变迁。潘秋平、张家敏（2017）的《从语义地图看五味之词的语义演变》以 Haspelmath（2003）所提出的"语义地图模型"为基础，对五味之词"甜（甘）""苦""酸""咸""辣（辛）"的语义演变进行跨语言对比。研究共涉及六种来自不同语系或语族的语言：汉藏语系的现代汉语、南岛语系的马来语、阿尔泰语系的韩语、印欧语系中日耳曼语族的荷兰语和挪威语以及斯拉夫语族的捷克语。论文严格遵循语义地图已有的操作程序来确立基元，并对基元进行排列。论文进而建立和五味有关的概念空间，再使用非五味之词验证此概念空间。研究证实和通感相关的实词非虚化的语义演变具有规律。

7.3.7 小结

从上面的梳理，我们可以看出，近十年来，国内语义演变研究已经积累了很多重要的研究成果和经验。毋庸讳言，以往的语义演变研究仍然存在问题和不足，值得我们在今后的相关研究中深入思考。吴福祥（2015）撰文，从历时语义学角度对国内两汉以来针对汉语展开的语义演变研究进行了梳理与述评，认为汉语语义演变研究存在研究范围过窄、研究框架失当、理论探讨不足、跨语言视角欠缺等问题。对此，我们深表赞同。时隔五年，当我们把目光从汉语语义演变研究扩展到近十年国内语义演变研究所取得的问题的时候，我们发现，吴先生所列举的问题依然存在，而且还有新的问题值得我们思考和关注，例如研究方法简单、研究视角过窄、汉外对比缺少，等等。国内语义演变研究如何在继承传统历史研究所取得的丰富成果和经验基础上，进一步更新研究方法，拓宽研究视角等，是所有研究学者亟需思考的问题。

7.4 语义演变研究发展趋势

结合上文所列当前国内语义演变研究中存在的问题和不足，我们认为今后的研究应该从以下几个方面加以关注和思考。下面略作说明。

7.4.1 更新语义演变研究方法

如前文所述，随着计算机科学的发展，20世纪90年代，语料库，尤其是历时语料库不断涌现，语义演变研究也随之发生重大改变，但是带来真正革命性转折的是语料库与现代统计等计算机辅助方法的结合，摆脱传统语义演变研究中过度依赖"内省"的研究思路。当然，语料库等现代研究方法只是进行语义演变分析的一个重要手段，如果要对获得的语料、数据等进行系统的分析，提出可信的假设，再构建有说服力的理论，仍然离不开内省分析。而内省分析如果能够有真实语料以及科学的研究方法的支持，实现研究方法的互补性，则更具说服力。具体说来，可以借助各语言历时语料库（如COHA、HCET、ARCHER、BNC、BROWN和CCL等），提取真实的、使用中的语料作为观察对象，再通过计算机辅助的统计分析等方法展开语料加工。前文提到的历时构式搭配分析法就是一个很好的尝试。这一分析方法使用历史语料库跟踪发现构式搭配模式上的历时演变。透过这类演变，研究者能够发现构式意义的历时变化（Hilpert，2012）。

然而历时构式搭配分析法并非适用于所有场合的语义演变分析，也存在局限性。分布语义分析（distributional semantic analysis）是一种不错的替代方法（Perek，2016，2018；Perek & Hilper，2017）。采用分布语义分析主要是基于以下几点考虑。首先，语言意义不同于形态句法或语音特点，无法直接观察得到。其次，如果遇见低频语料或数据，传统意义上的构式搭配分析就会遇到困难，此时就需要采用分布语义分析（Perek & Hilpert，2017）。此外，还有语言学家将近邻聚类分析、多因素分析等方法用于语言的历时研究（Gries & Hilpert，2008，2012；Hilpert，2013）。近邻聚类分析（variability-based neighbor clustering，VNC）主要利用迭代过程，把时间上相互邻近且相似度高的数据组依次合并直至所有的数据组合为一，并据此输出系统树图和陡坡图，以查验语言演变的历时演变规律（林璐、王旭，2016）。近邻聚类分析在历时语言研究中的应用，将使得语言学家对历史语料，尤其是语言演变中量变到质变的阶段有了愈发清楚的认识。历史语言学研究不可避免地要对所提取的语料进行演变阶段的时间划分。传统做法是对语料所涉年代进行等分切割来观测研究对象在各个历史阶段的分布、表现等，以此分析语义变化特征。例如Hilpert（2006）对英语情态动词shall的历时研究中，将所涉1500—1920年的语料等分为三个阶段，每阶段140年：1500—1640年、1640—1780年、1780—1920年。但是这样的语言演变阶段判断过于主观化，未能考量研究对象，即语言单位本身的特点，更无法把握历史数据之间的深层次联系。而自下而上的近邻聚类分析通过强调个年代间差异的最大化与聚类个数的最小化，很好地避免了以上传统年代划分方法的短板。

然而国内对历时构式搭配分析为代表的语料库语言方法在语义演变研究中的应用还相当有限，不仅论文少，而且仅有的论文也是局限于对英语的研究，即便有些实证研究，也通常是对数据的罗列，而未充分发挥语料库对语义演变进行较为系统而全面的描述。究其原因，我们认为主要是汉语历史语料库相对较少。另外，一个更加紧迫的原因在于英汉两种语言在语言类型上的巨大差异。汉语缺乏形态变化，因此在词语切分、词性标注等方面存在更大的难度。我们并非认为汉语就没有介词、连词、助词等语法词，但是很多类似语法词同时能兼用作实词，这无疑加大了计算机处理的难度，而人工编写适用于大规模文本加工的汉语语料库目前基本是不可行的。据此，汉语语料库在标注等方面的准确度上低于英语等其他主流语种语料库，且标注难度更大。今后的研究中，除了进一步加大对语言学研究方法的应用外，还需同时加大汉语语料库的建设。此外，国内语言学理论研究者还需加强在统计方法以及计算机编程方面的知识储备，以跟上语料库语言学的发展速度。

7.4.2 拓宽语义演变研究视角

学界已经认识到交叉与融合是推动各学科进一步发展的有力方式。有学者甚至认为当前学科大融合背景下，语言学研究适宜采取"语言学＋"模式，例如文化学和人类学视域下的语言研究更有助于对语言本质和变化的认识。语义演变研究也必然需要拓宽研究视角，不仅仅需要注意跨学科的融合，还应注意与语言学学科内其他分支的合作与借鉴。语言接触导致的语义演变就是一个很好的例子。语言接触从古至今都是一个普遍存在的客观语言事实，例如洋泾浜语的出现，再到克里奥语的转变等等。但学界对语言接触（language contact）的认识始于19世纪对印欧语系中语言间相似性的思考。语言接触随后逐渐为历史语言学家关注。如 Bynon（1977）的《历史语言学》（*Historical Linguistics*）一书整个下半部分都是对"语言接触"的讨论。再如 Hickey（2003）主编的文集《语言演变的动因》（*Motives for Language Change*）就专辟一章，收录了4篇论文探讨语言接触对语言演变的促进作用。2018年 Walter de Gruyter 出版社出版了 Zenner 等共同编著的论文集《认知接触语言学》（*Cognitive Contact Linguistics*）。该论文集的出版，旨在强调将认知语言学和接触语言学（contact linguistics）融合，必能为语言研究尤其是语言接触引发的语言变异与演变研究提供颇具前景的视角与见解。

以往针对语言接触导致的语言演变研究，主要关注点在语音、形态、词汇（借用）等，而专门针对语义演变的研究还不多。例如"有"字的语义变化。在汉语中，"有"一般表示拥有、存有或呈现。由于受到闽南方言和粤语的影响，现代汉语中"有"也可以表示"完成"和"断定"，如：

例 5
我有打电话给他。

例 6
房间有干净。

目前，国内针对语言接触导致的语义演变研究还相对较少，仍处于起步阶段。吴福祥（2014）的《语言接触与语义复制》对语义演变的语言接触动因做了有益探索。文章着重以中国境内丰富却较少被利用的少数民族语言事实为例，提出语言接触（主要包括"同音复制"和"多义复制"）是语法语义演变的重要因素。文章还认为语言接触诱发的语法化可视为语义复制的一个特别次类。汪锋、魏久乔（2017）的《语义演变、语言接触与词汇传播》通过语言比较，考究了彝语中的"茶"la 类词类词的起源与传播模式，认为该类词主要是由原始藏缅语 *s-la "叶子"通过语义创新的内部传递而来。我们认为，未来针对语言接触导致的语义演变研究，应该注重以代表性的语义演变过程作为研究对象，系统、深入地归纳语言接触所带来的诸多异质因素对语义演变所特有的影响、推动以及语言接触下语义演变的多因素性和演变模式等。

7.4.3　加强汉外语义演变对比研究

比较法是人类认识客观世界的一种逻辑方法，语言研究也不例外。《马氏文通》之所以能称为"中国现代语法的奠基之作"，并如其作者马建忠在序文所宣"盖将探夫自有文字以来至今未宣之秘奥，启其缄縢，导后人以先路"，究其原因，盖因马建忠能"洞悉中西文词"，并率先比较各国"葛郎玛（grammar 音译）"，"于经籍中求其所同所不同者，曲证繁引确知华文义例之所在"。通过对比和比较两种或多种语言在语音、词汇、短语、句子、语篇、用法等方面的异同，并在此基础上做出科学合理的解释，有助于不断推动语言学向前发展。对比分析是语言研究的重要手段，赵元任先生就明确指出，"所谓语言学理论，实际上就是语言的比较，就是世界各民族语言综合比较分析研究得出的科学结论"（潘文国，2003：381）。然而国内语义演变研究领域在针对汉语与外语的比较与对比方面还不甚理想。

如前文所总结，近十年国内语义演变研究颇有汉语独霸天下之势，外语中也仅有英语略显突出，而汉语与外语，尤其是非同一语种在语义演变的对比研究则更少。我们赞同吴福祥（2015）的观点，今后的研究有必要突出对汉语语义演变"共相"和"殊相"的关注。语义演变的"共相"和"殊相"分别指人类语言普遍可见的语义演变模式、规律和某种语言特有的语义演变规律（同上）。揭示汉语语义演变的共相和殊相，就是将汉语语义演变置于人类语言演变的大背景下加以审视，探讨汉语与其他语种在语义演变路径、机制、动因等方面的共性特点和各自特性，可以有助于我们进一步认识和掌握汉语的类型学特点和规律。

7.5 结语

语义演变是语言发展的重要内容，也是历史语言学研究中的重要话题之一。虽然一直无法像语言三要素中语音和语法那样具有普遍意义的变化规律，语义演变也逐渐为语言学家、哲学家、人类学家、心理学家和人工智能研究者等共同关注。本章首先初步梳理和回顾了语义演变研究学科地位的百年变迁，进而通过文献计量研究方法，重点对近十年国内语言演变研究进行了归纳和展望。在过去十年，国内语义演变研究无论是广度上还是深度上都取得了长足的进步。我们主要从实词语义演变研究、构式语法视域下的语义演变研究、语义演变规律与路径研究、语义演变动因与机制研究和语义演变研究方法等方面的新动态、新成果等进行综述和反思。在肯定已有成绩、指出当前不足的基础上，提出未来国内意义演变研究必须注重的三个反面的问题：更新研究方法、拓宽研究视角、加强汉外语义演变对比研究等，为今后研究提供借鉴。国内语义演变研究虽有较为悠久的历史和优良的传统，并积累了许多宝贵的经验。但毋庸讳言，不足与缺陷依然明显，还有很大的拓展空间。我们也希望能有更多的学者加入这一领域研究中，借鉴国外相关理论、方法的同时，结合汉语自身文化、语言类型特点等，突破国外学术藩篱，发展有中国特色的语义演变研究，这也是所有学者共同的责任。

第 8 章
语义学的应用研究

8.1 引言

语义学自 20 世纪上半叶从西方传入我国以来得到了广泛而深入的发展。近年来，除了在理论研究方面取得诸多新的拓展之外，语义学的应用研究也呈现出多角度、多层面、多学科交叉的发展态势，特别是在翻译研究、外语教学、词典编纂等方面取得了较为丰硕的成果。近十年来，在语义学理论的多个分支中，认知语义学理论的应用研究最为活跃。认知语义学中的许多理论，如框架语义学、概念隐喻、概念转喻、范畴化理论等都得到了较为广泛的应用，被借用到翻译研究、外语教学研究和词典编纂研究领域，促进了翻译学、外语教学和词典学等的理论模型构建，并在这些理论模型的指导下产生了诸多应用型研究成果，包括对翻译、外语教学和词典编纂的一些核心问题做出新的解释，提出了一些新的翻译思路和方法、外语教学模式和词典编纂方式等。本章将主要从翻译、外语教学和词典编纂三大领域回顾近十年来我国语义学理论应用研究取得的主要成就，并以此为基础展望未来研究趋势。

8.2 语义学与翻译研究

8.2.1 框架语义学视角下的翻译研究

框架语义学是认知语义学的重要分支，它综合考虑语境、原型、感知、个体经历等因素，为意义形成提供了全面、整体的解释，被不少学者应用于翻译的研究。框架语义学理论最早由菲尔默（Fillmore）于20世纪70年代提出。21世纪初，国内学者张建里（2000）和潘艳艳（2003）对该理论做了引介。随后，更多的学者对 Fillmore 的框架理论思想做了进一步的发展和创新，如程琪龙（2003，2007）等。根据笔者所掌握的文献，国内最早采用框架理论进行翻译研究的主要有成善祯（2003）、汪立荣（2005）、俞晶荷（2008）等。

近十年来，框架语义学视角下的翻译研究得到了更多学者的认同，并进一步向前发展。邓静（2010）的《翻译研究的框架语义学视角评析》一文指出翻译研究不应局限于文本表面的语言形式，而应将语言背后的文化、社会、政治、译者心理等方面因素纳入研究范围，而框架语义学恰好是具有综合性和整体性的，融合了多个领域观点的理论。因此，框架语义学的理论主张顺应了翻译研究发展的需求，尤其在涉及译者决策方面，具有相当的应用价值。她还进一步明确阐述了未来具有发展空间的方向，比如：根据翻译研究的需要，从理论上完善框架理论，包括框架的界定、框架构成模式的具体化等。该文在宏观层面对框架语义学的翻译应用研究前景做出了颇具启发性的预测，对后续研究提供了有价值的参考。

框架语义学在翻译领域的研究除了类似以上较为宏观的、在理论层面论述框架理论的应用价值的成果外，还有更为聚焦的微观研究，着重对翻译策略、翻译过程等翻译基本问题进行了探讨，其中代表性的研究成果有刘国辉（2010）的《框架语义学对翻译的"三步曲"启示——认知图式、框架和识解》。该研究应用框架理论解释了译者的翻译过程，对翻译过程的本质探索提供了新的视角。具体而言，他围绕框架语义学在翻译研究中的理论指导价值展开论述，强调翻译的关键点很大程度上是如何寻找两种不同语言之间的认知语义框架的最佳对应点，根本在于如何理解与重构，同时，指出翻译过程中译者的主体地位非常重要，主要涉及认知图式定位、框架选择和识解取向三个环节。

近年来，在新时代背景下，随着中国文化"走出去"国家战略的推进，用框架语义学理论探索中国文学作品、中国文化、中国典籍等外译的研究不断涌现。例如，中国武侠小说蕴含着丰富的中国文化信息，武侠小说英译因多重文化信息的负载而更为困难。肖开容（2013）在《知识系统与中国侠文化语际传播 – 从框架理论看金庸武侠小说英译》一文中，以著名武侠小说家金庸先生的经典著作为具体案例，基于框架理论探讨武侠小说的英译，以提高译本可读性，传播中国侠文化。他认为译者可通过基于框架的认知操作，实现原文读者和目标读者知识系统的对接，使译文读者能够激活文本理解所需的知识系统，从而获得对译文意义的理解。他（2017）在著作《诗歌翻译中的框架操作：中国古诗英译认知研究》中进一步围绕中国古诗的英译展开探讨，指出译者通过激活框架来获取和调用认知资源，并通过框架操作来解决读者因知识系统差异和缺失造成的理解困难，提出视觉化是框架操作的认知路径。除此之外，还有不少基于框架理论探讨中国文化、文化词、文学作品英译等问题的研究（如辛献云，2010；汪珍等，2010；林海霞，2015；刘伟，2017；关臣，2019）。总之，框架语义学理论为中国古典诗歌、现代文学作品翻译的具体操作和翻译策略等基本问题提供了新的解释视角，具有广阔的前景。

8.2.2 概念隐喻、转喻理论视角下的翻译研究

国内翻译学界在 2007 年以前对隐喻的研究大多是把隐喻视为一种修辞方式。近十年来，随着认知语义学对隐喻的认知本质属性的探讨越发深入，翻译学界也逐渐将隐喻视为人类语言中普遍存在的概念现象，在文本中具有不可或缺性。基于此，概念隐喻理论和翻译理论、实践相互结合的研究不断增加，研究话题主要包括不同文本类型中隐喻的翻译策略等，同时研究视角既有较为宏观的探讨，也有通过具体文本展开的微观探索。

较为宏观的研究，主要指围绕原文中概念隐喻的翻译策略、原则和方法以及翻译过程等展开探讨。这一视角的代表性研究成果有肖家燕、李恒威（2010）的《概念隐喻视角下的隐喻翻译研究》，文章指出隐喻翻译是以译者的文化认知体验为基础的过程，同时文化语境、文学语境和上下文语境是译者取舍翻译策略的内在依据。唐树华等（2011）的《基于语料库的常规隐喻概念投射路径对比与翻译处理研究》以语料库数据为依据，提出了译文功能对等原则关照下的常规隐喻投射路径显性和隐性处理方式。王明树（2017）的《概念隐喻视角下翻译原则、翻译策略或方法选取背后的认知机制》分析了"译者身份隐喻"与翻译原则、翻译策略选取之间的关系以及背后特定的认知规律。薛梅（2019）在《新奇隐喻的汉译英研究》一文中提出对于汉语的新奇隐喻，译者应根据具体语境、创作意图和读者反应，从认知角度分析隐喻产生的心理基础及其隐含的文化信息，恰当选择翻译策略与方法，使译文尽可能保留源语汉语的文化意象，以达到文化外译的目的。王寅（2019）在题为《翻译的隐转喻学——以英语电影名汉译为例》的文章中，将铁木钦科的"翻译转喻学"与认知语言学的"隐转喻观"相结合，提出了"翻译的隐转喻学"，认为翻译过程是隐喻和转喻始终共同运转的过程。

较为微观的研究以具体文本中的隐喻为对象，探讨其翻译策略。代表性的成果有梁晓晖（2013）的《〈丰乳肥臀〉中主题意象的翻译——论葛浩文对概念隐喻的英译》，该文以中国文学作品《丰乳肥臀》中大量存在的乳房隐喻等为对象探讨了主题意象的英译方法。顾毅、张昊宇（2019）的《书论典籍中人体隐喻的翻译——以〈续书谱〉英译本为例》以中国典籍《续书谱》中的人体隐喻英译为例分析了概念隐喻的翻译策略。

除概念隐喻之外，概念转喻也是认知语义学的中心概念和话题之一。近十年来，转喻理论与翻译相结合的研究主要围绕文本中转喻翻译的策略、方法等展开探讨，代表性研究成果有谭业升（2010）的《转喻的图示-例示与翻译的认知路径》；文章探讨了在翻译过程中以语境为基础并受规约限制的转喻图式的例示，阐释了它为译者提供的认知创造空间，并提出了未来开展转喻与翻译关系研究的建议。卢卫中（2011）题为《转喻的理解与翻译》的论文基于概念转喻理论探讨了转喻翻译的认知基础和策略，并进一步证明了"目的语对应喻体翻译""目的语特有喻体翻译""源语喻体 + 喻标""源语喻体 + 注解／按语""源语喻体的舍弃"是转喻翻译的有效方法。杨文滢（2015）在《概念转喻视角下汉语诗词意象的解读与英译研究——以"凭阑"为例》一文中从概念转喻视角探讨汉语古典诗词"凭阑"意象的认知理据，并进一步提出了具体的翻译方法。关家玲、韩梅（2016）在《转喻翻译与翻译转喻》一文中首先区分了转喻翻译和翻译转喻两个术语，再进一步指出无论是转喻翻译还是翻译转喻，译者都应灵活采用多种有效的翻译方法，或再现源语转喻，或转换为目的语转喻，或舍弃源语转喻，或创造性进行翻译，实现源语和目的语的最佳对应。范祥涛（2017）在《汉语文化典籍中的链式转喻及其英译研究》的文章中以汉语文化典籍中的链式转喻为对象探索其英译策略，发现大多数链式转喻需要译出喻体，以明确意义；如果结合其他方法，链式转喻的本体也可以在翻译中得到较高程度的保存。金胜昔（2017）在博士论文《认知语言学视域下唐诗经典中的转喻翻译研究》中，以中国古典诗词为研究对象，指出唐诗经典中的转喻翻译不仅仅是单纯语符间的转换或是修辞层面的转换，而是译者认知操作的外在表现；转喻翻译的实质是译者在概念层面对源语转喻项的识解和对译文的例示。

8.2.3 其他语义学理论视角下的翻译研究

除以上语义学理论外，其他理论（如语义场理论等）也被应用于翻译研究。语义场理论在翻译中的应用价值早在 20 世纪 90 年代就已经有学者开始讨论，代表性的论文有张信和、杨万斌（1996）的《语义场理论与翻译实践》。近十年来，从 CNKI 收录的论文文献来看，基于语义场理论的翻译研究主要围绕不同文本中的词汇翻译策略展开探讨，有刘源甫（2010）的《科技英语语义场同化效应与翻译》。文章指出语义场同化效应对科技英语中核心词汇翻译的重要性。扶丽华（2011）在《论翻译的语义场效应关联性与可及性》一文中论证了语义场效应的关联性可及能够为精准翻译提供科学的认知理据。王秉钦（2008）在新版著作《对比语义学与翻译》中以现代语义学基本理论，如语义三角形理论、语义场理论和对比语义学基本语义范畴为中心，主要借用俄、汉语语料，揭示语义学、对比语义学与翻译理论之间的内在联系。该著作首次系统论述了篇章翻译思想，在理论上推动了翻译研究的发展。此外，高彦梅（2015）的著作《语篇语义框架研究》是语篇语义学（discourse semantics）的新发展，在认知语言学和框架语义学理论的基础上发展起来的框架分析方法为翻译理论和实践以及翻译教学提供了新的视角。

8.3 语义学与外语教学研究

8.3.1 认知语义学视角下的翻译教学研究

认知语义学理论不仅在翻译理论领域有广泛应用，而且在翻译教学领域的应用成果也十分丰富。首先，框架语义学被学者们广泛应用在翻译教学领域，以寻求教学的新思路、新方法，提高教学效果，其研究内容主要围绕翻译教学中如何借助框架概念提高学习者对源语意义的准确理解，探索具有创新性的教学实践方法。这一方面，比较早的代表性成果有魏清光、瞿宗德（2008）的《语义、框架与翻译教学》。该文全面分析了如何通过框架帮助学生准确确定翻译实践中源文词语的具体意义，同时通过有针对性的指导，减少学生的误译。近十年来，在早期研究的基础上，框架语义学理论指导下的翻译教学研究不断深入，比较有代表性的成果是郭高攀、廖华英（2016）的《框架语义的建构与翻译过程的概念整合——基于认知语料库"FrameNet"的翻译教学研究》。该研究进一步探究解决翻译教学中抽象语义转换操作难题的方法，发现基于认知语料库（FrameNet）的框架语义理论，结合框架元素的语法功能、短语类型、句法特征等方面的句法实现，利用框架元素间的配价关系实现逻辑加工过程，展现各信息之间的构建方式，能够使翻译教学者为学习者分析翻译过程的概念转换和整合过程成为可能。这些新的翻译教学手段，可以更为显性地展示抽象的语义概念转换，以减少译者在实践中的主观判断对译文产生的负面影响，从而减少误译和错译。

第8章 语义学的应用研究

其次,概念转喻等认知语义学的核心理论也被应用在翻译教学研究中,既有论文成果,也有著作类成果。李克、卢卫中(2017)在题为《英语专业学生转喻能力对翻译能力的影响探究》的文章中探讨了学习者的转喻能力,发现转喻能力对翻译能力具有一定影响,进而提出通过翻译教学中转喻能力发展的干预机制提升学生的翻译能力。叶子南(2013)的《认知隐喻与翻译实用教程》是近十年来认知语义学与翻译教学相结合的代表性著作成果。该书以概念隐喻理论为切入点,拉近认知语义学的概念隐喻理论和翻译实践的关系,系统讨论文本、目的、文学翻译等一系列翻译议题,为翻译教材的编写提供了一种新视角,更为翻译实践研究开启了一片新天地。

总体看来,近十年来,框架语义学、概念隐喻、转喻等认知语义学理论在翻译教学中发挥了重要作用。框架语义学被用来解决翻译教学中的语义转换问题,发现了更有利于学习者进行文本概念转换的新方法,可更有效地减少误译。概念隐喻、转喻理论也为翻译教学拓展了新的议题。当然,具体教学方法的实施和相关理论能够解决的问题有待于更多的深入研究。

8.3.2 认知语义学视角下的词汇教学研究

1. 框架语义学视角下的词汇教学研究

框架语义学理论除了在翻译教学实践中有广泛应用外,在词汇教学等领域同样发挥了其理论价值,体现出理论优势。近年来,在认知语言学理论的影响下,词汇教学研究受到了越来越多的关注和重视。框架语义学对词汇意义的解释持有不同视角,对词汇教学也带来新的启示和发展,因此,框架语义学在词汇教学中的应用研究较为广泛,取得了非常丰硕的成果,代表性的研究有李月平(2009)的《从认知框架视角探讨外语词汇的国俗语义教学》。文章借用认知框架理论,探索了具有实践可行性的外语词汇国俗语义教学策略,以培养学习者对词汇的文化敏感性,提高跨文化交际能力。该研究表明框架理论能够在教学中提高学习者对具有文化色彩词汇的准确理解。汪立荣（2011）在《框架语义学对二语词汇教学的启示》一文中指出基于框架语义学思想的二语词汇教学能够帮助学习者在词汇习得的第二阶段克服"形实分离"现象，将其具体化为梳理、重构和新建二语框架的教学方法，并且论证了该理论对于准确辨析、理解二语词义的理论和实践双重优势。双文庭、杨润青（2018）的《语义框架与英语词义的理解与教学——兼谈语料库在英语词义教学中的运用》。文章指出框架语义学理论在教学中的恰当使用能够在一定程度上解决中国大学生对英语词义理解存在的误解和推理能力缺乏的问题，并进一步提出大框架有助于学习者攻克英汉文化差异，而小框架则有助于通过句法结构本身提高对词义的推理能力。大框架的建立可运用语料库辅助得以实现。总之，以上研究成果都表明框架语义学能够为提高学习者对二语词汇意义的深入、准确理解发挥重要作用。

2. 范畴化视角下的词汇教学研究

范畴化理论也是认知语义学的核心部分之一，其主要思想和主张也被广泛应用于词汇教学中，以改变学习者固有的学习方式，提高词汇学习的广度和深度。范畴化理论视角下的词汇教学研究既有涉及词汇教学原则的宏观成果，也有基于教学实验的实践性成果，代表性的研究成果有文旭、匡芳涛（2016）的《英语词汇教学的范畴化研究》。文章指出基本层次范畴的词汇是词汇教学中的重点，范畴化中的典型理论对于英语词汇教学中的多义词教学有重要的理论指导作用。这一发现有利于我们在实际教学中帮助学习者建立词汇语义网络。此外，匡芳涛、林文治（2015）的著作《范畴化与英语词汇学习》通过实证研究的方法探讨范畴化理论在词汇学习中的作用。该项研究以英语专业学生为对象，结合实验和问卷等手段，发现基于范畴化理论的英语词汇教学方法表现出积极作用，并建立了范畴化理论的运用模式，为英语词汇教学实践提供了有价值的引导。任伟亚、龙雁（2012）的《范畴化与英语词汇教学》一文基于范畴化理论，提出课堂教学中教师应注意的原则，如注意语意聚合和语意切分，强调隐喻意义教学等。王芬、陈雄新（2010）的文章《原形范畴理论指导下英语词汇教学的应用研究》通过问卷和实验，发现以原型范畴理论为指导的词汇教学能够提高学生使用词汇策略进行词汇学习的能力。以上研究成果在理论上印证了范畴化理论在词汇教学中的应用价值，同时也为词汇教学实践提出了更为具体的方法、模式等。

3. 概念隐喻视角下的词汇教学研究

以概念隐喻理论为切入点开展教学研究的成果也相当丰富，比较早的研究成果有《隐喻与文化教学》（王守元、刘震前，2002），《隐喻意识与词汇教学》（龚玉苗，2006）等。近十年来，基于概念隐喻理论探索隐喻在英语词汇教学中的作用、隐喻能力与词汇学习效果关系等问题的研究成果较多。匡芳涛（2012）在题为《隐喻的认知研究与英语词汇教学》的文章中就隐喻对英语词汇教学的积极作用进行了全面论述，认为隐喻可以帮助学生了解词汇意义扩展的内部机制，提高词汇学习知识的深度和灵活运用能力，这一研究对于隐喻理论在词汇教学的应用具有引导作用。张林影、邱智晶（2012）也在《隐喻理论在英语教学中的应用》一文中论证了隐喻应用于英语教学是一种趋势和需求，尤其是在英语词汇教学和跨文化教学中尤为重要。陈海燕、汪立荣（2013）在题为《隐喻意识培养与大学英语词汇教学》的论文中通过实验的方法，发现 EFL 词汇教学中的隐喻意识培养不仅有利于学习者对词汇的短期记忆、长期记忆以及自主学习，还能够在一定程度上解决一词多义、习语和短语动词的学习难题。该项研究通过教学实践证明了隐喻意识的培养在英语词汇教学中的重要作用，进一步推动了隐喻理论在词汇教学实践中的应用。陈朗（2017）在《二语词汇教学的隐喻能力方略新境界》一文中聚焦不同教学环节（如基本范畴词、多义词等），提出需要提升外语词汇教学中隐喻能力的地位，要将隐喻能力确定为词汇教学理念的中高级目标。从这些研究成果来看，学习者在词汇学习中的隐喻能力越来越得到学者们的重视，它的核心价值也在理论推理和实证研究中得到一定的印证。同时，概念隐喻理论的新发展，也为英语词汇教学提供了新的视角。国内学界已经有学者将多模态隐喻理论应用于词汇教学研究，如张维等（2014）用实证的方法探索多模态隐喻理论在大学词汇教学应用的适用性。

总之，近十年来，语义学理论在外语教学的应用研究中，既有理论的、宏观的探讨，也有微观的、实证性研究。从取得的成果来看，语义学的重要分支认知语义学理论的外语教学应用研究最为活跃，在翻译教学、词汇教学领域尤为突出，依照的认知语义学理论主要包括框架语义学、范畴化理论、隐喻理论等。具体看来，框架语义学的理论能够比较有效地解决翻译教学中学习者对词汇意义理解不准确的问题。在词汇教学中，框架语义学理论、范畴化理论和隐喻理论的应用比较突出，研究结果表明这些语义学理论在教学中的有效使用有利于提高二语学习者对词汇的理解准确度以及对词汇理解的广度和深度，文化维度被视为词汇内涵不可分割的重要组成部分，同时突显了隐喻能力的重要价值。与此同时，语义学理论自身也在不断发展中，新的理论观点已逐步开始应用到教学实践中。

8.4 语义学与词典编纂、词典学研究

8.4.1 认知语义学视角下的词典编纂

语义学、词典编纂和词典学三者之间的关系可以大致描写为理论层次、实践层次和介于两者之间的中间层。语义学的相应理论引领词典学的发展，从而指导词典编纂实践的开展。词典编纂的任务是描写语言词汇，剖析词的语义结构及其使用特点。由于词本身是一个复杂单位，因此，词典学也涉及多种不同学科。顾柏林（1988）认为在各门学科中，语义学对词典编纂的关系应该是最为密切，影响最大的。语言随着时代变化而不断改变，词的语义也在发生不同类型的变化，如扩展、窄化、转移等，这表明语言变化不仅仅表现为新词的增加，也表现为词义的变化和扩展。正如胡壮麟（2014）所言，词典的增容既要看词数的增加，也要看每个词条中词义有否增加。可以说，词义的变化是推动词典编纂相关研究不断发展的动因之一。另外，语义学理论的更新使得词典编纂研究者审视词义关系等词的核心问题的视角发生改变，这也促进词典学理论和具体编纂工作向前发展。

第8章 语义学的应用研究

随着认知语义学的发展,其相关理论在词典编纂中也得到广泛应用。首先,框架语义学的理论被用于解决词典编纂工作中多义词的划分与释义问题。比较早的代表性研究有田兵(2003)的《多义词的认知语义框架与词典使用者的接受视野——探索多义词义项划分和释义的认知语言学模式》。该文基于框架语义学等理论重新审视多义词词义项划分和释义中的棘手问题,探究词的认知语义框架与词典使用者接受视野之间的关系,以实现词典释义与词典使用者接受视野之间的优化互动。可见,认知语义学的兴起为理论词典学提供了新的视角,也为解决词典编纂实践中的词义划分和释义的核心问题提供了新的解决思路。

近十年来,框架语义学与词典编纂相结合的研究不断发展,具有代表性的成果有章宜华(2010)的《认知语义学与新一代双语/双解学习词典的多维释义》。该文基于框架语义学理论探讨了双语学习词典的释义问题。为了解决目前主流英语学习词典缺乏信息关联性、趣味性,难以满足中国用户二语习得的需要这一问题,他基于认知语义学的思想,尤其是框架语义学思想,指出二语学习者的学习词典的释义应根据语词的属性和用户的语言认知特点,有选择地凸显认知显示度高的语义成分,全面准确地描写语义结构。该研究从词典使用者学习的角度为学习型词典未来编纂工作中如何更全面、有效地提供语词释义,促进二语习得提供了有价值的参考。同时也证明认知语义学的理论主张能够为词典编纂中存在的实际问题提供解决思路,使得词典的释义能够更好地为英语学习者服务,提升其使用价值。

框架语义学理论不仅被用来解决英汉学习词典编纂问题,还被用于指导其他不同类型学习词典的编纂。在这一领域,比较早的相关研究有刘晓梅(2005)的《释义元语言·语义框架·语义场对比解析》。她将框架语义学等思想用来指导高级外向型汉语学习词典的编纂,提出可借鉴框架理论概括描写词语的使用特征,可利用语义场提供同义、近义信息等。余丽娜、曾东京(2007)的《框架语义学在双语网络词典编纂中的应用》从框架语义学视角探讨双语网络词典编纂,认为以框架语义学为基础的框架网能够为高级学习者提供所需词汇的语义框架,更好地满足对词汇用法的需求。可见,框架语义学思想对不同类型的词典编纂具有较好的指导作用。近十年来,在相关研究影响下,已有不少词典的编纂方式采纳并体现了框架语义学思想，例如：黄建华（2014）主编的大型汉外词典《汉法大辞典》。该词典的编纂将认知语义学的研究成果借鉴到编纂之中，提出"将词汇视为有机的整体"，同时还十分重视帮助读者建立目标语的心理词汇语义网络（田兵，2016）。

框架语义学还被应用于建设汉语词汇语义数据库，即汉语框架语义网（Chinese FrameNet，CFN）。刘开瑛（2011）在论文《汉语框架语义网构建及其应用技术研究》中指出，他们已对3151个词元构建了309个框架，标注了2万多条句子，包括认知语义、法律和旅游等多个领域。台湾大学的杨宗翰等（2018）基于英汉双语平行语料库，将通过机器标注的英语框架成分转移到所对应的汉语句子上，从而实现汉语框架语义网的自动构建。以往的框架网构建，包括日语（Ohara et al.，2003）、韩语（Park et al.，2014）等都通过人工标注进行，既耗费人力，又难以在短期内实现大规模标注和构建。杨宗翰等（2018）自动标注和框架网构建方法，实现了779个框架构建，涵盖3.6万个词元，并且实现了86%的成功率，表明框架构建和语料标注自动化的可行性。

除了框架语义学思想外，认知语义学的原型理论也被用来指导词典编纂，主要围绕词典释义、义项区分和义项排列等问题展开。比较早的代表性成果有章宜华（2001）的《论充分必要条件与原型理论释义功能》。他指出传统理解型词典的释义方式有严重缺陷，亚里士多德式的释义方法终将被代替，但同时也提出原型释义可能出现语义释义过于烦琐的不足；方璐、陈丛海（2008）的《英汉学习词典中情态助动词的义项排列模式设想——以"must"为例》将原型理论应用于解决情态助动词在英汉学习词典里的义项排列问题。近十年来，原型理论在词典编纂中的应用进一步拓展，取得不少研究成果，有杨蔚（2011）的《试析原型及相关认知理论的词典效应》。文章指出原型理论的词典效应不仅能够在语言的语义层发挥作用，使得词典编纂者可通过分析语义范畴的原型特征及范畴引申机制，为词目做出符合认知规律的义项结构安排，而且该效应还可以延伸至词典的语用及句法层面，给编者提供更加适用于处理词汇原型语用功能及语法信息的编纂方式。靳亚铭（2013）在《试析原型理论词典效应的延伸及应用》一文中将原型理论的这种词

第8章 语义学的应用研究

典效应延伸到汉语语法工具书的编纂中。此外，李大国（2016）在博士论文《英汉双语学习词典原型释义模式的构建》中，以原型理论为视角对英汉双语学习词典的释义体系进行重构，并尝试对其释义做出统一解释；余小敏、林明金（2018）的《原型、体验、隐喻——原型理论对英汉学习型双解词典释义的启示》。该文指出原型理论对单语词典和双语词典中义项的划分、词条的排列等具有指导意义，能够为词典多义词的释义提供新的视角，对英汉学习型双解词典释义表现出明显优势。王仁强（2019）在《〈新世纪汉英大词典（第二版）〉兼类词表征策略略研究》一文中以范畴化理论为理论视角，将《新世纪汉英大词典》（第二版）作为研究对象，系统探讨了兼类词的表征策略，在肯定成绩的基础上指出存在的问题和解决方案。这些研究成果推动了不同类型词典编纂方式的不断更新，使之更符合语言的本质特征，更好地服务于词典使用者。

认知语义学的隐喻理论也在词典编纂中得到广泛应用，主要集中于探讨词典的义项呈现、词目编排、隐喻体现方式等，成果丰硕。较早的有王安民、王健（2006）的《从认知隐喻看外向型汉英学习词典中单字义项和复词条目的编排》。他们认为隐喻理论可以在一定程度上克服现有汉英词典中单字义项、复词条目的编排顺序的语义联系相互割裂的问题，更有利于外国学习者更好地构建词汇知识系统。梁秋花、姚喜明（2006）的《从隐喻的视角看〈朗文当代英语词典（第四版）〉的微观结构》以《朗文当代英语词典》为例，详细分析了隐喻理论与词典的微观结构，指出这可为未来英语学习词典编纂提供新的视角。这些研究成果为该领域近十年来的研究发展奠定了一定的基础。武继红（2010）在《论隐喻在学习词典中的表现方式》一文中结合具体实例探讨双语词典中在释义、例证、用法信息和辞源方面表现隐喻的方式，同时指出隐喻信息的处理必定会得到词典学界越来越多的重视。钟兰英等（2013）的《隐喻识别与基于语料库的学习型词典义项处理的界面研究》提出基于隐喻识别与词典义项处理界面的义项区分模式，尝试通过该模式描写潜在意义的发展轨迹，以帮助英语为外语的语言学习者发展隐喻能力。

随着认知语义学指导下的词典编纂研究的深入开展，传统辞典在释义方式、词项编排方面存在的问题显得越发明显。在此背景下，不少学者开始进一步致力于探索有别于传统的新型词典的编纂，例如：王馥芳（2015）在《"意义词典"的认知编排及其编撰实践范例》一文中，主张编纂作为词典类型学新成员的"意义词典"，并进一步阐释了该类型词典的认知编排方式及编纂实例。

8.4.2　认知语义学视角下的词典学研究

认知语义学不仅在指导不同类型词典编纂的具体方面取得了不少成绩，在词典学的理论发展层面也有突出成果。目前，研究热度较高的无疑是以认知语义学为基础的认知词典学（cognitive lexicography），该理论在国内外都得到了迅速的发展，并不断成熟起来，甚至成为词典学未来的发展方向。在这一领域，较早的代表性的研究有赵彦春（2003）的《认知词典学探索》，他从语言习得的认知规律出发从宏观层面探讨了认知词典学的理论特征、对语义问题的处理等，内容涉猎较广，包括意义理论、心理辞典、语义网络等。章宜华（2009）的著作《语义·认知·释义》比较系统地论述了语义、认知与词典释义之间的密切关系。

近十年来，国内学界的认知词典学研究十分活跃，成果丰硕，主要从语言认知与词典学的融合以及认知词典学的理论框架、特征、方法等视角展开研究。王仁强（2010）在《认知辞书学引论》一文中尝试构建认知辞书学学科研究体系，并且进一步探讨其学科定位、理论基础、研究任务和方法，提出认知辞书学研究新范式。章宜华（2011）的论文《用户认知视角的对外汉语词典释义研究》提出了基于认知语言学的意义驱动多维释义理论。王馥芳（2012）在《认知语义学对词典经典意义观的挑战》一文中从不同侧面探讨了认知语义学对词典学的借鉴作用，并指出认知语义学对词典经典释义方法提出了挑战。章宜华（2018，2019）的《认知词典学理论背景与研究框架》和《认知词典学刍议》两篇文章都探讨了认知词典学的理论基础、理论方法和释义基础。他在文中指出认知词典学借鉴了认知语言学的理论方法研究语言识解与词汇语义解释之间的关系，是一门注重从语言认知和用户视角对词典编纂和使用进行研究的学科,其理论方法包括认知语义观、语义框架与整体性等,词典编纂者可以系统运用认知语义学的理论方法,以语言实例或事件为基础,在语词释义结构中系统描写出词语的意义潜势。这些理论层面的研究成果,使得认知词典学作为一门学科的理论框架更为清晰,研究方法更为具体,研究对象更为明确,将其逐步推向发展的成熟阶段。

总之,近十年来,认知语义学与词典编纂和词典学表现出紧密的结合,从理论层面来看,认知语义学的"象征意义观"对理论词典学产生了较大影响。认知视角的词典学理论——认知词典学作为一种新的研究范式从孕育期逐渐发展到成熟期,学者们探索出了明确的理论框架,包括理论基础、理论方法等。从词典编纂具体工作来看,认知语义学的诸多理论思想如框架语义学、范畴化理论、隐喻理论,被证明能够较好地解决多义词词项划分、排列、释义等关键问题。在此基础上,传统词典的释义和编排方式不断丰富,得以优化。同时,更多体现认知语义学思想的新型词典不断涌现,如意义词典、框架网络词典等。认知词典学理论的不断发展必将提升词典编纂质量和词典使用效果。

8.5 未来研究趋势展望

8.5.1 基于语义学的翻译研究未来趋势

语义学与翻译研究的结合已有很长的历史,因为翻译的核心问题就是语义的再表达问题,而语义学的发展先后为翻译研究提供了多个理论模型和解释工具。因此,从语义学理论出发进行翻译理论构建,并对翻译中的语义及相关问题做出理论解释,既是两者的结合点,也是未来的重要趋势。特别是认知语义学的飞速发展,为认知翻译学急需的理论模型构建提供了很多理论来源。基于语义学,特别是认知语义学的翻译理论构建,主要有以下主要趋势:

一是现有理论模型的完善和进一步发展。基于前面所述,框架语义、概念隐喻、概念转喻等理论已经被应用于翻译研究,并构建了有关翻译的"框架操作论"、翻译的隐喻过程观和隐喻翻译的认知观、翻译的概念转喻过程观和转喻翻译的认知观等理论观点。应该说，这些理论主张已经为翻译过程和部分语言现象的翻译提供了较有力的解释，不过这些理论模型尚处于初步探索和发展阶段，所针对的对象也有必要进一步扩大范围，以便使理论模型解释力进一步增强。

二是基于更多语义学理论，特别是认知语义学理论构建新的翻译理论模型。认知语义学的很多理论都具有应用于翻译理论构建的可能性，如范畴化理论、意象图式理论、概念整合理论等。正是基于这一思想，文旭、肖开容（2019）进行了探索，将认知语义学的一些重要理论应用于翻译理论模型构建。这方面的构建还有必要进一步深入，特别是与不同类型、不同主题领域、不同媒介形式的翻译相结合，构建出更加具体、更有针对性的理论模型，并将其应用于具体语料的解释，如对法律翻译、金融翻译、医学翻译、哲学翻译、戏剧翻译、电影字幕翻译、口译、机器翻译等的研究。

三是语义学与其它领域的理论相结合进行翻译理论构建。翻译研究本身是一个高度跨学科的研究，目前的多学科交叉趋势更加明显，因此语义学与相关领域理论的结合应用于翻译研究是重要趋势。例如，国内核心期刊新近发表的学术论文已经出现了隐喻翻译研究的跨学科趋势。武光军、王瑞阳（2019）的《基于眼动技术的英译汉过程中隐喻翻译的认知努力研究——以经济文本中的婚姻隐喻翻译为例》，通过眼动技术的实证方法探索译者在隐喻翻译过程中的认知努力；杨明星、赵玉倩（2020）的《"政治等效+"框架下中国特色外交隐喻翻译策略研究》，从外交学、认知隐喻学和翻译学等跨学科的视角，基于真实案例，系统分析隐喻的文本特征和话语功能及其翻译标准。

这种跨学科的趋势未来会出现更多可能性。首先，认知语义理论与认知语法理论之间本就有紧密关系，将二者相结合开展翻译研究也是一大趋势。比如，基于认知语义学的框架理论和基于认知语法的构式理论相结合，可以避免翻译研究中将语义-语法割裂开来的不足，通过构建框架网和构式网开展系统研究。其次，语义学还可以与心理语言学、社会语言学等其他语言学分支研究相结合，作为翻译理论建构的基础。同时，正如哈文森（Halverson）（2013）所说，认知语义学也可以与双语

第 8 章　语义学的应用研究

理论、二语习得理论相结合探究翻译认知问题，特别是进行认知翻译理论模型的构建。

8.5.2　基于语义学的外语教学研究未来趋势

根据前述有关语义学与教学研究的成绩回顾，过去十年间国内的研究主要集中于框架理论、范畴化理论、概念隐喻理论等与翻译教学、词汇教学的研究。这些研究更多地侧重于从语义学理论出发，提出了一些教学思想、理论观点，构建了一些教学模式，更多是理论性的探索。未来的研究可能具有以下趋势：

一是基于现有的教学思想、观点和模式开展教学实践研究。这方面可体现为从已有思想、观点和模式出发，提出更加具体的教学策略、教学方法和实施过程。比如：基于范畴化思想的词汇教学模式，可进一步探索在不同层次的学习者中的具体应用方式，包括如何设计教案，有哪些教学方法，如何系统性地实施教学等。就学习者隐喻能力而言，应如何培养，采取哪些具体手段，与不同层次的学习者词汇学习的哪些方面在何种程度上相关都需要做更为深入的实践性探讨。

二是基于语义学理论的教学实证研究。教学研究的一种重要研究方法是实证研究。教学研究中学生是一个重要变量，学生的个体差异，以及教学内容、教学环境等都使得教学成为一个由多种变量构成的复杂研究对象。因此，前述的理论探索有必要得到实证研究的检验和完善。这些实证研究，可能基于现有理论模式或理论观点进行实验设计，对现有理论进行检验，也可能基于已提出的理论针对不同的研究对象进行修改、细化或补充，提出研究假设，并经过教学中的实验或其他实证研究方法进行证伪或证实，既能促进教学实践，也能将研究发现反馈于语义学理论模型，使其不断完善、修正，促进语言教学理论、双语理论、翻译理论和语言学理论的不断发展。

另外，语义学理论的最新和未来发展可进一步应用于语言教学理论和实践的发展，不断拓展研究话题。比如语篇语义学，特别是认知语篇语义理论的不断发展将推动语篇教学甚至翻译教学的发展。概念隐喻、转喻的多模态转向将使得探究学习者的多模态隐喻、转喻能力成为新的研究焦点，如学习者对不同语类（微电影、广告、口号、手势语等）的多模态隐喻、转喻的理解能力及教学方式。同时，认知语义学理论将应用于更多的教学领域，如语法、阅读和写作教学等。

8.5.3 基于语义学的词典编纂研究未来趋势

在词典编纂领域，认知词典学的理论框架将进一步得到更为细致和系统的研究。从目前已有研究来看，虽然认知词典学的理论框架和方法等都得到了一定程度的探究，词典编纂实践工作中的一些重要问题（如：编排方式等）在认知语义学理论指导下取得了一些突破，但认知词典学和词典编纂相互结合，也就是说系统地以认知词典学为理论视角指导词典编纂实践工作的研究并不多。一个新的理论只有在实际应用中才能发现其价值。认知词典学的理论发展如何系统性地优化词典编纂工作，有赖于二者的有机结合，因此，我们可以预见认知语义学理论驱动下的词典学理论和词典编纂实践互动层面的研究将成为焦点。另一方面，词典编纂的目的是满足用户的需求，有利于使用者使用的词典才是好词典。可见，词典学和词典编纂未来的发展趋势必然是从用户视角出发，以认知语义学理论为基础的综合性研究。

另外，词典编著研究方法更新将是一个重要趋势。以前的词典编纂更多是以词条为核心，而基于框架的词典编纂提供了一个全新的视角和词典体系，同时说明了未来的词典不再是单一模式，会涌现出更多在线的、动态的、基于语义和知识架构的不同类型词典。词典编纂的方法将越来越多地引入机器的参与，包括机器的自动识别与标注。同时，基于大规模、动态和多模态语料库，构建面向多种应用，特别是应用于人工智能、自然语言处理和多模态应用的知识库词典也是词典编纂的未来发展方向。

总体来说，从近十年来国内语义学应用研究所取得的成果来看，认知语义学将是未来推动语义学应用研究发展最为重要的语义学理论分支。同时，认知语言学研究自身也呈现出一个明显的发展趋势：理论与实践的结合以及理论在具体语言现象或相关学科领域中的应用（束定芳，2017：76）。认知语义学作为认知语言学的核心组成部分，也体现出这一发展趋势。认知语义学各个分支理论的新发展，必将推动其应用研究向纵深发展，因此，我们甚至可以预见出现"应用认知语义学"的可能性。此外，跨学科研究势必更加深入，利用神经和认知科学方法开展实证性研究也将是研究方法方面的发展趋势。

8.6 结语

语义学是语言学的重要分支，语义研究是语言学研究的中心内容。由于语义学是对意义的研究，因而跟与意义紧密相关的学科产生了深入的结合，涌现出大量的应用研究成果。本章重点归纳和展望了近十年来国内语义学理论在翻译、教学、词典编纂三个领域的应用研究所取得的成绩。从前文分析来看，无论是哪一个领域的应用研究，认知语义学的应用研究成果显得尤为突出。在翻译领域，认知语义学的理论主张与翻译研究发展趋势相契合，知识框架概念、概念隐喻、转喻成为翻译研究的重要议题，为翻译策略、翻译过程、中国典籍外译等提供了新的视角，从而推动翻译理论的发展，同时提高翻译译文的可理解性和读者适应性。在外语教学领域，认知语义学的框架语义学理论、范畴化理论、概念隐喻理论主要在翻译教学、词汇教学中得到广泛应用，不仅优化了教学方式和策略，而且推动了教学研究向纵深发展，产生了新的研究焦点，如词汇隐喻能力等。认知语义学还与词典编纂和词典学紧密结合，不断更新词典编纂中的释义方式、词项编排等，同时形成新的研究范式——认知词典学。虽然取得了辉煌的成绩，但毋庸置疑，不足与缺陷依然存在，每个应用领域仍有巨大的发展空间。未来语义学的应用研究，期待更多的学者加入不断创新语义学理论，更为广泛和深入地融和其他学科的发展前沿，共同开拓我国语义学应用研究的新天地。

参考文献

白解红，陈忠平 . 2011. 20 世纪中期以来英汉新词语的来源及其语义认知机制 . 外国语文，（5）：34–38.

白解红，王莎莎 . 2014. 汉语网络流行语"萌"语义演变及认知机制探析 . 湖北大学学报，（2）：139–142.

毕晋，肖奚强 . 2017. "说好的 X 呢"构式的语义演变与语用价值 . 语文研究，（2）：44–48.

蔡月红，朱倩，程显毅，杨天明 . 2009. 基于句义三维模型的汉语句子相似度计算 . 广西师范大学学报（自然科学版），（1）：153–156.

曹笃鑫，向明友 . 2017. 意义研究的流变：语义–语用界面视角 . 外语与外语教学，（4）：78–89.

曹笃鑫，向明友，杨国萍，管邦迪 . 2019. 意义三元表征模式探究 . 语言学研究，（2）：39–50.

曹灵美，柳超健 . 2018. "草"隐喻的英译认知研究——以《水浒传》四个译本为例 . 中国翻译，（6）：94–99.

曹炜 . 2001. 现代汉语词汇语义学 . 上海：学林出版社 .

常海潮 . 2012. 学习策略在歧义容忍度和英语水平之间的中介效应研究 . 外语界，（2）：81–88.

陈海燕，汪立荣 . 2013. 隐喻意识培养与大学英语词汇教学 . 解放军外国语学院学报，（3）：57–62.

陈晶晶，石运宝 . 2019. 语篇表示理论下的预设投射问题 . 重庆理工大学学报，（11）：12–19.

陈朗 . 2010. 二语教学中的隐喻能力培养 . 外语学刊，（5）：47–49.

陈朗 . 2017. 二语词汇教学的隐喻能力方略新境界 . 外语学刊，（2）：105–109.

陈丽霞，孙崇飞 . 2015. 认知语言学和语言类型学的互补与融合 . 江西财经大学学报，（3）：97–103.

陈莉，潘海华 . 2020a. 单调性与"都"的极项允准功能 . 外国语，（3）：14–24.

陈莉，潘海华 . 2020b. 极项理论中衍推关系的评估层面 . 中国语文，（2）：188–200.

陈琳琳 . 2013. 基于框架的汉语驴子句研究 . 天津：南开大学博士学位论文 .

陈淑梅 . 2006. 词汇语义学论集 . 北京：中国文史出版社 .

陈淑梅 . 2015. 从认知的角度看湖北英山方言的长时量 . 语言研究，（2）：78–84.

陈文博 . 2010. 汉语新型"被 + X"结构的语义认知解读 . 当代修辞学，（4）：80–87.

陈新仁. 2015. 语义学与语用学的分界：一种新方案. 外语教学与研究，(6)：838-849，959-960.

陈新仁，蔡一鸣. 2011. 为提喻正名——认知语义学视角下的提喻和转喻. 语言科学，(1)：93-100.

陈振宇，钱鹏. 2015. 蕴涵、预设和完备性. 当代语言学，(1)：98-109，126.

程工. 1998. 从对歧义句的分析看20世纪的句法学. 解放军外国语学院学报，(5)：3-5.

程琪龙. 2003. 领属框架及其语法体现. 外语与外语教学，(4)：1-4.

程琪龙. 2007. 语义框架和认知操作. 外语教学，(1)：1-4.

程琪龙. 2010. 转喻种种. 外语教学，(3)：1-6，12.

成善祯. 2003. 框架语义信息与语用等效. 苏州大学学报，(10)：72-74.

程文文，张显成. 2018. 汉语反义合成词的词汇化问题——以"早晚"一词为例，兼与袁嘉先生商榷. 中国海洋大学学报（社会科学版），(2)：119-123.

丛日珍，仇伟. 2016. 语义预设与语用预设的重叠性和互补性. 现代外语，(5)：594-604，728.

戴运财. 2016. 中国学者对英语关系从句挂靠的歧义消解. 外语，(6)：65-74.

代尊峰，孙洪波. 2014. 形式语义学发展综述. 外国语文，(3)：85-89.

邓静. 2010. 翻译研究的框架语义学视角评析. 外语教学与研究，(1)：66-71.

邓奇，杨忠. 2014. 英汉感官形容词语义认知与语义功能研究——以"Cold"与"冷"为例. 外语学刊，(1)：47-53.

邓奇，杨忠. 2019. 英汉感知形容词语义功能的演变研究——以"Cold"与"冷"为例. 西安外国语大学学报，(1)：12-17.

邓宇，李福印，陈文芳. 2015. 汉语隐喻运动事件的词汇化类型探究——整合语料库和实验的证据. 外语与外语教学，(3)：73-78.

邓云华，曾庆安. 2011. 英汉被动句理想化认知模式的研究. 外语研究，(2)：1-7，112.

丁昕. 1994. 关于正确语句问题. 解放军外国语学院学报，(1)：24-30.

董秀芳. 2016. 从比较选择到建议：兼论成分隐含在语义演变中的作用. 云南民族大学学报（哲学社会科学版），33（3）：108-113.

董正存. 2015. 汉语中序列到量化的语义演变模式. 中国语文，(3)：206-217，287.

董正存. 2017. 汉语中约量到可能认识情态的语义演变——以"多半"为例. 中国语文，(1)：63-73，127.

杜桂枝. 2018. 再论动词语义配价、支配模式与句子题元结构. 中国俄语教学，(3)：8-15，79.

范祥涛. 2017. 汉语文化典籍中的链式转喻及其英译研究. 外语教学，(6)：84-88.

方立. 2000. 逻辑语义学. 北京：北京语言大学出版社.

方璐，陈丛梅. 2008. 英汉学习词典中情态助动词的义项排列模式设想——以"must"为例. 辞书研究，(6)：70-76.

方子纯，陈坚林 . 2014. 基于语料库的同义形容词行为特征研究 . 外语教学与研究，
　　（6）：842–852.
房娜，张炜炜 . 2015. 认知社会语言学视角下的语言变异研究——基于近年来研究
　　论文的统计分析 . 中国社会语言学，（1）：69–79.
房印杰 . 2016. 语言学研究中的多因素分析 . 语料库语言学，（1）：82–92.
房印杰 . 2018. 搭配构式分析——应用与发展 . 现代外语，（3）：425–435.
房印杰，梁茂成 . 2020. 中国英语学习者关系代词取舍研究——语料库与实验法的
　　交叉验证 . 外语与外语教学，（3）：34–43.
丰国欣 . 2016. 汉英词汇对比研究 . 北京：清华大学出版社 .
冯予力 . 2018. 最大化操作在语义研究中的解释力——兼论其应用于汉语时的问题 .
　　外国语，（5）：38–47.
冯予力 . 2019. 全称量化逻辑与英汉全量限定词的语义刻画——以 "every" 和 "每"
　　为例 . 外语教学与研究，（2）：202–211.
冯予力，潘海华 . 2017. 集盖说一定必要吗？——谈集盖说在语义研究中的应用及
　　其局限性 . 当代语言学，（3）：379–395.
冯予力，潘海华 . 2018. 再论 "都" 的语义——从穷尽性和排他性谈起 . 中国语文，
　　（2）：177–194.
符淮青 . 1996. 词义的分析和描写 . 北京：语文出版社 .
扶丽华 . 2011. 论翻译的语义场效应关联性与可及性 . 外国语文，（5）：64–66.
傅兴尚 . 1999. 现代俄语事格语法 . 北京：军事谊文出版社 .
高明乐 . 2018. 词汇语义与句法接口 . 北京：北京语言大学出版社 .
高松 . 2013. 基于概率配价模式理论的花园幽径句研究 . 语言文字应用，（3）：126–132.
高彦梅 . 2015. 语篇语义框架研究 . 北京：北京大学出版社 .
高芸 . 2011. 从 SDRT 的视角探析汉语话语结构的修辞格式 . 重庆：西南大学博士
　　学位论文 .
高芸 . 2013. 形式语义学研究 . 北京：中国社会科学出版社 .
龚放 . 1996. 句义及其研究 . 外语教学，（3）：2–8，12.
龚鹏程，王文斌 . 2014. 体验哲学视域下的隐喻和转喻界面研究 . 外语教学，（2）：
　　1–6，112.
龚玉苗 . 2006. 隐喻意识与词汇教学，外语界，（1）：40–45，76.
顾柏林 . 1988. 新的语义学理论在词典编纂中的应用 . 中国俄语教学，（4）：14–19.
顾毅，张昊宇 . 2019. 书论典籍中人体隐喻的翻译——以《续书谱》英译本为例 .
　　中国科技翻译，（4）：44–47.
顾曰国 . 1994. John Searle 的言说行为理论：评判与借鉴 . 国外语言学，（3）：10–16.
关臣 . 2019. 框架语义下中英文化词语的翻译策略 . 英语广场，（8）：35–36.
关家玲，韩梅 . 2016. 转喻翻译与翻译转喻 . 江苏大学学报（社会科学版），（5）：
　　79–85.

郭高攀，廖华英．2016．框架语义的建构与翻译过程的概念整合——基于认知语料库"FrameNet"的翻译教学研究，（4）：33-36．
郭贵春．2009．语境的边界及其意义．哲学研究，（2）：94-100．
郭聿楷．1996．俄语句子的间接意义．中国俄语教学，（2）：23-29．
郭聿楷．1998．句子间的蕴涵关系．中国俄语教学，（3）：3-5．
韩百敬，薛芬．2012．形态表征的分支方向与结构性歧义词的解读偏向．外语教学与研究，（5）：728-737，80．
韩力扬，杨凯．2010．预设理论的形式化研究．学术界，（4）：85-90，284．
何亮．2016．汉语人体/物体部位词语的空-时语义演变．古汉语研究，（1）：63-73．
何伟，刘佳欢．2019．英汉语小句间逻辑语义关系及表征方式对比研究．北京科技大学学报（社会科学版），（2）：1-17．
何英玉．2003．我国外语界句子语义研究综述．解放军外国语学院学报，（2）：43-49．
何自然．1979．浅论英语结构的同义互换．现代外语，（4）：26-30．
侯国金．2012．语义学和语用学，得一可安意义之天下？——小议互补主义和语用学的跨学科潮流．英语研究，（2）：1-15．
侯瑞芬．2015．复合词"不"的多义性．汉语学习，（6）：19-27．
胡健，张佳易．2012．认知语言学与语料库语言学的结合：构式搭配分析法．外国语，（4）：61-69．
胡阳．2013．英语中 V-under/behind 类与 V-in/on 类 VPP 结构的歧义属性与来源．外语研究，（2）：33-40．
胡阳，陈晶莉．2014．二语习得中不可解特征的可及性研究——以英语 VPP 歧义习得为例．外语教学与研究，（5）：771-782，801．
胡壮麟．2014．词典编纂与语言学．当代外语研究，（8）：8-13．
华邵．1998．关于语句意思的组成模块．外语学刊，（4）：3-5．
皇甫素飞．2010．范畴转换对"程度副词+名词"结构的认知解释．西南民族大学学报，（7）：174-180．
黄芳．2016．先秦汉语全称量化词"群、众、凡"的语义特征及量化功能．湖北民族学院学报，（4）：172-175．
黄刚．2014．"西周诗歌中'维'字的实际所指及相关的物类事象——《诗经》解读中实词虚化倾向举要"．苏州大学学报（哲学社会科学版），（6）：146-151．
黄荷．2017．"英语文学最长句"中的逻辑语义关系：功能文体学视角．外语教学，（6）：37-41．
黄建华．2014．汉法大辞典．北京：外语教学与研究出版社．
黄莹．2016．"强化词'absolutely'搭配构式语义趋向与语义韵的历时变异"．西安外国语大学学报，（2）：39-43．
黄月华．2012．多义词"过"的认知研究．外语学刊，（4）：67-71．
黄瓒辉．2013．"都"和"总"事件量化功能的异同．中国语文，（3）：251-264．

黄瓒辉，石定栩. 2013. 量化事件的"每"结构. 世界汉语教学，（3）：305–318.
黄振荣. 2010. 条件句的强化与显义学说. 当代语言学，（4）：326–337.
贾冬梅，蓝纯. 2010."Water"与"水"的认知词义对比分析. 外语教学理论与实践，（3）：28–35.
贾光茂. 2020. 英汉语量词辖域歧义的认知语法研究. 现代外语，（4）：451–462.
贾彦德. 1999. 汉语语义学. 北京：北京大学出版社.
姜宏，徐颖. 1997. 预设与否定的功能. 中国俄语教学，（2）：3–7.
姜涛. 2015. 后格赖斯语境论的新发展：平衡语义学. 外语学刊，（1）：85–89.
蒋静忠，潘海华. 2013."都"的语义分合及解释规则. 中国语文，（1）：38–50.
蒋严. 1998. 语用推理与"都"的句法/语义特征. 现代外语，（1）：10–24.
蒋严. 2000. 汉语条件句的违实解释. 方梅等主编. 语法研究与探索. 北京：商务印书馆，257–279.
蒋严. 2005. 形式语用学与显义学说——兼谈显谓与汉语配价研究的关系. 刘丹青主编. 语言学前沿与汉语研究. 上海：上海教育出版社，143–170.
蒋严. 2011. 走近形式语用学. 上海：上海教育出版社.
蒋严，潘海华. 1998. 形式语义学引论. 北京：中国社会科学出版社.
蒋勇，廖巧云. 2012."从来"的隐现极性特征与梯级逻辑. 现代外语，（2）：118–124.
金立. 2011. 汉语句子的逻辑分析. 杭州：浙江大学出版社.
金立鑫. 1997. 功能解释语法的解释程序与配价研究. 外国语，（3）：44–49.
金胜昔. 2017. 论文认知语言学视域下唐诗经典中的转喻翻译研究. 长春：东北师范大学博士学位论文.
金胜昔，林正军. 2016. 译者主体性建构的概念整合机制. 外语与外语教学，（1）：116–121，149–150.
金小栋，吴福祥. 2019. 汉语中若干双向性的语义演变路径. 汉语学报，（4）：40–49，95–96.
靳亚铭. 2013. 试析原型理论词典效应的延伸及应用. 语文建设，（14）：10–11.
康灿辉. 2007. 试论语义学与语用学的互补性. 考试周刊，（43）：33–34.
康小明，吴婷婷. 2019. 修辞构式"尬+X"的竞争演变与定型. 现代语文，（12）：69–73.
匡芳涛. 2012. 隐喻的认知研究与英语词汇教学. 当代外语研究，（2）：13–17.
匡芳涛，林文治. 2015. 范畴化与英语词汇学习. 北京：科学出版社.
匡鹏飞. 2010."地位"和"地步"的词义演变及相互影响. 语文研究，（2）：16–20.
匡鹏飞，胡茜. 2013. 名词虚化为副词二例——"大力"和"死力"的语法化. 语言研究，（3）：84–90.
李宝伦. 2012. 修饰语量化词都对焦点敏感吗？. 当代语言学，（2）：111–128.
李宝伦. 2016. 汉语否定词"没（有）"和"不"对焦点敏感度的差异性. 当代语言学，（3）：368–386.

李宝伦，张蕾，潘海华．2009．汉语全称量化副词／分配算子的共现和语义分工．汉语学报，（3）：59–70．

李翠英．2011．语义异常的不同阐释路径．重庆文理学院学报（社会科学版），（5）：104–108．

李大国．2016．英汉双语学习词典原型释义模式构建．苏州：苏州大学博士学位论文．

李丹，赖玮．2011．无条件句列举式条件分句内部的逻辑语义关系．科教导刊（中旬刊），（8）：208，223．

李福印．2017．典型位移运动事件表征中的路径要素．外语教学，（4）：1–6．

李广瑜．2014．主观化视角下"不得"的语义演变．汉语研究，（4）：69–76．

李可胜．2009．语言学中的形式语义学．中国社会科学院研究生院学报，（2）：112–117．

李可胜，邹崇理．2013．公理形式演绎：从形式句法到形式语义．江西社会科学，（8）：54–58．

李克，卢卫中．2017．英语专业学生转喻能力对翻译能力的影响探究．外语界，（1）：64–71．

李美香．2015．汉韩同形词语义对应的分析方法及等级划分．汉语学习，（4）：95–103．

李青青．2013．语义异常组合词探究．青岛：中国海洋大学博士学位论文．

李荣宝．1992．歧义研究述评．福建外语，（Z2）：1–5，9．

李思旭，沈彩云．2015．构式"爱V不V"的认知语义及整合度等级．韩语学习，（2）：57–65．

李文山．2013．也论"都"的语义复杂性及其统一刻画．世界汉语教学，（3）：319–330．

李锡胤．1998．事格与句义．外语与外语教学，（7）：3–5．

李小军．2016．汉语量词"个"的语义演化模式．语言科学，（2）：150–164．

李艳平，朱玉山．2011．英语语法教学的原型范畴理论观．外语教学，（1）：62–65．

李艳芝，吴义诚．2018．[V+非受事NP]表达式的构式演变．现代外语，（2）：147–160．

李旖旎．2011．日语身体部位词"手"的语义扩展的认知性研究——以隐喻、提喻和转喻表达为中心．河南师范大学学报（哲学社会科学版），（2）：199–201．

李毅，石磊．2010．教学中的多模态隐喻——应用隐喻研究的新方向．外语电化教学，（3）：47–49，56．

李月平．2009．从认知框架视角探讨外语词汇的国俗语义教学．外语界，（2）：92–96．

梁秋花，姚喜明．2006．从隐喻的视角看《朗文当代英语词典（第四版）》的微观结构．辞书研究，（4）：126–131．

梁晓晖．2013．《丰乳肥臀》中主题意象的翻译——论葛浩文对概念隐喻的英译．外国语文，（5）：93–99．

林海霞．2015．框架语义学对《雷雨》英译的指导性语用研究．南通大学学报（哲学社会科学版），31（5）：82–86．

林璐，王旭．2016．历时语言学与语料库语言学结合：近邻聚类分析法．外语教育研究，（1）：6–12．

林萌，罗森林，贾丛飞，韩磊，原玉娇，潘丽敏. 2015. 融合句义结构模型的微博话题摘要算法. 浙江大学学报（工学版），（12）：2316-2325.
林若望. 2016. "的"字结构、模态与违实推理. 中国语文，（2）：131-151.
林夏青. 2017. 命题、句义和话语义的区别. 校园英语，（26）：212.
林懿，司联合. 2005. 论语义能力及其培养. 南京师范大学学报（高教研究专辑），23-30.
刘彬，袁毓林. 2018. "怀疑"的词汇歧义和意义识解策略. 外语教学与研究，（1）：15-23，159.
刘丙丽，刘海涛. 2011. 基于语料库的汉语动词句法配价历时研究. 语言教学与研究，（6）：83-89.
刘根辉. 2005. 形式语用学研究综论——简论汉语形式语用学研究发展的思路. 语言研究，（1）：12-18.
刘国辉. 2010. 框架语义学对翻译的"三步曲"启示——认知图式、框架和识解. 外国语文，（8）：74-79.
刘慧，于林龙. 2019. LCCM理论下汉语名词"时间"的多义性研究. 外语学刊，（3）：20-25.
刘慧娟，潘海华，胡建华. 2011. 汉语添加算子的习得. 当代语言学，（3）：193-216.
刘继斌，范春煜. 2018. 语义结构视域下句子形式与意义的关系. 哈尔滨学院学报，（6）：102-105.
刘坚，曹广顺，吴福祥. 1995. 论诱发汉语词汇语法化的若干因素. 中国语文，（3）：12-18.
刘娟，刘晓艳，刘怡春. 2013. 从语义学角度谈英语中的歧义现象. 西安电子科技大学学报（社会科学版），（3）：133-136.
刘开瑛. 2011. 汉语框架语义网构建及其应用技术研究. 中文信息学报，（6）：46-62.
刘利. 2016. 动词"开"的语义演变路径. 南昌：江西师范大学硕士学位论文.
刘丽萍. 2014. 否定辖域及焦点否定之语义解释. 语言教学与研究，（5）：69-78.
刘龙根. 2001. 维特根斯坦语义理论刍议. 吉林大学社会科学学报，（5）：101-105.
刘龙根. 2011. 未言说成分——神话抑或实体？. 中国外语，（2）：50-56.
刘龙根，伍思静. 2013. 最小语义学的又一力作——《意义新论》述介. 外国语，（5）：87-91.
刘明明. 2018. 汉语的焦点副词与疑问词的形式语义学分析. 北京：北京大学出版社.
刘伟. 2017. 从框架语义学方向研究中国文化及翻译. 教育现代化，（4）：87-88.
刘文硕，逄悦. 2017. 语义学与语用学的分界. 佳木斯职业学院学报，（2）：374，376.
刘晓梅. 2005. 释义元语言·语义框架·语义场对比解析——谈高级外向型汉语学习词典的几个问题. 学术交流，（8）：144-148.
刘宇红. 2010. 词汇语义与句法界面研究的三种模式. 外语与外语教学，（6）：1-6.

刘宇红．2011．从格语法到框架语义学再到构式语法．解放军外国语学院学报，（1）：5-9．
刘玉倩，孟凯．2019．二语学习者反义复合词词义识解的影响因素．汉语学习，（3）：69-77．
刘源甫．2010．科技英语语义场同化效应与翻译．中国科技翻译，（2）：1-3．
刘越莲．2010．委婉语与禁忌语的家族相似性研究．外语教学，（6）：10-13．
娄永强．2012．论情境语义的语用视角．重庆理工大学学报，（8）：6-11．
卢卫中．2011．转喻的理解与翻译．中国翻译，（2）：64-67．
卢卫中．2015．基于认知的英汉词义对比研究——关于对比认知词义学的构想．外国语（上海外国语大学学报），（3）：33-40．
吕公礼．2003．形式语用学浅论．外国语，（4）：15-23．
吕骏，卢达威．2018．汉语母语者对英语量化词语义辖域的习得研究．外语教学与研究，（5）：542-555．
吕骏，吴芙芸．2017．试论指量词在汉语关系从句中不对称分布的可习得性——来自二语语料库及产出实验的证据．解放军外国语学院学报，（4）：62-70．
吕叔湘主编．1999．现代汉语八百词（增订本）．北京：商务印书馆．
陆俭明．2004．词的具体意义对句子意思理解的影响．汉语学习，（2）：1-5．
陆军．2017．二语隐性、显性搭配知识特征研究——一项语料库数据分析与心理语言实验的接口案例．解放军外国语学院学报，（3）：1-9．
罗堃．2011．甘肃宁县方言起始体标记"开"的多角度研究．武汉：华中师范大学硕士学位论文．
罗森林，白建敏，潘丽敏，韩磊，孟强．2016．融合句义特征的多文档自动摘要算法研究．北京理工大学学报，（10）：1059-1064．
马博森．1995．英语语法歧义现象的多级阶和多元功能解释．外国语，（6）：14-18，80．
马清华．2003．词汇语法化的动因．汉语学习，（2）：13-18．
马书红．2010．英语空间介词语义成员的分类与习得——基于范畴化理论的实证研究．解放军外国语学院学报，（4）：64-69，127．
马永田．2014．汉英量名结构的认知识解．解放军外国语学院学报，（2）：77-85．
马云霞．2010．从身体行为到言说行为——修辞动因下言说动词的扩展．当代修辞学，（5）：63-73．
马云霞．2012．从身体行为到言说行为的词义演变．语言教学与研究，（4）：89-96．
毛海燕．2010．基于Frame Net的英汉词汇语义对比模式探索——以英汉情感框架词汇语义对比研究为例．外语学刊，（4）：48-51．
孟凯．2018．现代汉语复音动词虚化的语义条件．语文研究，（2）：26-32．
苗菊，黄少爽．2014．从概念整合理论视角试析翻译准则．外语教学，（1）：94-99．
倪波．1983．词汇功能和语句同义转换．外国语，（6）：39-44．

牛长伟，潘海华. 2015. 关于"每 +Num+CL+NP+ 都 / 各"中数词受限的解释. 汉语学习,（6）：10–18.

潘海华. 1996. 篇章表述理论概说. 国外语言学,（3）：17–26.

潘海华. 2006. 焦点、三分结构与汉语"都"的语义解释. 中国语文杂志社编. 语法研究和探索（第十三辑）. 北京：商务印书馆，63–84.

潘海华，胡建华，黄瓒辉. 2009. "每 NP"的分布限制及其语义解释. 程工，刘丹青主编. 汉语的形式与功能研究. 北京：商务印书馆，110–122.

潘秋平，张家敏. 2017. 语义地图看五味之词的语义演变. 语言学论丛,（1）：318–372.

潘文国. 2003. 英语对比纲要. 北京：北京语言大学出版社.

潘艳艳. 2003. 框架语义学：理论与应用. 外语研究,（5）：14–18.

潘艳艳，张辉. 2013. 多模态语篇的认知机制研究——以《中国国家形象片·角度篇》为例. 外语研究,（1）：10–19，112.

庞杨. 2016. 词汇同义关系的在线构建与认知相似性. 外语教学,（1）：29–32.

庞杨，张绍杰. 2012. 词汇同义关系的认知关联解读. 外语学刊,（4）：85–89.

彭家法. 2005. 当代形式语义学的争鸣与进展. 外语学刊,（3）：46–50.

彭家法. 2007. 当代形式语义研究新进展——意义研究从静态向动态的转向. 安徽大学学报,（4）：68–72.

彭睿. 2016. 语法化·历时构式语法·构式化——历时形态句法理论方法的演进. 语言教学与研究,（2）：14–29.

彭懿，白解红. 2010. 形容词多义问题的识解差异探究. 外语与外语教学,（3）：12–15.

彭玉海. 1997. 谈语句意思结构体. 中国俄语教学,（2）：7–11.

彭玉海. 2001. 预设的语义描写功能. 中国俄语教学,（4）：2–10.

彭玉海，于鑫. 2013. 隐喻性思维动词及其喻义衍生——动词多义性与隐喻. 外语学刊,（6）：25–29.

钱军. 1994. 布拉格学派的句法语义学. 外语学刊,（2）：1–8，12.

邱述德. 1992. 歧义刍议. 外语与外语教学,（3）：16–21.

丘震强. 2003. 义句的两种"态"及其联系. 怀化学院学报,（4）：71–75.

冉永平. 2005. 当代语用学的发展趋势. 现代外语,（4）：403–412.

任伟亚，龙雁. 2012. 范畴化与英语词汇教学. 中国教育学刊,（1）：17–18.

尚新. 2011. 集盖、事件类型与汉语"都"字句的双层级量化. 外语教学与研究,（3）：363–374.

邵斌. 2014. 词汇·语义·认知·语料库——比利时鲁汶大学 Dirk Geeraerts 教授访谈录. 外国语,（2）：86–92.

邵斌. 2019. 英汉词汇对比研究. 北京：外语教学与研究出版社.

邵斌，何莲珍，王文斌. 2012. 基于语料库的英语新词认知语义研究——以"碳族复合词"为例. 外语教学理论与实践,（4）：21–27.

邵斌, 王文斌. 2014. 基于语料库的新兴词缀研究——以英语"-friendly"为例. 现代外语, (4): 461–471.

邵斌, 王文斌, 黄丹青. 2017. 英语强化词的构式搭配分析及其可视化研究. 外语教学与研究, (3): 379–391.

沈家煊. 1985. 英语中的歧义类型. 现代外语, (1): 26–35.

沈家煊. 1994. "语法化"研究综观. 外语教学与研究, (4): 18–25.

沈家煊. 2003. 复句三域"行、知、言". 中国语文, (3): 5–14, 97.

沈家煊. 2014. 汉语的逻辑这个样, 汉语是这样的——为赵元任先生诞辰120周年而作之二. 语言教学与研究, (2): 1–10.

沈家煊. 2015. 走出"都"的量化迷途: 向右不向左. 中国语文, (1): 3–17.

沈园. 2011. 语境决定论挑战下的形式语义学研究——问题与应对. 现代外语, (4): 413–419.

沈园. 2015. 形式语义学领域的语境研究. 当代语言学, (4): 470–483.

沈园. 2017. 形式语义学和实验方法. 当代语言学, (2): 234–245.

沈园. 2020. 语义诊断测试: 方法和误区. 当代语言学, (1): 87–97.

施春宏. 2012. 词义结构的认知基础及释义原则. 中国语文, (2): 114–127.

施春宏. 2013a. 新"被"字式的生成机制、语义理解及语用效应. 当代修辞学, (1): 12–28.

施春宏. 2013b. 再论动结式的配价层级及其歧价现象. 语言教学与研究, (5): 65–74.

石定栩, 孙嘉铭. 2016. 频率副词与概率副词——从"常常"与"往往"说起. 世界汉语教学, (3): 291–302.

石慧敏. 2016. 量度义双音复合词"深浅"的语义演变及语用动因. 当代修辞学, (3): 87–94.

石毓智. 2002. 汉语发展史上的双音化趋势和动补结构的产生——语音变化对语法发展的影响. 语言研究, (1): 1–14.

束定芳. 2017. 隐喻研究的若干新进展. 英语研究, (6): 71–79.

束定芳, 唐树华. 2008. 认知词汇语义学回眸. 束定芳编著. 语言研究的语用和认知视角. 上海: 上海外语教育出版社, 115–145.

双文庭, 杨润青. 2018. 语义框架与英语词义的理解与教学——兼谈语料库在英语词义教学中的运用. 外国语文, (6): 138–145.

司联合. 2003. 论汉语繁复句的句类系统. 南京师范大学文学院学报, (2): 132–138.

司联合. 2004. 论句子意义的生成. 外语与外语教学, (7): 1–4.

司联合. 2007. 论句子意义中结构意义和词汇意义的互动关系. 外语与外语教学, (12): 12–14.

司联合, 张伟平. 2005. 论句子语义学的研究. 河南理工大学学报, (4): 304–309.

苏新春. 1992. 汉语词义学. 广州: 广东教育出版社.

苏颖, 吴福祥. 2016. 上古汉语状位形容词的用法及其虚化. 语文研究, (4): 42–46.

孙成娇 . 2015. "拿"类手部动词词汇化模式的英汉对比研究 . 解放军外国语学院学报,
    38（4）: 22–28, 159.
孙崇飞, 钟守满 . 2013. 手部动词"拿"义及其认知机制 . 外语研究,（3）: 41–47.
孙道功 . 2011. 词汇 – 句法语义的衔接研究 . 北京: 世界图书出版公司 .
孙凤兰 . 2016. 概念隐喻视角下的《黄帝内经》英译 . 上海翻译,（2）: 84–88.
孙海燕, 齐建晓 . 2020. 学习者英语动词配价结构使用特征探究 . 外语与外语教学,
    （3）: 72–81, 148.
孙淑芳 . 2015. 俄汉语义对比研究 . 北京: 商务印书馆 .
孙鑫鑫 . 2015. 基于 COHA 语料库 Way 构式历时区别词素搭配研究 . 无锡: 江南大学
    硕士学位论文 .
孙亚 . 2001. 心理空间理论与翻译 . 上海科技翻译,（4）: 12–14.
谭璨 . 2018. 试论语义学和语用学的关系 . 青年文学家,（3）: 190.
谭业升 . 2010. 转喻的图式 – 例示与翻译的认知路径 . 外语教学与研究,（6）: 465–471.
唐静, 雷容 . 2015. 句法 – 语义不对称性现象的认知语言学解释——以近义词"rob"
    和"steal"为例 . 武汉理工大学学报（社会科学版）,（3）: 586–590.
唐玲, 王维倩 . 2014. 基于概念隐喻理论的英语习语理解与记忆研究 . 外语学刊,
    （5）: 55–58, 65, 112.
唐树华, 孙序, 陈玉梅 . 2011. 基于语料库的常规隐喻概念投射路径对比与翻译
    处理研究 . 外语教学,（1）: 108–112.
唐贤清, 李洪乾 . 2016. 认知语言学视角下泛化军事术语的概念整合模式 . 语言文字
    运用,（4）: 42–51.
唐铁雯, 陈晓湘 . 2018. 中国学习者英语量化辖域解读的实验研究 . 外语教学与
    研究,（2）: 205–217.
田兵 . 2003. 多义词的认知语义框架与词典使用者的接受视野——探索多义词义项
    划分和释义的认知语言学模式 . 现代外语,（4）: 340–350.
田兵 . 2016. 大型汉外词典编纂设计特色研究——以《汉法大辞典》为例 . 辞书研究,
    （5）: 7–16.
田笑语, 张炜炜 . 2020. 汉语变体中分析型致使构式变异研究——多分类逻辑斯蒂
    回归建模 . 外语与外语教学,（3）: 22–33.
田臻 . 2012. 汉语存在构式与动词关联度的实证研究 . 语言教学与研究,（3）: 58–65.
佟福奇 . 2012. 条件关系范畴的语言表达 . 长春: 吉林大学博士学位论文 .
汪锋, 魏久乔 . 2017. 语义演变、语言接触与词汇传播——*la "茶"的起源与传播 .
    民族语文,（5）: 61–78.
汪立荣 . 2005. 从框架理论看翻译 . 中国翻译,（5）: 2–32.
汪立荣 . 2006. 隐义显译与显义隐译及其认知解释 . 外语教学与研究,（5）: 208–214.
汪立荣 . 2011. 框架语义学对二语词汇教学的启示 . 外语研究,（3）: 49–56.
汪少华, 王鹏 . 2011. 歇后语的概念整合分析 . 外语研究,（4）: 40–44.

汪新筱，严秀英，张积家，董方虹．2017．平辈亲属词语义加工中长幼概念的空间隐喻和重量隐喻：来自中国朝鲜族和汉族的证据．心理学报，（2）：174–185．
汪珍，杨思慧，胡东平．2010．框架理论视角下鲁迅小说中隐喻的英语策略——以《狂人日记》和《药》为例．湖南农业大学学报，（1）：87–94．
王安民，王健．2006．从认知隐喻看外向型汉英学习词典中单字义项和复词条目的编排．辞书研究，（4）：92–98．
王春辉．2016．汉语条件句违实义的可及因素．汉语学习，（1）：12–20．
王芬，陈雄新．2010．原形范畴理论指导下英语词汇教学的应用研究．外国语文，（4）：114–116．
王馥芳．2012．认知语义学对词典经典意义观的挑战．上海市辞书协会秘书处编．辞书论集（二）．上海：上海辞书出版社，115–126．
王馥芳．2015．"意义词典"的认知编排及其编纂实践范例．辞书研究，（5）：9–17．
王红旗．2020．存在歧义格式吗？汉语学习，（3）：3–12．
王红卫．2012．认知语义学的四个指导原则．淮北师范大学学报（哲学社会科学版），（3）：103–106．
王洪磊．2015．基于失语症患者的汉语动词配价实证研究．外语研究，（6）：42–47．
王娟，张积家．2016．义符的类别一致性和家族大小影响形声字的语义加工．心理学报，（11）：1390–1400．
王坤．2014．汉英小句的及物性和逻辑语义关系对比——以莫言的"诺贝尔奖讲座"英译文为例．外国语言文学，（1）：30–35．
王力．1980．汉语史稿（修订本）．北京：中华书局．
王琳．2014．汉英语码转换的句法变异问题探索——基于树库的动词句法配价分析．外语与外语教学，（5）：47–53．
王梦，武文斌．2012．无选择性约束在汉语驴子句中的运用．河北大学学报，（2）：119–122．
王明树．2017．概念隐喻视角下翻译原则、翻译策略或方法选取背后的认知机制．外国语文，（2）：99–103．
王铭玉．1996a．现代俄语同义句的界定标准．中国俄语教学，（1）：1–7．
王铭玉．1996b．现代俄语同义句的分类．中国俄语教学，（2）：1–5．
王倩，罗森林，韩磊，潘丽敏．2014．基于谓词及句义类型块的汉语句义类型识别．中文信息学报，（2）：8–16．
王仁强．2010．认知辞书学引论．外语学刊，（5）：36–39．
王仁强，霍忠振，邓娇．2019．《新世纪汉英大词典（第二版）》兼类词表征策略研究．外国语文，（2）：11–22．
王仁强，杨旭．2017．"出版"的词类问题与向心结构之争——一项基于双层词类范畴化理论的研究．汉语学报，（4）：26–35，95–96．
王士元．2011．演化语言学的演化．当代语言学，（1）：1–21，93．

王守元，刘震前. 2003. 隐喻与文化教学. 外语教学，（1）：48–53.
王涛，杨亦鸣. 2017. 晚期高熟练度汉英双语者名动加工的fMRI研究. 外语学刊，（6）：60–66.
王天翼，王寅. 2010. 从"意义用法论"到"基于用法的模型". 外语教学，（6）：6–9.
王天翼，王寅. 2017. 后现代哲学视野下的体认语言学. 外语教学，（4）：12–17.
王彤伟. 2009. 汉语同义词的认知学思考. 社会科学家，（1）：145–148.
王文斌. 2001. 英语词汇语义学. 杭州：浙江教育出版社.
王文斌. 2015. 从图形与背景的可逆性看一词多义的成因——以汉语动词"吃"和英语动词"make"为例. 外语与外语教学，（5）：36–41.
王欣. 2012. 蒙太古语法与现代汉语虚词研究. 北京：北京语言大学出版社.
王雅刚. 2010. Thanks to 语法化过程中的语义演变. 外国语言文学，27（3）：165–170，184，216.
王宜广. 2015. 动趋式"V开"的语义扩展路径——基于概念结构理论. 汉语学习，（1）：38–46.
王寅. 2014a. 后现代哲学视野下的体认语言学. 外国语文，（6）：61–67.
王寅. 2014b. 语义理论与语言教学（第二版）. 上海：上海外语教育出版社.
王寅. 2019. 翻译的隐转喻学——以英语电影名汉译为例. 上海翻译，（3）：7–12.
王瑜，隋铭才. 2015. 遮蔽启动范式下第二语言词汇歧义识别研究. 外语学刊，（6）：116–122.
王宇婴. 2013. 汉语违实成分研究. 北京：中国社会科学出版社.
王媛. 2011a. 进行体语义研究述评. 外国语，（3）：31–39.
王媛. 2011b. 事件分解和持续性语义研究. 北京：北京大学博士学位论文.
王悦，张积家. 2017. 中国英语学习者翻译歧义词的跨语言识别. 外语界，（4）：71–78，87.
王志英. 2014. 强化否定构式"小心别VP". 汉语学习，（4）：66–72.
卫乃兴. 2002. 语义韵研究的一般方法. 外语教学与研究，（4）：300–307.
魏清光，瞿宗德. 2008. 语义、框架与翻译教学. 河北师范大学学报，（12）：103–107.
魏在江. 2010a. 概念转喻与语篇连贯——认知与语篇的界面研究. 外国语文，（2）：57–61.
魏在江. 2010b. 预设三论：表达论、接受论、互动论. 外语学刊，（6）：49–52.
魏在江. 2010c. 宾语隐形的预设机制与认知识解. 外语教学，（6）：20–23.
魏在江. 2011a. 语用预设的语篇评价功能——语篇语用学界面研究. 中国外语，（2）：23–29.
魏在江. 2011b. 语用预设的构式研究——以汉语楼盘广告为例. 外语学刊，（3）：19–23.
魏在江. 2011c. 英汉拈连辞格预设意义的构式研究. 外语与外语教学，（5）：5–8.
魏在江. 2012. 语用预设的接受心理与认知期待. 外语学刊，（5）：31–36.

魏在江. 2013. 语用预设与句法构式研究——以汉语不及物动词带宾语为例. 外语学刊,（4）: 63–67.
魏在江. 2016. 概念转喻的体验哲学观. 现代外语,（3）: 358–368, 438.
魏在江. 2019. 体认语言学视域下汉语成语的转喻机制研究. 中国外语,（6）: 26–33.
温宾利. 1997. 英语的"驴句"与汉语的"什么……什么句". 现代外语,（3）: 1–13.
温宾利. 1998. "什么……什么句": 一种关系结构. 现代外语,（4）: 1–17.
文卫平. 2006. 英汉驴子句研究. 北京: 北京语言大学博士学位论文.
文卫平. 2013. 英汉负极词 any 与"任何"的允准. 外语教学与研究,（2）: 185–199.
文卫平, 方立. 2008. 汉语驴句研究. 外语教学与研究,（5）: 323–331.
文旭. 1998.《语法化》简介. 当代语言学,（3）: 15–18.
文旭. 2019. 基于"社会认知"的社会认知语言学. 现代外语,（3）: 293–305.
文旭, 匡芳涛. 2016. 英语词汇教学的范畴化研究. 英语研究,（1）: 111–120.
文旭, 肖开容. 2019. 认知翻译学. 北京: 北京大学出版社.
文旭, 杨坤. 2015. 构式语法研究的历时去向——历时构式语法论纲. 中国外语,（1）: 26–34.
文旭, 杨旭. 2016. 构式化: 历时构式语法研究的新路径. 现代外语, 6（5）: 5–15, 146.
吴安其. 2004. 语言接触对语言演变的影响. 民族语文,（1）: 1–9.
吴宝安. 2011. 小议"头"与"首"的词义演变. 语言研究, 31（2）: 124–127.
吴春相, 曹春静. 2018. 当代汉语"最高级"从序列到程度的语义演变. 汉语学习,（2）: 15–24.
吴芙芸, 李立园. 2015. 汉语辖域关系的在线理解: 以全称量化词与否定词为例. 当代语言学,（4）: 400–413.
吴福祥. 2014. 语言接触与语义复制——关于接触引发的语义演变. 苏州大学学报,（1）: 113–119.
吴福祥. 2015. 汉语语义演变研究的回顾与前瞻. 古汉语研究,（4）: 2–13.
吴诗玉, 马拯. 2015. 二语词汇语义加工中的"促进而无抑制现象"研究. 现代外语,（5）: 646–655.
吴诗玉, 马拯, 胡青青. 2017. 中国英语学习者词汇与概念表征发展研究: 来自混合效应模型的证据作者. 外语教学与研究,（5）: 767–779.
吴诗玉, 杨枫. 2016. 二语词汇语义加工中的"跨词干扰效应"研究. 外语教学,（3）: 45–50.
吴世雄, 陈维振. 2004. 范畴理论的发展及其对认知语言学的贡献. 外国语,（4）: 34–40.
吴淑琼. 2019. 国外认知词汇语义学的最新发展. 外语教学,（3）: 19–25.
吴淑琼, 刘迪麟. 2020. 词汇语义的语料库量化研究: 基于语料库的行为特征分析. 英语研究,（11）: 153–164.

吴淑琼，邱欢．2017．反义词共现构式"X 的 Y 的"的句法语义研究．西南政法大学学报，（6）：129–135．
吴为善．2003．双音化、语法化和韵律词的再分析，汉语学习，（2）：8–14．
吴为善．2012．"NP 受 + VPt + QM"句式的多义性及其同构性解析．世界汉语教学，（2）：147–157．
吴小芳，肖坤学．2016．基于语料库的英语动词近义词辨析的认知语言学研究．外语研究，（5）：46–51．
吴义诚，周永．2019．"都"的显域和隐域．当代语言学，（2）：159–180．
伍思静，刘龙根．2012．语义学／语用学"界面"说——误导抑或启迪？中国外语，（4）：34–39．
伍思静，张荆欣．2018．再论语义学／语用学界面之争．外语学刊，（3）：7–14．
武光军，王瑞阳．2019．基于眼动技术的英译汉过程中隐喻翻译的认知努力研究——以经济文本中的婚姻隐喻翻译为例．中国外语，（4）：95–103．
武继红．2010．论隐喻在学习词典中的表现方式．辞书研究，（2）：69–77．
夏年喜．2006．从 DRT 到 SDRT——动态语义理论的新发展．哲学动态，（6）：52–56．
夏年喜．2010．从 DRT 与 SDRT 看照应关系的逻辑解释．重庆理工大学学报，（7）：8–11．
夏洋，李佳．2017．语义学与语用学界面研究——词汇语用学研究重点议题概述．福建教育学院学报，（1）：117–120．
肖家燕，李恒威．2010．概念隐喻视角下的隐喻翻译研究．中国外语，（5）：106–111．
肖开容．2013．知识系统与中国侠文化语际传播——从框架理论看金庸武侠小说英译．西南大学学报，（4）：94–101．
肖开容．2017．诗歌翻译中的框架操作：中国古诗英译认知研究．北京：科学出版社．
肖治野，沈家煊．2009．"了 2"的行、知、言三域．中国语文，（3）：518–527，576．
解惠全．1987．谈实词的虚化．语言研究论丛（第四辑）．天津：南开大学出版社．
辛献云．2010．从框架理论看文学翻译中认知框架的构建．浙江教育学院学报，（6）：54–60．
熊李艳，赵毅，黄卫春，钟茂生，黄晓辉．2016．基于句义结构分析的中文人名消歧．计算机应用研究，（10）：2898–2901．
熊仲儒．2008．"都"的右向语义关联．现代外语，（1）：13–25．
熊仲儒．2016．"总"与"都"量化对象的差异．中国语文，（3）：276–288．
徐烈炯．2014．"都"是全称量词吗？．中国语文，（6）：498–507．
徐烈炯，沈阳．1998．题元理论与汉语配价问题．当代语言学，（3）：3–5．
徐盛桓．1993．"预设"新论．外语学刊，（1）：1–8．
徐盛桓．2001．语言学研究方法论探微——一份建议性的提纲．外国语，（5）：1–10．
徐式婧．2017．汉语条件句的构式化和历时演变．古汉语研究，（3）：29–40，103．
徐志林．2012．歧义双宾句式语义分化策略与历时考察．语文研究，（3）：24–28．

许家金. 2020. 多因素语境共选: 语料库语言学新进展. 外语教学与研究, (3): 1–11.
许余龙. 2010. 对比语言学. 上海: 上海外语教育出版社.
玄玥. 2010. "见"不是虚化结果补语——谈词义演变与语法化的区别. 世界汉语教学, 24 (1): 46–58.
薛梅. 2019. 新奇隐喻的汉译英研究. 上海翻译, (1): 25–29.
杨黎黎. 2020. 构式搭配分析法的三种量化手段: "原因 – 目的"类构式的聚类分析. 西安外国语大学学报, (1): 43–47.
杨明星, 赵玉倩. 2020. "政治等效 +"框架下中国特色外交隐喻翻译策略研究. 中国翻译, (1): 151–159.
杨泉, 冯志伟. 2015. "n+n"歧义消解的博弈论模型研究. 语言科学, (3): 250–257.
杨石乔. 1999. 英汉语用预设与信息中心对比. 外语学刊, (4): 27–33.
杨蔚. 2011. 试析原型及相关认知理论的词典效应. 外语教学, (1): 29–32.
杨文滢. 2015. 概念转喻视角下汉语诗词意象的解读与英译研究——以"凭阑"为例. 外语与外语教学, (2): 75–79.
杨延宁. 2019. 非组构性视角下的古汉语和古英语构式演变研究. 外国语言文学, (5): 451–464.
杨子. 2017. Nn 类"差点儿没 VP"新解——从"差点儿没"的歧义性说起. 语言研究, (3): 31–36.
姚明军, 宋贝. 2012. 论句子意义和话语意义. 语文学刊, (5): 52–53.
姚瑶, 石定栩. 2015. 背景命题及其触发机制——从"根本"说起. 外语教学与研究, (5): 709–720.
叶子南. 2013. 认知隐喻与翻译实用教程. 北京: 北京大学出版社.
雍茜. 2014. 违实条件句的类型学研究. 外国语, (2): 59–70.
雍茜. 2015. 违实句的形态类型及汉语违实句. 外国语, (1): 30–41.
雍茜. 2017. 违实标记与违实义的生成. 外语教学与研究, (2): 227–239.
雍茜. 2019. 违实句中的时制、体貌和语气. 外国语, (2): 11–23.
于林龙. 2010. 形式语用学的意义理解问题——深层解释学的视角. 外语教学, (4): 44–47.
于小敏, 林明金. 2018. 原型、体验、隐喻——原型理论对英汉学习型双解词典释义的启示. 福州大学学报, (1): 90–94.
于秀金. 2013. 基于 S-R-E 的时体统一逻辑模型的构建. 外国语, (1): 32–44.
于秀金, 金立鑫. 2019. 认知类型学: 跨语言差异与共性的认知阐释. 外语教学, (4): 13–19.
于秀金, 张辉. 2017. 英汉时间定位状语与"时"的语义 – 句法关联——算子辖域的结构同构原则 vs. 语义兼容原则. 解放军外国语学院学报, (2): 24–32.
余高峰. 2011. 隐喻的认知与隐喻翻译. 学术界, (1): 159–164, 287.

余丽娜，曾东京. 2007. 框架语义学在双语网络词典编纂中的应用——从 FrameNet 看语义和语法标注. 英语研究，（4）：46-52.
俞建梁. 2017. 句法构式的范畴化及其多义性. 外语研究，（2）：36-40.
俞珏，张辉. 2019. 中国英语学习者英语短语动词加工的神经认知研究. 外语教学与研究，（6）：838-849.
袁梦溪. 2017. 强调类副词的预设分析. 现代外语，（6）：731-742，872.
袁毓林. 2000. 论否定句的焦点、预设和辖域歧义. 中国语文，（2）：99-108.
袁毓林. 2005. "都"的加合性语义功能及其分配性效应. 当代语言学，（4）：289-304.
袁毓林. 2012. 汉语句子的焦点结构和语义解释. 北京：商务印书馆.
袁毓林. 2015. 汉语反事实表达及其思维特点. 中国社会科学，（8）：126-144.
原玉娇，罗森林，林萌，潘丽敏. 2015. 融合句义结构模型的短文本推荐算法研究. 信息安全研究，（1）：67-73.
曾凡桂，毛眺源. 2010. 形式语用学发展脉络概略. 外语学刊，（1）：67-70.
张笛，谢楠，苗晶，徐钱立. 2020. 句末语气词在幼儿选择性认知信任中的作用——一项基于语料库和实验调查的研究. 外语电化教学，（1）：110-116.
张懂. 2019. 语料库量化方法在构式语法研究中的应用. 现代外语，（1）：134-145.
张晗，罗森林，邹丽丽，石秀民. 2015. 融合句义分析的跨文本人名消歧. 浙江大学学报（工学版），（4）：717-723，775.
张辉，展伟伟. 2011. 广告语篇中多模态转喻与隐喻的动态构建. 外语研究，（1）：16-23.
张辉，张天伟. 2012. 批评话语分析的认知转喻视角研究. 外国语文，（3）：41-46.
张积家，刘翔，王悦. 2014. 汉英双语者语义饱和效应研究. 外语教学与研究，（3）：423-434.
张积家，陆爱桃. 2010. 动作图片语义加工中语音与字形的自动激活. 心理与行为研究，（1）：1-6.
张继东，刘萍. 2005. 基于语料库同义词辨析的一般方法. 解放军外国语学院学报，（6）：53-56.
张家骅. 2013. 语义预设与双重否定. 外语学刊，（3）：1-7.
张建理. 2000. 词义场·语义场·语义框架. 浙江大学学报（人文社会科学版），（6）：112-117.
张建理. 2010. OVER 的双层多义网络模型. 浙江大学学报（人文社会科学版），（4）：179-188.
张金竹. 2015. 反义复合词在现代汉语中的词类定位. 语言教学与研究，（6）：89-97.
张金竹. 2018. 反义复合词内部语义表达及概念层级. 汉语学习，（4）：60-66.
张克定. 1995. 语用预设与信息中心. 外语教学，（2）：15-20.
张克定. 1997. 预设与割裂句的强调. 外语与外语教学，（4）：24-25，28.
张克定. 1999. 预设·调核·焦点. 外语学刊，（4）：22-26.

张蕾, 李宝伦, 潘海华. 2009. "所有"的加合功能与全称量化. 世界汉语教学, (4): 457–464.
张蕾, 李宝伦, 潘海华. 2012. "都"的语义要求和特征——从它的右向关联谈起. 语言研究, (2): 63–71.
张蕾, 潘海华. 2019. "每"的语义的再认识. 当代语言学, (4): 492–514.
张黎. 2010. 现代汉语"了"的语法意义的认知类型学解释. 汉语学习, (6): 12–21.
张丽莉. 2012. 甲金文中实词虚化问题研究——以现代汉语常用单音节虚词为例. 保定: 河北大学硕士学位论文.
张林影, 邱智晶. 2012. 隐喻理论在英语教学中的应用. 教育探索, (12): 45–46.
张凌. 2016. 概称句的预设机制研究. 外语教学, (4): 30–33.
张敏. 2010. 语义地图模型: 原理、操作及在汉语多功能语法形式研究中的运用.《语言学论丛》编委会. 语言学论丛 (第42辑). 北京: 商务印书馆, 3–60.
张明辉, 崔香宁. 2017. 国内认知语义学研究述评. 辽东学院学报 (社会科学版), (4): 90–98.
张鹏. 2011. 日语被动助动词"RERU/RARERU"的多义结构及其语义扩展机理. 外语教学, (2): 31–34.
张韧. 2012. 语义语用界面和意义的层次. 长沙铁道学院学报 (社会科学版), (2): 184–185.
张韧弦. 2008. 形式语用学导论. 上海: 复旦大学出版社.
张绍杰. 2008. 一般会话含义的"两面性"与含义推导模式问题. 外语教学与研究, (3): 196–203.
张绍杰. 2010. 后格赖斯语用学的理论走向——语义学和语用学界面研究的兴起. 外国问题研究, (1): 3–11.
张绍全. 2010. 词义演变的动因与认知机制. 外语学刊, (1): 31–35.
张维, 刘晓斌, 周榕, 李曼娜. 2014. 多模态隐喻在大学英语词汇教学中的实证研究. 现代教育技术, (7): 63–70.
张维鼎. 1996. 歧义的心理认知研究. 山东外语教学, (2): 62–66.
张维友. 2005. 词汇研究新趋势与英汉词汇对比研究的方法和内容. 湖北大学学报 (哲学社会科学版), (5): 590–593.
张维友. 2010. 英汉语词汇对比研究. 上海: 上海外语教育出版社.
张炜炜. 2019. 概念隐喻、转喻研究的热点问题与方法探讨. 外语教学, (4): 20–27.
张炜炜, Nian Liu. 2015. 认知语言学研究的"实证周期". 外语研究, (3): 18–23.
张炜炜, 刘念. 2016. 认知语言学定量研究的几种新方法. 外国语, (1): 71–79.
张文鹏, 唐晨. 2011. 汉英双语者对句子语境中歧义词加工的ERP研究. 外语教学, (4): 31–35.
张鑫, 张枫. 2011. 浅析句意和话语意义之间的关系. 民营科技, (10): 67–69.
张信和, 杨万斌. 1996. 语义场理论与翻译实践. 中国翻译, (2): 647–650.

张秀芳. 2014. "V来V去"构式多义性的认知理据. 天津外国语大学学报,（5）: 23-28.
张延飞. 2012. 国外级差含义研究述评. 现代外语,（1）: 95-101.
张言军. 2015. "后来"的词汇化及其词义演变. 汉语学报,（4）: 25-31, 95.
张谊生. 2004. 现代汉语副词探索. 上海: 学林出版社.
张谊生. 2011. 预设否定叠加的方式与类别、动因与作用. 语言科学,（5）: 497-510.
张瑜, 孟磊, 杨波, 张辉. 2012. 熟悉与不熟悉成语语义启动的事件相关电位研究——熟语表征和理解的认知研究之一. 外语研究,（1）: 21-30.
张媛. 2015. 反义形容词共现构式的认知语法分析. 外语学刊,（1）: 44-49.
张振华, 尹湘玲. 1992. 谈句子语义的研究与句子语义学的兴起. 解放军外国语学院学报,（4）: 1-14.
张志毅, 张庆云. 2001. 词汇语义学. 北京: 商务印书馆.
张志毅, 张庆云. 2012. 词汇语义学（第三版）. 北京: 商务印书馆.
章彩云. 2010. 语用歧义、语用视点与文学文本分析. 解放军外国语学院学报,（4）: 21-25.
章彩云. 2011. 从视点看语用模糊、语用歧义及其语用价值. 湖北社会科学,（4）: 140-142.
章宜华. 2001. 论充分必要条件与原型理论释义功能. 辞书研究,（4）: 47-53.
章宜华. 2009. 语义·认知·释义. 上海: 上海外语教育出版社.
章宜华. 2010. 认知义学与新一代双语/双解学习词典的多维释义. 外语教学与研究,（9）: 374-379.
章宜华. 2018. 认知词典学理论背景与研究框架——兼谈奥斯特曼的《认知词典学》. 辞书研究,（6）: 1-9.
章宜华. 2019. 认知词典学刍议. 外国语文,（3）: 1-10.
赵晨. 2010. 中国英语学习者歧义词心理表征的发展模式. 现代外语,（1）: 55-63, 109.
赵晨, 洪爱纯. 2015. 中国学生解读英语歧义名名组合的认知机制. 解放军外国语学院学报,（2）: 77-84, 161.
赵春利, 石定栩. 2012. "NP1+在NP2+V+NP3"歧义解析. 语文研究,（4）: 36-42.
赵觅, 陈连丰. 2011. 语境——语义学与语用学的分界线. 中国校外教育,（4）: 51.
赵秀凤. 2011. 概念隐喻研究的新发展——多模态隐喻研究——兼评Forceville & Urios-Aparisi《多模态隐喻》. 外语研究,（1）: 1-10, 112.
赵秀凤, 冯德正. 2017. 多模态隐转喻对中国形象的建构——以《经济学人》涉华政治漫画语篇为例. 西安外国语大学学报,（2）: 31-36.
赵彦春. 2003. 认知词典学探索. 上海: 上海外语教育出版社.
赵彦春. 2010. 范畴理论是非辨——认知语言学学理批判之三. 外国语文,（6）: 57-63.

赵永峰.2019.体认语言学视阈下的语言主体间性研究——以汉语第一人称代词变迁为例.中国外语,(6):50–56.

赵玉闪,杨洁.2012.浅谈科技翻译中句子深层逻辑语义关系的对等.考试周刊,(39):16–17.

甄凤超.2017.配价型式与意义的整合——语料库驱动的研究途径.外语学刊,(4):13–18.

甄凤超,杨枫.2015.语料库驱动的学习者英语动词配价研究:以CONSIDER为例.外国语,(6):57–67.

甄凤超,杨枫.2016.配价结构及搭配配价在英语词汇教学中的应用:思想和方法.外语界,(4):35–42.

郑秋秀.2011.论配价、题元及句式.外语学刊,(1):90–93.

钟兰英,陈希卉,赵孟娟.2013.隐喻识别与基于语料库的学习型词典义项处理的界面研究.中国外语,(5):101–106.

钟守满,吴安萍.2015.语义关系研究及其学科跨界视阈分析方法.外语教学,(3):9–12.

仲晶瑶.2010.中国学习者英语动词错误:配价和语义角色——一项基于CLEC语料库的研究.外语学刊,(1):100–103.

仲微微.2020.叙事绘本翻译中图文逻辑语义关系的处理.济宁学院学报,(5):25–32.

周明强.2011a.词汇歧义消解的认知解析.语言教学与研究,(1):62–68.

周明强.2011b.汉语句法歧义认知的几种方式.浙江学刊,(4):92–99.

周启强,谢晓明.2009.词汇语义学的主要理论及其运用.外语学刊,(3):52–55.

周榕,冉永平.2007.语用学研究的新取向——实验语用学研究.外国语,(5):2–15.

周绍珩.1978.欧美语义学的某些理论与研究方法.语言学动态,(4):11–19.

周思敏,张绍杰.2019.汉语违实条件句研究历时考察及方法论反思.社会科学战线,(12):245–249.

周思敏,张绍杰,吴岩.2018.汉语假设条件复句特征对违实意义生成影响的实证研究.外语学刊,(5):80–86.

周统权.2011.动词配价连续统——汉语动词配价的语用规律.华中师范大学学报(人文社会科学版),(5):73–81.

周颖.2008.框架理论下的隐喻翻译.外国语言文学,(2):117–120.

周永,吴义诚.2018."都"的程度加强功能:语法与语用的互动视角.外语与外语教学,(6):26,35.

周永,吴义诚.2020.汉英全称量化对比研究.现代外语,(3):293–305.

朱建新,左广明.2012.再论认知隐喻和转喻的区别与关联.外语与外语教学,(5):59–62.

朱庆祥. 2019. 也论"应该∅的"句式违实性及相关问题. 中国语文, (1): 61–73.

朱彦. 2016. 意象图式与多义体系的范畴化——现代汉语动词"赶"的多义研究. 当代语言学, (1): 38–50.

朱永生, 苗兴伟. 2000. 语用预设的语篇功能. 外国语, (3): 25–30.

卓如. 2010. 论颠倒歌中的语义异常. 西南农业大学学报（社会科学版）, (1): 153–154.

宗守云. 2011. 量词范畴化的途径和动因. 上海师范大学学报（哲学社会科学版）, (3): 109–116.

宗守云. 2014. 量词的范畴化功能及其等级序列. 上海师范大学学报（哲学社会科学版）, (1): 120–128.

邹崇理. 1995. 逻辑、语言和蒙太格语法. 北京: 社会科学文献出版社.

邹崇理. 1996. 情境语义学. 哲学研究, (7): 62–69.

邹崇理. 1998. 话语表现理论述评. 当代语言学, (4): 20–31.

邹崇理. 2000. 自然语言逻辑研究. 北京: 北京大学出版社.

邹崇理. 2001. 自然语言逻辑的多元化发展及对信息科学的影响. 哲学研究, (1): 48–54.

邹崇理. 2014. 从DRT动态语义学视角看自然语言条件句和蕴涵概念. 重庆理工大学学报, (10): 5–10.

Abbot, B. 1999. A Formal Approach to Meaning: Formal Semantics and Its Recent Development. 外国语, (1): 2–20.

Allan, K. & Robinson, J. A. 2012. Introduction: Exploring the "State of the Art" in Historical Linguistics. In K. Allan & J. A. Robinson. (eds.) *Current Methods in Historical Semantics*. Berlin: Mouton de Gruyter, 1–13.

Allwood, J. 1999. Semantics as Meaning Determination with Semantic Epistemic Operations. In J. Allwood & P. Gärdenfors. (eds.) *Cognitive Semantics*. Amsterdam: Benjamins.

Anttila, R. 1972. *An Introduction to Historical and Comparative Linguistics*. New York: Macmillan.

Arlotto, A. 1972. *Introduction to Historical Linguistics*. Boston: Houghton Mifflin.

Arppe, A. & Järvikivi, J. 2007. Every Method Counts: Combining Corpus-based and Experimental Evidence in the Study of Synonymy. *Corpus Linguistics & Linguistic Theory*, 3(2): 131–159.

Arppe, A., Gilquin, G., Glynn, D., Hilpert, M. & Zeschel, A. 2012. Cognitive Corpus Linguistics: Five Points of Debate on Current Theory and Methodology. *Corpora*, 5(1): 1–27.

Asher, N. 1993. *Reference to Abstract Objects in Discourse*. Dordrecht/Boston/London: Kluwer Academic Publishers.

Asher, N. & Lascarides, A. 2003. *Logics of Conversation*. Cambridge: Cambridge University Press.

Atlas, J. 1989. *Philosophy Without Ambiguity: A Logico-Linguistic Essay*. Oxford: Oxford University Press.

Atlas, J. 2005. *Logic, Meaning and Conversation: Semantic Underdeterminacy, Implicature, and Their Interface*. Oxford: Oxford University Press.

Bach, E. 1989. *Informal Lectures on Formal Semantics*. Albany: State University of New York Press.

Bach, K. 1984. Default Reasoning: Jumping to Conclusions and Knowing When to Think Twice. *Pacific Philosophical Quarterly*, (65): 37–58.

Bach, K. 1994. Semantic Slack: What Is Said and More. In S. L. Tsohatzidis. (ed.) *Foundations of Speech Act Theory: Philosophical and Linguistic Perspectives*. London: Routledge, 267–291.

Bach, K. 2002. Semantics, Pragmatics. In J. K. Campbell, M. O'Rourke & D. Shier. (eds.) *Meaning and Truth*. New York: Seven Bridges Press, 284–292.

Bach, K. 2004. Minding the Gap. In C. Bianchi. (ed.) *The Semantics/Pragmatics Distinction*. Stanford: CSLI Publications, 27–43.

Bach, K. 2006. The Excluded Middle: Semantic Minimalism Without Minimal Propositions. *Philosophy and Phenomenological Research*, (73): 435–442.

Bach, K. 2007. Regressions in Pragmatics (and Semantics). In N. Burton-Roberts. (ed.) *Pragmatics*. Basingstoke: Palgrave Macmillan, 24–44.

Bach, K. 2010. Implicature vs. Explicature: What's the Difference?. In B. Soria & E. Romero. (eds.) *Explicit Communication: Robyn Carston's Pragmatics*. Basingstoke: Palgrave Macmillan, 126–137.

Bach, K. 2012. Context Dependence. In M. García-Carpintero & M. Kölbel. (eds.) *The Continuum Companion to the Philosophy of Language*. New York: Continuum Publishing Corporation, 153–184.

Barwise, J. & Perry, J. 1983. *Situations and Attitudes*. Cambridge: MIT Press.

Bloom, A. H. 1981. *The Linguistic Shaping of Thought: A Study in the Impact of Language on Thinking in China and the West*. Mahwah: Lawrence Erlbaum Associates.

Borg, E. 2004. *Minimal Semantics*. Oxford: Clarendon Press.

Borg, E. 2007. Minimalism versus Contextualism in Semantics. In G. Preyer & G. Peters. (eds.) *Context-Sensitivity and Semantic Minimalism: New Essays on Semantics and Pragmatics*. Oxford: Oxford University Press, 546–571.

Borg, E. 2010. Semantic Minimalism. In L. Gummings. (ed.) *The Pragmatics Encyclopedia*. London: Routledge, 423–425.

Borg, E. 2012. *Pursuing Meaning*. Oxford: Oxford University Press.
Bybee, J. 2006. Language Change and Universals. In R. Mairal & J. Gil. (eds.) *Linguistic Universals*. Cambridge: Cambridge University Press, 179–194.
Bybee, J., Perkins, R. & Pagliuca, W. 1994. *The Evolution of Grammar: Tense, Aspect, and Modality in the Languages of the World*. Chicago: University of Chicago Press.
Bynon, T. 1977. *Historical Linguistics*. Cambridge: Cambridge University Press.
Cappelen, H. & Lepore, E. 2005. *Insensitive Semantics*. Oxford: Blackwell.
Cappelen, H. & Lepore, E. 2006. The Myth of Unarticulated Constituents. In O' Rourke & Washington. (eds.) *Essays in Honor of John Perry*. Cambridge: MIT Press, 199–214.
Carston, R. 2002. *Thoughts and Utterances: The Pragmatics of Explicit Communication*. Oxford: Blackwell.
Carston, R. 2004a. Relevance Theory and the Saying/Implicating Distinction. In L. Horn & G. Ward. (eds.) *The Handbook of Pragmatics*. Oxford: Blackwell, 633–656.
Carston, R. 2004b. Truth-Conditional Content and Conversational Implicature. In C. Bianchi. (ed.) *The Semantics/Pragmatics Distinction*. Stanford: CSLI Publications, 65–100.
Carston, R. 2009. The Explicit/Implicit Distinction in Pragmatics and the Limits of Explicit Communication. *International Review of Pragmatics*, (1): 35–62.
Carston, R. 2010. Explicit Communication and Free Pragmatic Enrichment. In B. Soria & E. Romero. (eds.) *Explicit Communication: Robyn Carston's Pragmatics*. Basingstoke: Palgrave Macmillan, 217–287.
Charles, W. G. & Miller, G. A. 1989. Contexts of Antonymous Adjectives. *Applied Psycholinguistics*, 10(3): 357–375.
Chen, P. Y. 2015. *What Do Counterfactuals Do in Language? A Comparison of English and Chinese*. Hsinchu: National Chiao Tung University, unpublished MA thesis.
Cheng, L. L. S. 1995. On *dou*-quantification. *Journal of East Asian Linguistics*, 4: 197–234.
Cheng, L. L. S. & Giannakidou, A. 2013. The Non-Uniformity of Wh-indeterminates with Polarity and Free Choice in Chinese. In K. H. Gil, S. Harlow & G. Tsoulas. (eds.) *Strategies of Quantification*. Oxford: Oxford University Press, 44–123.

Cheng, L. L. S. & Huang, C. T. J. 1996. Two Types of Donkey Sentence. *Natural Language Semantics*, (2): 121–163.

Chierchia, G. 1992. Anaphor and Dynamic Binding. *Linguistics and Philosophy*, 15: 111–183.

Chierchia, G. 1995. *Dynamics of Meaning. Anaphora, Presupposition and the Theory of Grammar*. Chicago: University of Chicago Press.

Chierchia, G. 2000. Chinese Conditional and Theory of Conditionals. *Journal of East Asian Linguistics*, 9: 1–54.

Chierchia, G. 2013. *Logic in Grammar: Polarity, Free Choice, and Intervention*. Oxford: Oxford University Press.

Chomsky, N. 1957. *Syntactic Structures*. The Hague: Mouton.

Croft, W. 2009. Toward a Social Cognitive Linguistics. In V. Evans & S. Pourcel. (eds.) *New Directions in Cognitive Linguistics*. Amsterdam & Philadelphia: John Benjamins, 395–420.

Cruse, D. A. 1986. *Lexical Semantics*. Cambridge: Cambridge University Press.

Dąbrowska, E. & Divjak, D. 2019. In E. Dąbrowska & D. Divjak. (eds.) *Cognitive Linguistics: Foundations of Language*. Berlin & New York: Mouton de Gruyter, 1–10.

Davies, M. 2013. *Opposition and Ideology in News Discourse*. New York: Bloomsbury Academic.

Deese, J. 1965. *The Structure of Associations in Language and Thought*. Baltimore: The Johns Hopkins Press.

Diessel, H. 2019. Usage-based Construction Grammar. In E. Dąbrowska & D. Divjak. (eds.) *Cognitive Linguistics: A Survey of Linguistic Subfields*. Berlin & New York: Mouton de Gruyter, 51–80.

Divjak, D. 2010. *Structuring the Lexicon: A Clustered Model for Near-synonymy*. Berlin & New York: Mouton de Gruyter.

Divjak, D. & Gries, S. Th. 2006. Ways of Trying in Russian: Clustering Behavioral Profiles. *Corpus Linguistics & Linguistic Theory*, 2(1): 23–60.

Divjak, D., Levshina, N. & Klavan, J. 2016. Cognitive Linguistics: Looking Back, Looking Forward. *Cognitive Linguistics*, 27(4): 447–463.

Durkin, P. 2009. *The Oxford Guide to Etymology*. Oxford: Oxford University Press.

Engberg-Pedersen, E. 1999. Space and Time. In J. Allwood & P. Gardenfors. (eds.) *Cognitive Semantics: Meaning and Cognition*. Amsterdam: John Benjamins.

Evans, G. 1980. Pronouns. *Linguistic Inquiry*, 11: 337–362.

Evans, V. 2019. *Cognitive Linguistics: A Complete Guide*. Edinburgh: Edinburgh University Press.

Evans, V. & Green, M. 2006. *Cognitive Linguistics: An Introduction*. Edinburgh: Edinburgh University Press.

Evans, V. & Pourcel, S. 2009. *New Directions in Cognitive Linguistics*. Amsterdam: John Benjamins.

Fillmore, C. J. 1988. The Mechanisms of Construction Grammar. *Proceedings of the Fourteenth Annual Meeting of Berkeley Linguistic Society*. Berkeley: Berkeley Linguistic Society, 35–55.

Firth, J. R. 1957. *Papers in Linguistics, 1931–1951*. Oxford: Oxford University Press.

Freeborn, D. 2009. *From Old English to Standard English: A Course Book in Language Variation Across Time*. Shanghai: Shanghai Foreign Language Education Press.

García-Carpintero, M & Kölbel, M. 2008. *Relative Truth*. Oxford: Oxford University Press.

Garrett, M. & Harnish, R. 2007. Experimental Pragmatics: Testing for Implicature. *Pragmatics & Cognition*, (1): 65–90.

Garrett, M. & Harnish, R. 2009. Q-phenomena, I-phenomena and Impliciture: Some Experimental Pragmatics. *International Review of Pragmatics*, (1): 84–117.

Geeraerts, D. 2006. Methodology in Cognitive Linguistics. In G. Kristiansen et al. (eds.) *Cognitive Linguistics: Current Applications and Future Perspectives*. Berlin & New York: Mouton de Gruyter, 21–49.

Geeraerts, D. 2010. *Theories of Lexical Semantics*. Oxford: Oxford University Press.

Geeraerts, D. 2015. Lexical Semantics. In E. Dabrowska & D. Divjak. (eds.) *Handbook of Cognitive Linguistics*. Berlin & New York: Mouton de Gruyter, 273–295.

Geeraerts, D., Grondelaers, S. & Speelman, D. 1999. *Convergentie en Divergentie in de Nederlandse Woordenschat. Een onderzoek naar kleding-en voetbaltermen*. Amsterdam: Meertens Instituut.

Gilquin, G. & Gries, S. Th. 2009. Corpora and Experimental Methods: A State-of-the-art Review. *Corpus Linguistics and Linguistic Theory*, (1): 1–26.

Glynn, D. 2009. Polysemy, Syntax, and Variation: A Usage-based Method for Cognitive Semantics. In V. Evans & S. Pourcel. (eds.) *New Directions in Cognitive Linguistics*. Amsterdam & Philadelphia: John Benjamins, 77–106.

Glynn, D. 2010. Lexical Fields, Grammatical Constructions, and Synonymy: A Study in Usage-based Cognitive Semantics. In H. J. Schmid & S. Handl. (eds.) *Cognitive Foundations of Linguistic Usage Patterns*. Berlin: Mouton de Gruyter, 118–189.

Glynn, D. & Fischer, K. (eds.) 2010. *Quantitative Cognitive Semantics: Corpus-driven Approaches*. Berlin: Mouton de Gruyter.

Glynn, D. & Robinson, J. (eds.) 2014. *Polysemy and Synonymy: Corpus Methods and Applications in Cognitive Semantics*. Amsterdam: John Benjamins.

Glynn, D. & Robinson, J. 2014. *Corpus Methods for Semantics: Quantitative Studies in Polysemy and Synonymy*. Amsterdam & Philadelphia: John Benjamins.

Goldberg, A. E. 1995. *Constructions: A Construction Grammar Approach to Argument Structure*. Chicago: Chicago University Press.

Grice, H. P. 1975. Logic and Conversation. In P. Cole & J. L. Morgan. (eds.) *Speech Acts*. New York: Academic Press, 41–58.

Grice, H. P. 1978. Further Notes on Logic and Conversation. In P. Cole. (ed.) *Syntax and Semantics 9: Pragmatics*. New York: Academic Press, 113–127.

Grice, H. P. 1989. *Studies in the Way of Words*. Cambridge: Harvard University Press.

Gries, S. Th. & Deshors, S. 2014. Using Regressions to Explore Deviations Between Corpus Data and a Standard Target: Two Suggestions. *Corpora*, (1): 109–136.

Gries, S. Th. & Divjak, S. D. 2009. Behavioral Profiles: A Corpus-based Approach Towards Cognitive Semantic Analysis. In V. Evans & S. S. Pourcel. (eds.) *New Directions in Cognitive Linguistics*. Amsterdam & Philadelphia: John Benjamins, 57–75.

Gries, S. Th. & Hilpert, M. 2008. The Identification of Stages in Diachronic Data: Variability-based Neighbor Clustering. *Corpora*, 3(1): 59–81.

Gries, S. Th. & Hilpert, M. 2012. Variability-based Neighbor Clustering: A Bottom-up Approach to Periodization in Historical Linguistics. In T. Nevalainen & E. C. Traugott. (eds.) *The Oxford Handbook of the History of English*. New York: Oxford University Press, 134–144.

Gries, S. Th. & Otani, N. 2010. Behavioral Profiles: A Corpus-based Perspective on Synonymy and Antonymy. *ICAME Journal*, 34: 121–150.

Gries, S. Th. & Stefanowitsch, A. 2004a. Extending Collostructional Analysis: A Corpus-based Perspective on "Alternations". *International Journal of Corpus Linguistics*, 9(1): 97–129.

Gries, S. Th. & Stefanowitsch, A. 2004b. Covarying Collexemes in the Into-causative. In M. Achard & S. Kemmer. (eds.) *Language, Culture and Mind*. Stanford: CSLI Publications, 225–236.

Gries, S. Th. 2001. A Corpus-linguistic Analysis of English -ic vs -ical Adjectives. *ICAME Journal*, (25): 65–108.

Gries, S. Th. 2010. Behavioral Profiles: A Fine-grained and Quantitative Approach in Corpus-based Lexical Semantics. *The Mental Lexicon*, 5(3): 323–346.

Groenendijk, J. & Stokhof, M. 1990. Dynamic Montague Grammar. In L. Kálmán & L. Pólos (eds.). *Papers from the Second Symposium on Logic and Language*. Budapest: Akademiai Kiado, 3–48.

Groenendijk, J. & Stokhof, M. 1991. Dynamic Predicate Logic. *Linguistics and Philosophy*, 14(1): 39–100.

Gronder, D., Klein, N., Carbary, K. & Tanenhaus, M. 2007. Experimental Evidence for Rapid Interpretation of Pragmatic *Some*. Paper presented at XPRAG, Berlin.

Gross, D., Fischer, U. & Miller, G. 1989. The Organization of Adjectival Meanings. *Journal of Memory & Language*, 28(1): 92–106.

Hall, A. 2008. Free Enrichment or Hidden Indexicals? *Mind & Language*, (23): 426–456.

Hall, A. 2014. "Free" Enrichment and the Nature of Pragmatic Constraints. *International Review of Pragmatics*, (1): 1–28.

Halverson, S. 2013. Implications of Cognitive Linguistics for Translation Studies. In A. Rojo & I. Ibarretxe-Antuñano. (eds.) *Cognitive Linguistics and Translation: Advances in Some Theoretical Models and Applications*. Berlin: Mouton de Gruyter, 31–73.

Hanks, P. 1996. Contextual Dependency and Lexical Sets. *International Journal of Corpus Linguistics*, 1(1): 75–98.

Hanks, P. 2007. *Lexicology: Critical Concepts in Linguistics*. London: Routledge.

Harder, P. 2010. *Meaning in Mind and Society: A Functional Contribution to the Social Turn in Cognitive Linguistics*. Berlin & New York: Walter de Gruyter.

Heim, I. 1982. *The Semantics of Definite and Indefinite Noun Phrases*. Amherst: University of Massachusetts.

Heim, I. 1990. E-type Pronoun and Donkey Anaphor. *Linguistics and Philosophy*, 13: 137–177.

Heine, B. & Kuteva, T. 2002. *World Lexicon of Grammaticalization*. Cambridge: Cambridge University Press.

Hilpert, M. 2006. Distinctive Collexeme Analysis and Diachrony. *Corpus Linguistics and Linguistic Theory*, (2): 243–256.

Hilpert, M. 2008. *Germanic Future Constructions: A Usage-based Approach to Language Change*. Amsterdam: Benjamins.

Hilpert, M. 2012. Diachronic Collostructional Analysis Meets the Noun Phrase: Studying Many a Noun in COHA. In T. Nevalainen & E. C. Traugott. (eds.) *The Oxford Handbook of the History of English*. Oxford: Oxford University Press, 233–244.

Hilpert, M. 2012. Diachronic Collostructional Analysis: How to Use It, and How to Deal with Confounding Factors. In K. Allan & J. A. Robynson. (eds.) *Current Methods in Historical Semantics*. Berlin: Mouton de Gruyter, 133–160.

Hilpert, M. 2013. *Constructional Change in English: Developments in Allomorphy, Word Formation, and Syntax*. Cambridge: Cambridge University Press.

Ho-Abdullah, I. 2010. *Variety and Variability: A Corpus-based Cognitive Lexical-semantics Analysis of Prepositional Usage in British, New Zealand and Malaysian English*. Bern: Peter Lang.

Hock, H. H. 1986. *Principles of Historical Linguistics*. Berlin: Mouton de Gruyter.

Holmqvist, K. 1999. Conceptual Engineering. In J. Allwood & P. Gardenfors. (eds.) *Cognitive Semantics: Meaning and Cognition*. Amsterdam: John Benjamins.

Horn, L. 2009. WJ-40: Implicature, Truth, and Meaning. *International Review of Pragmatics*, (1): 3–34.

Huang, S. Z. 1996. *Quantification and Predication in Mandarin: A Case Study of dou*. Pennsylvania: University of Pennsylvania.

Huang, S. Z. 2005. *Universal Quantification with Skolemization as Evidenced in Chinese and English*. New York: Edwin Mellen.

Huang, Y. 2013a. Micro- and Macro-Pragmatics: Remapping Their Terrains. *International Review of Pragmatics*, (5): 129–162.

Huang, Y. 2013b. Unarticulated Constituents in Neo-Gricean Pragmatics. Papers presented at the 1st International Pragmatics Conference of the Americas.

Huang, Y. 2014. *Pragmatics*. 2nd ed. Oxford: Oxford University Press.

Hudson, G. 2005. *Essential Introductory Linguistics*. Beijing: Peking University Press.

Israel, M. 1996. The Way Constructions Grow. In A. Godlberg. (ed.) *Conceptual Structure, Discourse and Language*. Stanford: CSLI Publications, 217–230.

Jansegers, M. & Gries, S. Th. 2017. Towards a Dynamic Behavioral Profile: A Diachronic Study of Polysemous "Sentir" in Spanish. *Corpus Linguistics and Linguistic Theory*, 16(1): 1–43.

Jaszczolt, K. M. 2005. *Default Semantics: Foundations of a Compositional Theory of Acts of Communication*. Oxford: Oxford University Press.

Jaszczolt, K. M. 2007. The Syntax-pragmatics Merger: Belief Reports in the Theory of Default Semantics. *Pragmatics & Cognition*, (3): 41–64.

Jaszczolt, K. M. 2008. Semantics and Pragmatics: The Boundary Issue. In K. von Heusinger., P. Portner & C. Maienborn. (eds.) *Semantics: An International Handbook of Natural Language Meaning*. Berlin: Mouton de Gruyter, 15–24.

Jaszczolt, K. M. 2010. Default Semantics. In B. Heine & H. Narrog. (eds.) *The Oxford Handbook of Linguistic Analysis*. Oxford: Oxford University Press, 193–221.

Jaszczolt, K. M. 2011. Salient Meanings, Default Meanings and Automatic Processing. In K. Jaszczolt & K. Allan. (eds.) *Salience and Defaults in Utterance Processing*. Berlin: Mouton de Gruyter, 11–33.

Jeffries, L. 2010. *Opposition in Discourse: The Construction of Oppositional Meaning*. London: Continuum.

Jones, S. 2002. *Antonymy: A Corpus-Based Perspective*. London: Routledge.

Jones, S., Murphy, L., Paradis, C. & Willners, C. 2012. *Antonyms in English: Construals, Constructions and Canonicity*. Cambridge: Cambridge University Press.

Kamp, H. 1981. A Theory of Truth and Semantic Representation. In J. Groenendijk, T. Janssen & M. Stokhof. (eds.) *Formal Methods in the Study of Language: Proceedings of the Third Amsterdam Colloquium*. Amsterdam: Mathematisch Centrum, 277–322. Reprinted in J. Groenendijk, T. M. V. Janssen & M. Stokhof. (eds.) 1984. *Truth, Interpretation and Information*. Dordrecht: Foris Publications, 1–42.

Kamp, H. & Partee, B. 2004. *Context-Dependence in the Analysis of Linguistic Meaning*. Amsterdam: Elsevier.

Kerremans, D., Stegmayr, S. & Schmid, H. J. 2010. The NeoCrawler: Identifying and Retrieving Neologisms from the Internet and Monitoring Ongoing Change. In K. Allan & J. A. Robinson. (eds.) *Current Methods in Historical Semantics*. Berlin: Mouton de Gruyter, 59–96.

King, J. & Stanley, J. 2005. Semantics, Pragmatics, and the Role of Semantic Content. In G. S. Zoltan. (ed.) *Semantics versus Pragmatics*. Oxford: Oxford University Press, 111–164.

Kölbel, M. 2008. Introduction: Motivations for Relativism. In M. García-Carpintero & M. Kölbel. (eds.) *Relative Truth*. Oxford: Oxford University Press, 1–38.
Koptjevskaja-Tamm, M. 2012. New Directions in Lexical Typology. *Linguistics*, 50(3): 373–394.
Kostić, N. 2015. The Textual Profile of Antonyms: A Corpus-based Study. *Linguistics*, 53(4): 649–675.
Kristiansen, G. & Dirven, R. 2008. *Cognitive Sociolinguistics: Language Variation, Cultural Models, Social Systems*. Berlin & New York: Mouton de Gruyter.
Kuryłowicz, J. 1965. The Evolution of Grammatical Categories. *Diogenes*, 13(51): 55–71.
Leech, G. N. 1983. *Semantics*. 2nd ed. London: Penguin Books.
Levinson, S. 2000. *Presumptive Meanings: The Theory of Generalized Conversational Implicature*. Cambridge: MIT Press.
Levinson, S. C. 1983. *Pragmatics*. Cambridge: Cambridge University Press.
Levinson, S. C. 1995. Three Levels of Meaning. In F. Palmer. (ed.) *Grammar and Meaning*. Cambridge: Cambridge University Press, 90–115.
Levinson, S. C. 2000a. H. P. Grice on location on Rossel Island. In S. S. Chang, L. Liaw & J. Ruppenhofer. (eds.) *Proceedings of the 25th Annual Meeting of the Berkeley Linguistic Society*. Berkeley: Berkeley Linguistic Society, 210–224.
Levinson, S. C. 2000b. *Presumptive Meanings: The Theory of Generalized Conversational Implicature*. Cambridge: The MIT Press.
Lewis, D. 1972. General Semantics. In D. Davidson & G. Harman. (eds.) *Semantics of Natural Language*. Dordrecht: D. Reidel, 169–218.
Li, X. & Xiang, M. 2019. Semantic Evolution at the Microscopic Level: The Case of *suoyi*. *Language Sciences*, (74): 110–126.
Lin, J. W. 1998. Distributivity in Chinese and Its Implications. *Natural Language Semantics*, (6): 201–243.
Liu, D. L. 2013. Salience and Construal in the Use of Synonymy: A Study of Two Sets of Near-synonymous Nouns. *Cognitive Linguistics*, 24(1): 67–113.
Lobanova, A., Van der Kleij, T. & Spenader, J. 2010. Defining Antonymy: A Corpus-based Study of Opposites by Lexico-syntactic Patterns. *International Journal of Lexicography*, 23(1): 19–53.
Lyngfelt, B. 2018. Introduction: Constructions and Constructicography. In B. Lyngfelt, L. Borin, K. Ohara & T. T. Torrent. (eds.) *Constructicography:

Construction Development Across Languages. Amsterdam & Philadelphia: John Benjamins, 1-18.

Lyons, J. 1995. *Linguistic Semantics: An Introduction*. Cambridge: Cambridge University Press.

MacFarlane, J. 2007. Semantic Minimalism and Nonindexical Contextualism. In G. Preyer & G. Peters. (eds.) *Context-Sensitivity and Semantic Minimalism: New Essays on Semantics and Pragmatics*. Oxford: Oxford University Press, 240-250.

MacFarlane, J. 2009. Nonindexical Contextualism. *Synthesis*, (166): 231-250.

Montague, R. 1974. *Formal Philosophy: Selected Papers of Richard Montague*. New Haven: Yale University Press.

Muehleisen, V. & Isono, M. 2009. Antonymous Adjectives in Japanese Discourse. *Journal of Pragmatics*, 41: 2185-2203.

Murphy, M. L., Paradis, C., Willners, C. & Jones, S. 2009. Discourse Functions of Antonymy: A Cross-Linguistic Investigation of Swedish and English. *Journal of Pragmatics*, 41: 2159-2184.

Nerlich, B. & Clarke, M. 1992. Outline of a Model for Semantic Change. In G. Kellermann & M. D. Morrissey. (eds) *Diachrony Within Synchrony: Language History and Cognition*. Frankfurt am Main, New York & Paris: Peter Lang, 125-141.

Noël, D. 2007. Diachronic Construction Grammar and Grammaticalization Theory. *Functions of Language*, 2(14): 177-202.

Noveck, I. A. & Reboul, A. 2008. Experimental Pragmatics: A Gricean Turn in the Study of Language. *Trends in Cognitive Sciences*, (12): 425-431.

Noveck, I. A. & Sperber, D. 2007. The Why and How of Experimental Pragmatics: The Case of Scalar Inference. In N. Burton-Roberts. (ed.) *Pragmatics*. Basingstoke: Macmillan, 184-212.

Ohara, K. H., Fujii, S., Saito, H., Ishizaki, S., Ohori, T. & Suzuki, R. 2003. The Japanese FrameNet Project: A Preliminary Report. Proceedings of Pacific Association for Computational Linguistics.

Palmer, F. R. 2001. *Mood and Modality*. 2nd ed. Cambridge: Cambridge University Press.

Panizza, D. & Chierchia, G. 2008. Two Experiments on the Interpretation of Numerals. Papers presented at Workshop on Experimental Pragmatics/Semantics, the 30th Annual Convention of the German Society of Linguistics.

Panther, K. U. & Thornburg, L. 2012. Antonymy in Language Structure and Use. In M. Brdar, M. Ž. Fuchs & I. Raffaelli. (eds.) *Cognitive Linguistics Between Universality and Variation*. Newcastle: Cambridge Scholars, 161–188.

Paradis, C. 2012. Lexical Semantics. In C. A. Chapelle. (ed.) *The Encyclopedia of Applied Linguistics*. Oxford: Wiley-Blackwell, 3347–3356.

Paradis, C., Löhndorf, S., Van de Weijer, J. & Willners, C. 2015. Semantic Profiles of Antonymic Adjectives in Discourse. *Linguistics*, 53(1): 153–191.

Parikh, P. 2010. *Language and Equilibrium*. Cambridge: The MIT Press.

Park, J., Nam, S., Kim, Y., Hahm, Y., Hwang, D. & Choi, K. S. 2014. Frame-Semantic Web: A Case Study for Korean. Proceedings of the 2014 International Conference on Posters & Demonstrations Track.

Partee, B. H. 1975. Montague Grammar and Transformational Grammar. *Linguistic Inquiry*, 6(2): 203–300.

Partee, B. H. 1991. Topic, Focus and Quantification. In S. Moore & A. Wyner. (eds.) *Proceedings of Semantics and Linguistic Theory 1* (Cornell Working Papers in *Linguistics* 10). Ithaca: Cornell University, 159–187.

Partee, B. H. 1995. Quantificational Structures and Compositionality. In E. Bach, E. Jelinek, A. Kratzer & B. H. Partee. (eds.) *Quantification in Natural Languages*. Dordrecht: Kluwer Academic, 541–601.

Partee, B. H. 2011. Montague Grammar. In van Benthem, J. & A. ter Meulen. (eds.) *Handbook of Logic and Language*. 2nd ed. Cambridge: Elsevier, 3–94.

Partington, A. 1998. *Patterns and Meanings: Using Corpora for English Language Research and Teaching*. Amsterdam: John Benjamins.

Perek, F. 2016. Using Distributional Semantics to Study Syntactic Productivity in Diachrony—A Case Study. *Linguistics*, 54(1): 149–189.

Perek, F. 2018. Recent Change in the Productivity and Schematicity of the *way*-construction: A Distributional Semantic Analysis. *Corpus Linguistics and Linguistic Theory*, 14(1): 65–97.

Perek, F. & Hilpert, M. 2017. A Distributional Semantic Approach to the Periodization of Change in the Productivity of Constructions. *International Journal of Corpus Linguistics*, 22(4): 490–520.

Perry, J. 1986. Thought Without Representation. *Supplementary Proceedings of the Aristotelian Society*, 60: 268–283. Reprinted In J. Perry. (ed.) 1993. *The Problem of the Essential Indexical and Other Essays*. New York: Oxford University Press, 205–218.

Perry, J. 1998. Indexicals, Contexts and Unarticulated Constituents. In D. Westertahl et al. (eds.) *Computing Natural Language*. Stanford: CSLI Publications, 1–11.

Predelli, S. 2005. *Contexts: Meaning, Truth and the Use of Language*. Oxford: Oxford University Press.

Recanati, F. 1993. *Direct Reference: From Language to Thought*. Oxford: Blackwell.

Recanati, F. 2001. What Is Said. *Synthese,* (128): 75–91.

Recanati, F. 2002a. Does Linguistic Communication Rest on Inference?. *Mind & Language,* (17): 105–126.

Recanati, F. 2002b. Unarticulated Constituents. *Linguistics and Philosophy,* (25): 299–345.

Recanati, F. 2004a. *Literal Meaning*. Cambridge: Cambridge University Press.

Recanati, F. 2004b. Pragmatics and Semantics. In L. Horn & G. Ward. (eds.) *The Handbook of Pragmatics*. Oxford: Blackwell, 442–462.

Recanati, F. 2005a. What Is Said and the Semantics/Pragmatics Distinction. In C. Bianchi. (ed.) *The Semantics/Pragmatics Distinction: Proceedings from WOC 2002*. Chicago: The University of Chicago Press, 45–64.

Recanati, F. 2005b. Literalism and Contextualism: Some Varieties. In G. Preyer & G. Peter. (eds.) *Contextualism in Philosophy: Knowledge, Meaning, and Truth*. Oxford: Clarendon Press, 171–196.

Recanati, F. 2010. *Truth-Conditional Pragmatics*. Oxford: Oxford University Press.

Recanati, F. 2012. Contextualism: Some Varieties. In K. Jaszczolt. (ed.) *The Cambridge Handbook of Pragmatics*. Cambridge: Cambridge University Press, 135–149.

Robinson, J. A. 2010. Awesome Insights into Semantic Variation. In D. Geeraerts. G, Kristiansen & Y. Peirsman. (eds.) *Advances in Cognitive Sociolinguistics*. Berlin & New York: Mouton de Gruyter, 85–109.

Sandra, D. & Rice, S. 1995. Network Analyses of Prepositional Meaning: Mirroring Whose Mind—The Linguist's or the Language User's? *Cognitive Linguistics,* 6(1): 89–130.

Saussure, F. de. 1916. *Course in General Linguistics*. Paris: Payot.

Saussure, F. de. 1974. *Course in General Linguistics*. London: P. Owen.

Sennet, A. 2011. Unarticulated Constituents and Propositional Structure. *Mind & Language,* (4) : 412–435.

Sperber, D. & Wilson, D. 1986/1995. *Relevance: Communication and Cognition*. Oxford: Blackwell.

Stanley, J. & Szabó, Z. G. 2000. On Quantifier Domain Restriction. *Mind & Language*, (15): 219–261.

Stanley, J. 2002. Making It Articulated. *Mind & Language*, (1): 149–168.

Stanley, J. 2005. Semantics in Context. In G. Preyer & G. Peter. (eds.) *Contextualism in Philosophy: Knowledge, Meaning, and Truth*. Oxford: Clarendon Press, 221–253.

Stanley, J. 2007. *Language in Context: Selected Essays*. Oxford: Oxford University Press.

Stefanowitsch, A. & Gries, S. Th. 2003. Collostructions: Investigating the Interaction of Words and Constructions. *International Journal of Corpus Linguistics*, 8(2): 209–243.

Storjohann, P. 2010. *Lexical-semantic Relations: Theoretical and Practical Perspectives*. Amsterdam & Philadelphia: John Benjamins.

Sullivan, A. 2015. The Future of the Proposition. *Language and Communication*, (40): 14–23.

Sun, C. 1996. *Word Order Change and Grammaticalization in the History of Chinese*. Stanford: Stanford University Press.

Sweetser, E. E. 1988. Grammaticalization and Semantic Bleaching. In S. Axmaker, A. Jaisser, & H. Singmaster. (eds.) *Berkeley Linguistics Society 14: General Session and Parasession on Grammaticalization*. Berkeley: Berkeley Linguistics Society, 389–405.

Sweetser, E. E. 1990. *From Etymology to Pragmatics: The Mind-as-body Metaphor in Semantic Structure and Semantic Change*. Cambridge: Cambridge University Press.

Taylor, J. R. 2017. Lexical Semantics. In B. Dancygier. (ed.) *The Cambridge Handbook of Cognitive Linguistics*. Cambridge: Cambridge University Press, 246–261.

Traugott, E. C. 1999. The Rhetoric of Counter-expectation in Semantic Change: A Study in Subjectification. In B. Andreas & K. Peter. (eds.) *Historical Semantics and Cognition*. Berlin: Mouton de Gruyter, 177–196.

Traugott, E. C. 2002. From Etymology to Historical Pragmatics. In D. Minkova & R. Stockwell. (eds.) *Studying the History of the English Language: Millennial Perspectives*. Berlin: Mouton de Gruyter, 19–49.

Traugott, E. C. 2003. From Subjectification to Intersubjectification. In R. Hickey. (ed.) *Motives for Language Change*. Cambridge: Cambridge University Press, 124–139.

Traugott, E. C. 2010. Revisiting Subjectification and Intersubjectification. In K. Davidse, L. Vandelanotte & H. Cuyckens. (eds.) *Subjectification, Intersubjectification and Grammaticalization*. Berlin: Mouton de Gruyter, 29–71.

Traugott, E. C. 2012. Linguistic Levels: Semantics and Lexicon. In A. Bergs & L. J. Brinton. (eds.) *English Historical Linguistics: An International Handbook* (Vol. 1). Berlin: Mouton de Gruyter, 164–177.

Traugott, E. C. & Dasher, R. B. 2002. *Regularity in Semantic Change*. Cambridge: Cambridge University Press.

Traugott, E. C. & Hopper, P. J. 2003. *Grammaticalization*. 2nd ed. Cambridge: Cambridge University Press.

Traugott, E. C. & Trousdale, G. 2013. *Constructionalization and Constructional Changes*. Oxford: Oxford University Press.

Travis, C. 1985. On What Is Strictly Speaking True. *Canadian Journal of Philosophy*, (2): 187–229.

Travis, C. 2008. *Occasion-Sensitivity: Selected Essays*. Oxford: Oxford University Press.

Trousdale, G. & Norde, M. 2012. Degrammaticalization and Constructionalization: Two Case Studies. *Language Sciences*, (36): 32–46.

Trousdale, G. 2013. Multiple Inheritance and Constructional Change. *Studies in Language*, 37(3): 491–514.

Ungerer, F. & Schmid, H. J. 1996. *An Introduction to Cognitive Linguistics*. London: Longman.

Ungerer, F. & Schmid. H. J. 2008. *An Introduction to Cognitive Linguistics*. 2nd ed. Beijing: Foreign Language Teaching and Research Press.

Van der Auwera, J. 2013. Semantic Maps, for Synchronic and Diachronic Typology. In A. Giacalone, R. C. Mauri & P. Molinelli. (eds.) *Synchrony and Diachrony: A Dynamic Interface*. Amsterdam: John Benjamins, 153–176.

Wilson, D. & Carston, R. 2007. A Unitary Approach to Lexical Pragmatics: Relevance, Inference and Ad Hoc Concepts. In N. Burton-Roberts. (ed.) *Advances in Pragmatics*. Basingstoke: Palgrave Macmillan, 230–260.

Wilson, D. & Sperber, D. 2002. Truthfulness and Relevance. *Mind*, (111): 583–632.

Wilson, D. & Sperber, D. 2004. Relevance Theory. In L, Horn & G, Ward. (eds.) *Handbook of Pragmatics*. Oxford: Blackwell, 607–632.

Wu, S. Q. 2014. The Metonymic Interpretation of Chinese Antonym Co-occurrence Constructions: The Case of *You X You Y*. *Language Sciences*, 45: 189–201.

Wu, S. Q. 2017. Iconicity and Viewpoint: Antonym Order in Chinese Four-character Patterns. *Language Sciences*, 59: 117–134.

Wu, S. Q. 2018. A Corpus-based Study of the Chinese Synonymous Approximatives *shangxia*, *qianhou* and *zuoyou*. *Corpus Linguistics* and *Linguistic Theory*, 1–31.

Xiang, M. 2008. Plurality, Maximality and Inference. *Journal of East Asian Linguistics,* (17): 227–245.

Yang, R. 2002. *Common Nouns, Classifiers, and Quantification in Chinese*. New Brunswick: Rutgers University.

Yang, T. H., Huang, H. H., Yen, A. Z. & Chen, H. H. 2018. Transfer of Frames from English FrameNet to Construct Chinese FrameNet: A Bilingual Corpus-based Approach. Proceedings of the Eleventh International Conference on Language Resources and Evaluation.

Zenner, E., Backus, A. & Winter-Froemel, E. (eds.) 2018. *Cognitive Contact Linguistics*. Berlin: Walter de Gruyter.

Zlatev, J. 1999. Situated Embodied Semantics and Connectionist Modeling. In J. Allwood & P. Gardenfors (eds.) *Cognitive Semantics: Meaning and Cognition*. Amsterdam: John Benjamins, 173–194.

术 语 表

饱和	saturation
标识码	ID tag
并合表征模式	merger representation model
补全	completion
不可否认性测试	non-deniability test
不相容性	incompatibility
部分图式化构式	partial schematic construction
层创结构	emergent structure
超句子语义学	supersentence semantics
传统历时语义学	traditional historical semantics
词汇变异	lexical variation
词汇化	lexicalization
词汇类型学	lexical typology
词汇同义	lexical synonymy
词汇语义学	lexical semantics
词库	lexicon
词项	lexical items
搭配分析	collocation analysis
搭配强度	collostructional strength
单调性	monotonicity
典型效应	prototype effect
动态句法学	dynamic syntax
动态逻辑谓词	dynamic predicate logic
动态蒙塔古语法	dynamic Montague grammar
动因	motivation
多模态隐喻	multimodal metaphor
多项共现词素分析法	multiple distinctive collexeme analysis
多义关系	polysemy
多元统计法	multivariate statistics
翻译转喻	translating metonymy

反义关系	antonymy
范畴组合语法	combinatory categorical grammar
方向单一性	unidirectionality
非敏感性语义学	insensitive semantics
非一致性	inconsistency
非组合意义	noncompositional meaning
分布统计分析法	distributive-statistic analysis
分布语义分析	distributional semantic analysis
分段式话语表征理论	Segmented Discourse Representation Theory
复合隐喻	compound metaphor
概括的承诺	generalization commitment
概念层次网络	Hierarchical Network of Concepts
概念基元	conceptual primitive
概念隐喻	conceptual metaphor
概念语义变异	conceptual onamasiology variation
概念语义学	conceptual semantics
概念整合	conceptual blending
格赖斯循环	Grice's Circle
格语法	Case Grammar
共变共现词素分析法	covarying collexeme analysis
共现词素分析法	distinctive collexeme analysis
构式变化	constructional change
构式搭配分析法	collostructional analysis
构式化	constructionalization
广义化	generalization
广义量词理论	generalized quantifier theory
汉语框架语义网	Chinese FrameNet
行为论	behavioral theory
合成空间	blending space
后格赖斯语用学	post-Gricean pragmatics
后语义的语用解释模式	post-semantic pragmatics
花园幽径句	garden path sentence
话语表征理论	Discourse Representation Theory
回避困难	avoidance of difficulty

机制	mechanism
基本隐喻	primary metaphor
基于使用的语言观	usage-based approach to language
基于语料库的行为特征研究法	corpus-based behavioral profile approach
激进语境论	radical contextualism
激进语义最简论	radical semantic minimalism
激进语用观	radical pragmatics
极项词	polarity item
集盖	cover
简单共现词素分析法	simple collexeme analysis
交互主观化	intersubjectification
交际意义	communicative meaning
结构意义	structural meaning
结构主义语义学	structuralist semantics
解码意义	decoding meaning
解释语义学	interpretative semantics
禁忌和委婉	taboo and euphemism
句法角色	syntactic roles
句法与语义界面	syntactic-semantic interface
句法语义	syntactic meaning
句类格式	sentence category format
句子语义学	sentence semantics
可能世界语义学	possible world semantics
可视化计量软件	CiteSpace
客观性意义	objective meaning
框架操作	frame operation
框架语义学	Frame Semantics
扩展	expansion
类属空间	generic space
类型逻辑语法	type logical grammar
理想认知模型	idealized cognitive model
历时构式搭配分析	diachronic collostructional analysis
历时区别性共现词素分析法	diachronic distinctive collexeme analysis
历史语义学	historical semantics
邻聚类分析	variability-based neighbor clustering

临时概念构建	ad hoc concept construction
逻辑语法	logical grammar
逻辑语义学	logical semantics
驴子句	donkey sentence
矛盾测试	contradiction test
蒙塔古语法	Montague Grammar
蒙塔古语义学	Montague semantics
描写语言学	descriptive linguistics
命题基	propositional radical
命题逻辑	propositional logic
命题内容	propositional content
模块化理论	modularization theory
模型论语义学	model-theoretic semantics
默认推理	default inference
能产性	productivity
配价理论	valence theory
平衡语义学	equilibrium semantics
评价环境参数	circumstance of evaluation
评价语义	evaluative meaning
普遍语法	Universal Grammar
前结构主义语义学	prestructuralist semantics
前语义的语用解释模式	pre-semantic pragmatics
情景化的体现性语义学	situated embodied semantics
情境语义学	situation semantics
全称量化	universal quantification
全称量化词	universal quantifier
确定指示	deixis fixing
确认所指	reference resolution
人工智能	artificial intelligence
认知词典学	cognitive lexicography
认知的承诺	cognitive commitment
认知科学	cognitive science
认知社会语言学	cognitive sociolinguistics
认知突显	cognitive prominence
认知语义	cognitive meaning

认知语义学	cognitive semantics
上下义关系	hyponymy
社会认知语言学	sociocognitive linguistics
生成语义学	generative semantics
输入空间	input space
述谓分析	predication analysis
特征分析法	feature analysis
题元	argument
题元角色	thematic role
挑战性测试	challengeability test
调适	modulation
同义关系	synonymy
同义重复	tautology
推理意义	inferential meaning
蜕化的句子	degraded sentence
褪色和变色	fading and discoloring
违实范畴	counterfactuality
违实条件句	counterfactual conditional
未言成分	unarticulated constituent
温和语境论	moderate contextualism
文档更新语义学	file change semantics
文化变化	cultural change
文化语义学	cultural semantics
无意义的句子	meaningless sentence
辖域	scope
显性含义	explicature
消除歧义	disambiguation
心理空间	mental space
心理语义学	psychosemantics
心灵主义公设	mentalist postulate
形式语言	formal language
形式语义变异	formal onamasiology variation
形式语义学	formal semantics
形式语用学	formal pragmatics
言语行为理论	speech act theory

一般性召请推理	Generalized Invited Inference (GIIN)
一形多义	semasiology
一义多形	onamasiology
义符变异	semasiology variation
义素分析理论	componential analysis theory
义位	sememe
意念论	idea theory
意象附加	image imposition
意象图式	image schema
意义公设	meaning postulate
隐型含义	impliciture
隐性句法论元	hidden argument
隐喻化	metaphorization
用法论	use theory
有意义的句子	meaningful sentence
语法同义	grammatical synonymy
语境论	contextualism
语境敏感表达式基本集合	basic set of context sensitive expressions
语境推论	contextual inference
语篇语义学	discourse semantics
语片法	method of fragments
语言接触	language contact
语言模块论	modularity hypothesis of language
语言学的语义学	linguistic semantics
语义表达	semantic expression
语义操作	semantic operation
语义场	semantic field
语义地图	semantic map
语义格	semantic case
语义角色	semantic role
语义结构	semantic structure
语义块	semantic chunk
语义类别	semantic category
语义类型学	semantic typology
语义内在性	semantic internality

语义能力	semantic competence
语义歧义	semantic ambiguity
语义迁移	sematic transfer
语义相对论	semantic relativism
语义信息	semantic information
语义演变	semantic change
语义演变的召请推理理论	the Invited Theory of Semantic Change
语义异常	semantic anomaly
语义预设	semantic presupposition
语义元语言理论	semantic metalanguage theory
语义韵	semantic prosody
语义知识	semantic knowledge
语义转贬	pejoration
语义转佳	amelioration
语义最简论	semantic minimalism
语用涉入	pragmatic intrusion
蕴涵	entailment
窄义化	narrowing
召请推理	invited inference
哲学语义学	philosophical semantics
真值条件语义学	truth-conditional semantics
指称论	referential theory
指示论	indexicalism
中间语言	intermediate language
主观化	subjectification
主题意义	thematic meaning
转喻	metonymy
转喻翻译	translation of metonymy
转喻化	metonymization
自由充实	free enrichment
组合性	compositionality
组合意义	compositional meaning
最简命题	minimal proposition
作用效应链	action-effect chain